牛頭天王信仰の中世

Gozu ten no

鈴木耕太郎
SUZUKI Koutaro

牛頭天王信仰の中世＊目次

凡例　6
緒言…………9
第一章　牛頭天王信仰をめぐる研究史と本書の課題…………23
はじめに　25
第一節　神仏習合論・本地垂迹説から見た牛頭天王信仰　26
第二節　牛頭天王信仰に関するテキストの研究　37
第三節　テキストから顕われる牛頭天王　49
第四節　「中世日本紀」・「中世神話」という視座　63
おわりに　72
第二章　祇園社祭神の変貌…………81
――卜部兼文・一条兼良・吉田兼倶の言説をめぐって
はじめに　83
第一節　祇園社祭神としての牛頭天王とスサノヲ　84

第二節　祇園天神と牛頭天王　88
第三節　変貌するスサノヲ　99
第四節　『釈日本紀』の成立とその意義　108
第五節　『釈日本紀』における祇園社祭神の変貌　118
第六節　『公事根源』に見る祇園社祭神の変貌　131
第七節　『日本書紀纂疏』に見る祇園社祭神の変貌　141
第八節　『神書聞塵』に見る祇園社祭神の変貌　152
おわりに　159

第三章　「感応」する牛頭天王……177
　――『阿娑縛抄』所収「感応寺縁起」を読む

はじめに　179
第一節　テキストから顕われる牛頭天王　182
第二節　「地主神」としての牛頭天王　187
第三節　観音信仰と牛頭天王　193

第四節　「感応寺縁起」における川前天神堂　198
第五節　宗教者・壱演の力　202
第六節　「感応寺縁起」の変貌　207
おわりに　213

第四章　陰陽道における牛頭天王信仰……223
――中世神話としての『簠簋内伝』
はじめに　225
第一節　暦注書としての『簠簋内伝』　227
第二節　牛頭天王と暦神・天道神　230
第三節　蘇民将来と暦神・天徳神　250
第四節　巨旦大王と暦神・金神　255
第五節　「太山府君王の法」から「五節の祭礼」へ　262
おわりに　266

第五章　造り替えられる儀礼と信仰……273
――『牛頭天王御縁起』（「文明本」）の信仰世界
はじめに　275
第一節　「文明本」の位置づけ　277
第二節　語り直され、造り替えられていく儀礼　285
第三節　古端将来への呪咀が意味すること　294
第四節　行疫神としての八王子　298
おわりに　303
結　語……309
初出一覧　323
あとがき　325

凡　例

本書では、複数の文献資料を取り扱う。以下の点は各章共通のこととする。

一、資料は原則的に書き下している。書き下しにあたっては、句読点や改行は私に施し、送り仮名などは適宜、私に補った。また、歴史的仮名づかいにおいても、濁点表記とした。

二、人名や地名、学術用語、その他、読者にとってなじみがないと思われる語句には、振り仮名を振った。また資料中、明らかに誤字、誤写と思われる箇所は傍注として「ママ」と振った。ただし、資料そのものに既に振り仮名ないし「ママ」などの傍注が振られている場合は、［　］内に記すことで、私に振った振り仮名や傍注との違いをわかるようにした。

三、資料中、明らかに誤字、誤写と思われ、かつ正しい表記が類推できるものは傍注として「〇〇（正しいと思われる表記）カ」と振った。ただし、資料そのものに既に「〇〇カ」と振られているものは、［　］内に記すことで、私に振ったものとの違いをわかるようにした。

四、引用した資料ならびに先行研究などにおける傍線部、波線部、破線部、二重傍線部は筆者による。

五、資料中の漢字に関しては、原則として旧字から新字に改めた。異体字についても判別できるものは同様に新字に改めた。ただし、一般的に用いられることの多いもの（龍、曾など）はその限りではない。

六、「〆」、「𪜈」、「ヿ」は「シテ」、「トモ」、「コト」と改めた。

七、虫食いなどで判読不能とされる文字は□であらわし、対校本などがある場合は出来る限り傍注として補った。

八、引用文中に一部、現在では不適当と思われる表現も見られるが、典拠を尊重しそのまま示した。

緒言

本書は、中世における牛頭《ごず》天王《てんのう》信仰を明らかにするものである。

牛頭天王といえば一般的によく知られているのは、疫病を広める行疫神《ぎょうやくじん》であるということだろう。赤色肌で、頭上に牛の頭を戴き、多面多臂《ためんたひ》の異形の神として描かれ、または彫像されることが多かったこの行疫神は、疫病という強大な災厄と常に対峙《たいじ》せざるをえなかった中世の人々にとって畏怖《いふ》の対象にほかならなかった。現在、各地で地名を冠した「○○祇園《ぎおん》（祭）」「○○天王祭《てんのうさい》」といった祭礼が実施されているが、これらの祭礼の多くは、元々は行疫神として畏れられていた牛頭天王を慰撫《いぶ》し、鎮《しず》めることを目的としていた。ただ、こうして牛頭天王を祀《まつ》ることが、疫病を除き、防ぐことにも繋がるため、いつしか牛頭天王は、行疫神かつ除疫《じょえき》・防疫《ぼうえき》神でもあるという二面性を持つようになったようだ。

では、いつから牛頭天王は祀られるようになったのか。牛頭天王を思わせる存在は、平安中期の天台座主・尊位が著わしたともいわれている『吽迦《うんか》陀野《だの》儀軌《ぎき》』に確認できる。

ただ、「牛頭天王」という名を文献上、初めて確認できるのは、承徳《じょうとく》元年（一〇九七）に仁和寺僧・済暹《さいせん》が著わした『般若心経秘鍵開門訣《ひけんかいもんけつ》』で、その中巻に「又仏説薬師如来牛頭天王経羅什訳其の経に云く、牛頭天王竪知三世の事なり。十法界を横見すと云々」とある。*一方、特定社寺の祭神としての牛頭天王が確認できる初例は、平安末期成立といわれる歴史書『本朝世紀《ほんちょうせいき》』久安《きゅうあん》四年（一一四六）三月二九日条であり、牛頭天王が京の祇園社（現・八坂神社）に祭神として祀られていたことが示されている。なお、『中外抄《ちゅうがいしょう》』久安三年七月一九日条を見ると、祇園社祭神は「祇園天神《ぎおんてんじん》」とも称されていたことがわかる。その上で、祇園天神は中国の伝説上の帝王である神農の御霊ではないか、なぜなら神農も「牛頭」だったからだ、という大外記《だいげき》・中原師元《なかはらのもろもと》の言葉が残されている。祇園社祭神に関しては、その呼称が複数存在することも含めて、いまだ明確にならない点もあるが（詳しくは第二章参照）、少なくとも『本朝世紀』の牛頭天王と『中外抄』の祇園天神とは、同一の神だといえよう。

他にも、尾張の津島天王社《つしまてんのう》（現・津島神社）や播磨の広峯社《ひろみね》（現・廣峯神社）などでも牛頭天王は祭神として祀られており、中世から近世初期にかけて、祇園社を含めたこれらの社は日本各地に勧請《かんじょう》されるようになった。さらにさまざまな宗教者が牛頭天王信仰を取り込んで、宗教活動を展開したため、その信仰は全国的な広がりを見せるようになる。先に記した各地の祇園祭・天王祭の広がりは、こうした背景によるところが大きい。

このように各地で広く信仰されていた牛頭天王だが、その来歴はいまだ謎に包まれている。文献上の初出が平安末期に入ってからということは、当然、『古事記』や『日本書紀』といった日本の古代神話には登場していないということになる。はたして牛頭天王とは何者なのか。

鎌倉初期成立と考えられる古辞書、十巻本『伊呂波字類抄《いろはじるいしょう》』の中には、祇園社について項目が立てられており、以下のような記述が確認できる。

牛頭天王の因縁《いんねん》は、天竺より北方に国有り。其の名を九相《くそう》と曰ふ。其の中に国有り。名を吉祥《きつしょう》と曰ふ。其の国の中に城有り。其の城に王有り。牛頭天王、又の名を曰く武荅天神《むとうてんじん》と云ふ。

天竺より北方にある九相《くそう》という国の中に、さらに吉祥《きつしょう》という国があり、そこの城の王が牛頭天王だという。「天竺北方」「九相」「吉祥」といった地名から仏教的世界観が色濃く反映されていると考えられる。そして、何よりもこの牛頭天王が居を構えている場所は、明らかに日本とは異なることに注目したい。つまり、牛頭天王は、いわゆる異国神として認識されていたのである。そうであるならば、どういった経緯で、どこから牛頭天王は日本へと渡ってきたのか。――しかし、そのことを示す史料は現在、確認できない。したがって、祇園社祭神以前のことは杳《よう》として知れないのだ。

このように古くから異国神として認識されていた牛頭天王だが、室町期に入ると日本神話の神で、アマテラスの弟神・スサノヲノミコト（以下、スサノヲ）と習合するようになる（詳しくは第二章参照）。こうした牛頭天王との習合、ないし同体関係というのはスサノヲに限らない。たとえば、先に見た十巻本『伊呂波字類抄』では武塔天神なる神が牛頭天王の異名だとされている。また南北朝期成立と考えられる『神道集《しんとうしゅう》』では、牛頭天王の本地仏は薬師如来、または十一面観音と記されており、さらには薬宝賢明王《やくほうけんみょうおう》や赤山大明神《せきざんだいみょうじん》と結びついていく。あるいは本書第五章で取り上げる、陰陽道の暦注書（暦の注釈書）である『三国相伝陰陽輨轄簠簋内伝金烏玉兎集《さんごくそうでんいんようかんかつほきないでんきんうぎょくとしゅう》』（以下、『簠簋内伝《ほきないでん》』）では商貴帝《しょうきのみかど》や天《てん》刑星《ぎょうしょう》なる神、そして天道神《てんどうしん》という暦の神と習合している。この他にも台密・東密の事相書には観音菩薩や毘沙門天、あるいは神農などとの同体・習合関係が説かれている。まるで牛頭天王の正体を覆い隠そうとしているかのような複雑な習合、同体関係を確認できるのである。

行疫神かつ除疫・防疫神でもある異国神で、祇園社の祭神として知られる一方、各地で信仰され、さまざまな神や仏と習合していく――中世・近世における牛頭天王を端的に表現すればこのような表現になるだろうか。ところが、ある時期を境にして、全国各地で広がっていたその信仰は突如として消滅することとなる。その端緒は、明治維新政府内に設立された神祇《じんぎ》事務局（後の神祇官）から、慶《けい》応《おう》四年（後に明治元年に改元／一八六八）三月二八日に発せられた以下の通達にあった。

一、中古より以来《このかた》、某《なにがし》権現《ごんげん》、或いは牛頭天王の類、其の外、仏語を以て神号に相称《あいとな》へ候神社、少なからず候。何れも其の神社の由緒、委細に書付け、早々申し出すべく候事。（略）

一、仏像を以て神体と致し候神社は、以来相改め申すべく候事。

付、本地等と唱へ、仏像を社前に掛け、或いは鰐口《わにぐち》、梵鐘《ぼんしょう》、仏具等の類、差し置き候分は、早々取り除き申すべき事。

（慶応四年三月二八日「神祇事務局達」）

いわゆる「神仏判然令《しんぶつはんぜんれい》」である。こうして、神祇事務局により排斥対象の代表格として名指しされた牛頭天王は、その姿を消すことになる。釈迦が活動したとされる祇園精舎を連想させる京の祇園社は、所在地である八坂郷から、八坂神社へと社名が改められ、その祭神も、牛頭天王との習合が説かれていたスサノヲへと変更された。そして、全国各地に点在した旧祇園社系神社もそれに倣《なら》い、津島社も広峯社も同じくスサノヲを祭神とするようになった。牛頭天王は、まさに近代化の波の中で消された神なのである。その影響もあるのか、八坂神社では元の祭神がどのように祀られていたかを示すような儀礼次第書などの文書史料は残存していないようだ。

そもそもの正体が不明であることに加え、史料的にも制限があり、さらにその信仰は現在ごく一部に残るのみで、ほぼ廃《すた》れているといえる。現在の牛頭天王およびその信仰が置かれている状況はこのようなところであろう。

冒頭で「中世における牛頭天王信仰を明らかにする」と記したが、要はこれまで牛頭天王信仰について詳細に検討しようという試みがなされてこなかったことを意味する。事実、牛頭天王信仰だけに焦点を当て、刊行された人文書といえば、

・真弓常忠《まゆみつねただ》編『祇園信仰事典』（戎光祥出版、二〇〇二年）
・川村湊《かわむらみなと》『牛頭天王と蘇民将来伝説――消された異神たち――』（作品社、二〇〇七年。増補新版、二〇二一年）
・長井博《ながいひろし》『牛頭天王と蘇民将来伝説の真相』（文芸社、二〇一一年）

などがあるのみだ。

一方で、一五〇年ほど前までは広く信仰され、祀られていたため、各地域で歴史を掘り起こせば、必ずといってよいほどその名は出てくる。たとえば、牛頭天王の姿をあらわした図像や彫像、牛頭天王の名を記した軸や石碑などは、一部、廃仏毀釈の際に失われたものもあるが、各地で残存している。あるいは信仰が根付いていた土地そのものに「天王」などの名が刻まれている場合もあろう。つまり、その存在は歴史の闇に沈みきることなく、一方で全貌を顕《あら》わにすることも一切なく、いまだ漠とした姿のまま漂流しつづけているのだ。

本書が果たすべき役割は、歴史の闇の中で漂流しつづけている牛頭天王を、光が当たる場へと引き上げることにある。いや、たとえ全貌が見えるまで引き上げることが叶わないにせよ、せめてこれ以上沈み、流されぬよう、網を張り、杭を打ち、その半身でも確認できるようにせねばならない。とはいえ、徒手空拳で挑んでも、牛頭天王の漂流を止めることはできない。なにがしか、有効な手段が、つまり牛頭天王信仰を捉えるための方法が必要となる。

本書が用いる方法、それは牛頭天王信仰に関するあらゆる言説、あらゆるテキストを検討対象として、つぶさにその内容を読み解いていく、というものである。これらの中には、寺社の起源譚として記されたもの（第三章で取り上げる『阿娑縛抄《あさばしょう》』所収の「感応寺縁起《かんのうじ》」）、共同体の中における信仰の起源譚として記されたもの（第五章で取り上げる『牛頭天王御縁起《ごえんぎ》』）、あるいは中世知識人層が把握している牛頭天王に関する諸言説（先述した十巻本『伊呂波字類抄』や、第二章で取り上げる『釈日本紀《しゃくにほんぎ》』所収の「備後国風土記逸文《いつぶん》」、『日本書紀纂疏《にほんしょきさんそ》』の中に見られる祇園社祭神言説など）、さらに陰陽道における暦注書（第四章で取り上げる『簠簋内伝』巻二）などが含まれる。こうしたテキスト類が示す牛頭天王の「物語」は、当然、歴史的事実をそのまま語っているものとはいえない。換言すれば、「虚構」の世界の話といえる。しかし、牛頭天王とはどのような存在であり、なぜこの神は祀られねばならない存在なのか、どういった利益（あるいは災厄）をもたらすのか、またどう祀るべきなのか――中世の牛頭天王信仰を検討する上で、欠かすことのできない重要な要素が記されているのである。むしろそうしたテキストの方が信仰の「深層」を示しているといえる。それは歴史的事実を伴うような実体的な信仰の様相とは異なる。まさにテキストを読解することでしか見ることのできない信仰のあり方といえよう。一方で、そうした牛頭天王の信仰世界を示すような記述は、一見するとそうした背景を感じさせないような文言であったり、場合によっては荒唐無稽な表現であったりすることも多々ある。そのため、読解する側が意識してテキストと対峙しない限りは、見落としてしまうことすらある。

本書では、これらテキストから信仰世界を浮かび上がらせるために、「中世神話《ちゅうせいしんわ》」という視座を用いて読解を行う。この中世神話の視座により、先述したような牛頭天王の「物語」は、その実、信仰世界を如実に語る、中世特有の「神話」であることがわかってくる。それでは、この中世神話という視座はそれまでの研究上の方法論と何が異なり、またどう有効なのか。そもそも、従来の牛頭天王信仰に関する研究はどのような成果を残し、何が課題となっていたのか。改めて本書の背景となる研究史を整理した上で、研究史上における本書の位置づけとその立場について詳述する必要があろう。この点については、第一章で述べる。

こうした先行研究の整理と本書が取る方法論を示した上で、第二章では牛頭天王信仰の最大の拠点といえる祇園社において祭神として祀られていた牛頭天王について検討する。ただし、検討対象として重きを置くのは、祇園社に残されている史料類ではなく、中世の知識人たちによる祇園社祭神をめぐる言説である。具体的には、鎌倉後期に卜部《うらべ》兼方《かねかた》が、父・卜部兼文《かねふみ》の『日本書紀』講義の記録を基に編纂した『釈日本紀』、また卜部流の『日本書紀』解釈を引き継ぎながらも、新たな解釈を展開した一条兼良《かねよし》の『公事根源《くじこんげん》』ならびに『日本書紀纂疏』、そして吉田神道を大成させた吉田兼倶《かねとも》の講義録『神書聞塵《しんしよもんじん》』を読解する。『公事根源』を除くこれらのテキストはいずれも『日本書紀』の注釈書であり、研究史上では「中世日本紀」と位置づけることができる。これらを読み解くことで、中世において時代とともに祇園社祭神としての牛頭天王がどう捉えられ、また変貌していったのかを論じていく。

さて、祇園社祭神としての牛頭天王が異国出自の行疫神かつ除疫・防疫神、という一般的によく知られた姿だとすれば、第三章で検討する台密事相書『阿娑縛抄』所収の「感応寺縁起」には、祇園社祭神とはまったく異なる牛頭天王の姿を見ることができる。そしてまた、この「感応寺縁起」読解を通して、先行研究がこれまで見てこなかった牛頭天王信仰を明らかにする。

続く第四章では、陰陽道の暦注書『簠簋内伝』より、牛頭天王信仰の起源を語る巻一の検討を行う。非官人陰陽師の手により成立したと考えられるこの『簠簋内伝』において、牛頭天王はどのように位置づけられたのか。またそれは、『簠簋内伝』以前の陰陽道とどのように異なっていたのか。先行研究でもたびたび触れられることの多い『簠簋内伝』だが、巻一の精緻な読解を通してこれまで語られることのなかった新たな牛頭天王信仰のあり方を提示する。

本書の最終章となる第五章では、東北大学附属図書館蔵の文明一四年（一四八二）書写の巻子本『牛頭天王御縁起』を読解する。この縁起は、特定の寺社縁起ではなく、共同体においてなぜ牛頭天王を祀るのか、その起源を説くものである。『簠簋内伝』巻一と共通する部分も多々あるが、本質的な違いも当然ある。その違いとは具体的にどのような点にあるのか、またそこから明らかになる『牛頭天王御縁起』の信仰世界とはどのようなものであるかについて論じていく。

以上が本書の大まかな構成となる。なお、各章とも研究史上の課題を明らかにした上で本論に入るため、踏まえるべき先行研究や、本書が用いる視座としての中世神話については、その説明が前後の章と重複することもある。予めご了承いただきたい。

ところで、本書は『牛頭天王信仰の中世』と題している。最後にこの書名の意味するところを説明し、第一章へと入りたい。

再度、牛頭天王という神がどのような存在として語られてきたかを確認しよう。異形の神、行疫神、転じて除疫・防疫神、祇園社・津島天王社・広峯社祭神、異国神、あるいは神仏判然令において排斥された神――こうした要素を拾うだけでも、たとえば『古事記』や『日本書紀』の中に顕われる神々と牛頭天王とは相当、異なっていることがわかる。

端的にいえば牛頭天王は、『記』『紀』の神々のように、主として国家の守護、ないし鎮護を担う存在ではなかった。もちろん、疫病の流行は国家的課題であり、そうした意味で、牛頭天王は国家と結びつく存在ではないかとの指摘もあろう。現に祇園社に対して、疫病を抑えるよう朝廷から幣帛や走馬が遣わされることもままあった。しかし、牛頭天王信仰に関するテキストを読み解いていったとき、そこから立ち顕われるのは、疫病の災厄から個人の身を守ってくれる神、すなわち強力な個人救済の神としての牛頭天王である。

さらに牛頭天王は仏教、あるいは陰陽道においても、信仰の対象であったことは看過できない。牛頭天王を寺院守護の伽藍神《がらんじん》として記す縁起もあれば、方位方角を司る暦神《れきしん》として位置づける暦注書もあり、いかにこの神が広く受容されていたかがわかる。そして、こうした仏教や陰陽道が、一面では国家そのものを支えつつ、しかし一面では個人救済の手段を提示していたことを忘れてはならない。

つまり、国家と直接結びついている『記』『紀』に登場する神々と、牛頭天王とでは、主たる救済の対象が異なっているのである。そして、神々が国家守護、ないし鎮護に専念していた時代を「古代」というならば、仏教や陰陽道と結びつき、個人を救済する牛頭天王が登場し、受容されていく時代は明らかに「古代」とは異なる。すなわち「中世」ということができるのである。換言すれば、牛頭天王という神の出現こそ、「中世」と名指される時代であることの証ともいえよう。

日本の信仰史上において、いまだその全容を見せず漂流しつづけている牛頭天王信仰。だが、その信仰の全容を捉えることができたならば、牛頭天王信仰を通してまだ見ぬ新たな日本の中世に踏み込むこともできるだろう。そうした可能性を高めるためには、着実にその信仰の輪郭をはっきりとさせていく必要がある。

それでは、これから具体的な検討に入りたい。

【引用文献】

・『般若心経秘鍵開門訣』

↓『大正新脩大蔵経　第五七巻　続経疏部二』（大蔵出版、一九六一年）から該当部を私に書き下した。

・十巻本『伊呂波字類抄』

↓藤田經世編『校刊美術史料　寺院篇　上巻』（中央公論美術出版、一九七二年）所収『伊呂波字類』から該当部を私に書き下した。

・慶応四年三月二八日「神祇事務局達」

↓内閣記録局編（石井良助・林修三監修）『法規分類大全　第二六巻　社寺門』（原書房、一九七九年）から該当部を私に書き下した。

＊附記

初版第一刷時では、牛頭天王の文献上の初出を『本朝世紀』としていた。しかし、『本朝世紀』成立以前の承徳元年（一〇九七）に著わされた『般若心経秘鍵開門訣』中に牛頭天王の文字が確認できたため（井上一稔「平安時代の牛頭天王」〔『日本宗教文化史研究』第一五巻第一号、二〇一一年〕参照）、二刷にあわせて修正した。

第一章　牛頭天王信仰をめぐる研究史と本書の課題

はじめに

まず、本書の狙いを説明しておきたい。本書は中世における牛頭天王信仰に関連するさまざまなテキストの読解を通して、それらに示されている「牛頭天王信仰の中世」を明らかにするものである。ひとことでテキストといっても、本書が扱う対象は多様である。寺社ないし信仰そのものの起源を説く縁起もあれば、当時の知識人たちによる神話や暦に関する注釈書もある。当然、日記や歴史書などの文書史料も扱う。緒言でも触れたように、それらを読解するといっても漠然と対峙《たいじ》したところで得られるものは少ない。それぞれ性質を異とするテキストを用いて、その記述の深層に潜む信仰世界を明らかにするためには、読み手は読解という営為を相当に意識して取り組む必要がある。つまり、眼前にあるそれらテキストをどう読み込むのか、さらには対象とするテキストをどのようなものとして捉え、また位置づけるべきか、という視座および方法論が必要となるのだ。

これも緒言で触れたように、本書では、後述する「中世神話《ちゅうせいしんわ》」という視座からテキストを読解する。それでは、本書で用いる中世神話という視座はどういうものなのか、あるいはなぜ中世神話で迫る必要があるのか――各テキストの具体的な考察を前に、まずは本書の立場を明確にするためにも、これまでの研究史を整理し、その課題を明示していきたい。なお、可能な限り先行研究には論考・書籍の発表（発行）年を明示したが、断りのない限り、それらは初出を基本としている。

第一節　神仏習合論・本地垂迹説から見た牛頭天王信仰

牛頭天王信仰に関するテキストの中でも、前述した縁起や、儀礼の場において宗教者が用いた祭文などには、牛頭天王が他の神や仏と同体ないし習合関係にあると示されることがままある。しかも、それら同体、習合関係はテキストごとに異なっているため、結果として牛頭天王はさまざまな神や仏と結びつくこととなる。この点について、神道史を専門とする西田長男《にしだながお》は、

> 宗教史における、いわゆる習合（syncretism）という現象に関し、わが国ほど、豊富な、そして興味ある資料を提示するところはないであろう。ここに問題としようとする「牛頭天王」、略して「天王」信仰なるもののごとき、就中その顕著な一例であって、インドにおいて成立した仏教と、シナにおいて発生した道教と、わが国の固有宗教たる神道との習合によって生み出された新しいわが国の神祇なのである。
>
> （西田「祇園牛頭天王縁起の成立」）

と述べている[1]。西田の視点からすれば、複雑な同体、習合関係を見せる牛頭天王は、そのまま日本に

おける神仏習合のあり方を象徴するような存在ということになる。こうした西田の視点は、日本の宗教史上において、牛頭天王信仰が重要な位置にあることを示すものであった。

しかし、ここで問題となることがある。はたして、「神仏」習合、すなわち「神」と「仏」という二元的枠組みで牛頭天王を捉えることが、本当に可能なのかということである。より具体的にいえば、牛頭天王とは神なのか、仏なのか、それ自体が非常に曖昧なのだ。

たとえば、一条兼良《いちじょうかねよし》の『日本書紀纂疏《にほんしょきさんそ》』以降、牛頭天王とスサノヲとの習合が盛んに説かれていく。このとき、本地垂迹《ほんじすいじゃく》の考えに即せば、「神」であるスサノヲに対して牛頭天王は「仏」ということになろう。しかし、そうであるならば、何をもって牛頭天王が「仏」だといえるのか。あるいは、各地の神社縁起や、神道説を編纂した南北朝期成立と考えられる『神道集《しんとうしゅう》』では、薬師如来、あるいは十一面観音が牛頭天王の本地仏だとされている。このときの牛頭天王は、本地仏に対して「神」ということになるのか。その説明は容易ではない。

神または仏という二元的枠組みでは、牛頭天王という存在が極めて曖昧になるのは、単にその同体、習合関係が複雑だからではない。そもそも、牛頭天王という存在自体が、神・仏の二元的枠組みには当てはまらないのだ[2]。しかし、そうした牛頭天王を、西田は「神」とも「仏」ともいえる存在として、見方を反転させたのである。

それは、牛頭天王を宗教史上に位置づけるという点では大きな意義をはたした。しかし、その存在、またその信仰を、神仏習合の「顕著な一例」と位置づけたことで、神でも仏でもない、あるいは神でも仏でもあるといえる牛頭天王の輪郭はかえってぼやけてしまい、より漠《ばく》としたものになったのである。

ただ、牛頭天王信仰の研究史を振り返る上で、神仏習合や本地垂迹という概念が捨て置くことのできないものであることも確かだ。そのため本節では、まず神仏習合論、本地垂迹説の研究史を見ていきたい。なお、これらの研究史については、すでにいくつかの論考で詳細な整理ならびに課題の提示がなされているが(3)、それらを参照しつつあくまでも牛頭天王信仰に関する研究史を見るための大摑みの整理とする。

日本において、「神仏習合」なる学術用語が生み出され、研究がなされるようになった端緒は、明治末期(一九〇九)に発表された辻善之助《つじぜんのすけ》による論考に求められる(4)。辻は、

> 神明は仏法を悦ぶ(中略)神明は仏法を擁護する(中略)神明は仏法によりて業苦煩悩を脱する(中略)神明は衆生の一である(中略)神明は仏法によりて悟を開く(中略)神即ち菩薩となる(中略)神は更に進んで仏となる(中略)神は仏の化現したものである
> (辻「本地垂迹」)

という、神から仏に至る発展段階的な経過を示した。つまり、時代を経るごとに神は仏へと近づき、その地位は向上していった、とする歴史観を提示したのである。その上で、最終的に「神は仏の化《け》現《げん》」に至るとした。すなわち、本地垂迹である。そして、この最終段階である本地垂迹が起こったの

は平安中期以降であり、平安末期から鎌倉期に入ると「漸次にその教理的組織を大成」していったと述べている。換言すれば、神は仏教ないし仏との相対関係なくしてその地位は築けなかったということだ。明治維新期に出された神仏判然令以降、仏教と神道との間には明確な境界線が引かれたが、近世以前まで神と仏はある種の融合、調和がなされてきた。こうした理解を提示した辻は、日本の信仰史上における神仏論の一大エポックを創り出したといえよう。

ただし、辻によるこの一直線で発展段階的神仏の融合論は、一九三六年の段階ですでに津田《つだ》左右吉《そうきち》によって批判されている。[5] 津田は、自然にかつ何の葛藤もなく神仏が融合していくように見える辻の神仏融合論を批判し、実際には仏家による神祇への強い働きかけにより、多分に仏家の思想が強く投影されたものとした。そして、仏法を守る神という護法善神《ごほうぜんしん》や、神自身がその身の苦しさから仏法に帰依し救われようとする神身離脱《しんしんりだつ》の発想、また神祇側による「神道」という語の発生、果ては人格神や祖霊《それい》信仰に至るまで、総じて大陸由来の外来思想の影響であり、本地垂迹思想もまた外来思想そのものにほかならないと述べる。一方、仏家側による護法善神や神身離脱などの発想は、神祇側にとっては「実際の神の信仰に関係の無いこと」であり、仏家側と衝突するものだとした。こうした津田の論の中で着目すべき点は二つある。一つは辻が唱えた神仏習合そのものが外来思想によるものとする見方である。そしてもう一つは、「神道」という言葉自体が外来思想によって発生しているとした点だ。前者に関しては、津田が辻を批判しておよそ六〇年後に、吉田《よしだ》一彦《かずひこ》によって証明されている。[6] また後者に関しては、日本固有の信仰＝神道という見方を根本的に捉え返す視点であった。現在では、神道は仏教がなければ成立しえず、仏教との相関関係において形づくられてきたものと認知されている。津田が打ち出した論点自体は、牛頭天王信仰に限らず、中世の日本における信仰を把握する上でも有用といえよう。しかし、結論からいうと津田による辻批判は当時において広く支持されることはなかった。というのも、津田の批判を支えるべき肝心の論拠について、明確には示されなかったからである。そこには、大陸と日本の思想とは本質的に異なり、たとえ大陸のそれが日本へ流入したとしても基底は変わらないとする津田固有の文化史観があった。さらに、柳田國男《やなぎたくにお》が提唱した祖霊信仰まで外来思想の影響と位置づけたことで、民俗学的知見とも対立することとなり、長らくその研究は受け入れられることがなかった(7)。

その後も、たとえば西本浩文《にしもとひろふみ》(8)、家永三郎《いえながさぶろう》(9)、原田敏明《はらだとしあき》(10)、堀一郎《ほりいちろう》(11)らによって辻(または津田)説への批判、ないし修正や補強が試みられ、結果として、学術用語としての神仏習合は定着していく。そういったなかでも、一九五四年の田村圓澄《たむらえんちょう》による辻説批判は一つの画期となった(12)。

田村は、辻が示した「仏法を擁護する」神(護法善神)と「仏法によりて業苦《ごうく》煩悩を脱する」神(神身離脱を願う神)とのギャップに着目し、両種の神はそれぞれ別種の存在であることを示した。すなわち、前者は八幡《はちまん》神や賀茂《かも》神に代表される古代国家権力により護法善神とされた「古代国家の神々」で、後者は「民衆を通して、下から神身離脱を願う地方神」であるとする複線的な神仏習合のあり方を提示したのである。同時に、後者の神に代表される神の祟《たた》り性と、それを取り除くための神身離脱、つまり仏教による荒ぶる神の制圧と鎮魂慰撫という関係をクローズアップさせることになった。これにより、怨霊や御霊の問題も神仏習合の文脈に組み入れることが可能となったのである。もちろん、後者の神の中には牛頭天王も含まれるだろう。それは祇園御霊会《ぎおんごりょうえ》、つまり今に続く祇園祭が、祟り神性質をもった行疫神たる祇園社祭神を鎮め、慰撫する祭礼であることからも明らかだ。しかし、皇祖神たるアマテラスによる天皇への祟りが聖武天皇の時代に報告されているように、(13)あるいは田村が国家の神と規定した八幡神が豊後国・宇佐を出自としているように、(14)何より牛頭天王が元々神身離脱を願っていた地方神であったという痕跡が一切見受けられないように、田村の国家・地方神という二元的枠組みもまた、限界があったといえよう。

ただ、この田村による神身離脱が地方民衆を通して行われたとする視点は、マルクス主義歴史学に立つ河音能平《かわねよしやす》(15)や義江彰夫《よしえあきお》(16)などに影響を与えた。彼らは、古代から中世にかけて権力者ではなく、地方の民衆によって神仏習合が担われたとして研究を重ねていった。一方で、一九五四年以降、断続的に発表された高取正男の諸論考では、護法善神と神身離脱を願う神とに飛躍を見た田村の視点は継承しつつも、見るべきは神仏という信仰対象ではなく、それらを信仰した主体だと批判し、神身離脱を願う神々を祀っていた地方豪族を通して、神仏習合の過程を考察した。(17)しかし、こうした一連の研究が対象としてきた時代は、基本的には辻によって本地垂迹が成立したとする平安中期までであった。実は、研究者により見解は多少異なるものの、牛頭天王信仰の興りは早くても平安中期だとされている。仮に平安中期に成立したのであれば、辻がいう本地垂迹の成立とほぼ同時期ということになろう。ただ、辻以降の神仏習合研究は、その焦点を本地垂迹成立までに当てていたため、必然的にそれ以降の信仰、たとえば牛頭天王信仰などにはあまり関心が寄せられなかった。

そのような状況下にあって、牛頭天王信仰に関する課題に一早く取り組んだのが密教、とりわけ台密（天台密教）の研究者である三《み》崎《さき》良《りょう》周《しゅう》だった。一九五五年に発表された論考「中世神祇思想の一側面」は、牛頭天王に関する戦後初の研究論文となるが、その目的については以下のように語っている(18)。

> 神仏習合思想は、平安時代に入って本地垂迹説が行われるようになって新たな展開を見た。しかし、それ以外にも従来に無かった一二の面が見出されるようである。その一つは、いわゆる護法神として、また伽藍神として、諸天善神を勧請することである。このことは、それまでにも、経典の講読や会式の啓白文に通常見られるのであるが、特に密教の修法の盛行に随って顕著になって来たようで、そして、その中には、在来の日本の神祇ばかりではなく、密教や陰陽道の神々が包含されて来て、極めて雑多な様相を示している。他の一つのことは、右のことにも関係するが、新たに異国の神が、その名称も由来も分明ならぬままに日本において祀られるようになったことや、経典や儀軌をもととして作り出されたことであって（中略）この小稿は、前者の中では、特に、密教と陰陽道との交渉を見、いわゆる三十番神説をなす一源泉をここに見んとするものであり、後者については、祇園の牛頭天王を中心として聊かの考説を試みるものである。即ちこのことは、当時の神祇観の一面を窺う結果となるようで、且つ数多の神々の中の幾つかは、

新たに祭祀せられるようになり、或いは、従来の神々の属性神ともせられるようになっているからである。
（三崎「中世神祇思想の一側面」）

つまり、護法善神や伽藍神《がらんじん》として勧請《かんじょう》される諸天善神の中に密教や陰陽道の神々が見られることについてどう考えるか、またその神名も由来も不明である異国神が祀られ、あるいは経典や儀軌《ぎき》により創り出されたことをどう考えるかの二点を検討することが三崎の目的であり、いずれも「当時の神祇観の一面を窺う結果」になるとしている。三崎は前者を三十番神《さんじゅうばんじん》、後者を牛頭天王から検討するというが、実際には牛頭天王に関する検討にも密教、そして陰陽道の交差を見ている。

それでは、三崎はどのようにして牛頭天王信仰に迫ったのか。三崎は研究史上初めて、史料と経典、儀軌類の中に牛頭天王および関係する諸神がどのように位置づけられているかを整理する試みを行った。たとえば、比叡山に伝わる行事や作法、口伝ならびに天文や医術、歌道に関する情報を幅広く収載した南北朝期成立の『渓嵐拾葉集《けいらんしゅうようしゅう》』第六七巻には、陰陽道における「鬼神」として牛頭天王の名が確認できることを、また東密の事相書『覚禅鈔《かくぜんしょう》』の「薬師法」には、牛頭天王が「本地薬師」であり、「薬宝賢《やくほうけん》童子の如し」と称され、さらに「神農《しんのう》」とも同体視されていることを示した。対して台密の事相書『阿娑縛抄《あさばしょう》』の「毘沙門天王事」には、疫癘《えきれい》により人々が死んでいくなか、「都鉢羅《とばつら》」の国王が発願念仏して観音に帰依すると、「十一面観自在菩薩十一牛頭毘沙門」が現じて、さらに「毘沙門亦十一頭牛頭魔訶天王」に変化して人々を救ったとする記事があることを示し、その上で

『神道集』「赤山大明神《せきざん》」では牛頭天王（武答天神王）が頂上に十一面を有すると記されていること、さらに平安中期の天台座主・法性房尊意《ほっしょうぼうそんい》が記したともいわれる『吽迦陀野儀軌《うんかだのぎき》』では、都鉢（兜跋）多聞天（毘沙門天）を中心としたその東方に牛頭を備える十一面の尊格が登場し、さらにその周りには「良侍天《らじ》」「達尼漢天《だつにかん》」「侍相天《じそう》」「相光天《そうこう》」「魔王天《まおう》」「倶魔羅王《くまら》」「徳達天王《とくだつ》」「宅神摂天《たくしんせつ》」といった牛頭天王の八王子の名が見られることをも指摘している。

このように三崎は、経典や儀軌、密教事相書などから牛頭天王の複雑な習合関係を明らかにした。その上で、そのような習合関係には、陰陽道、そして密教の思想が強く影響していたことを明示したのである。「密教や陰陽道の教説が盛行した結果として（中略）当時の神祇観や神祇に対する意識のあり方にも、それ等の教説の影響が窺われる」とは、同論考中の三十番神に関する考察のまとめであるが、これが牛頭天王にも当てはまることはいうまでもない。

この三崎論考は、牛頭天王が極めて多様な側面を持ちうる神であることを明示する、記念碑的論考であった。また、密教の経典、儀軌類を使用しての牛頭天王の習合関係を説いた研究は、近年の井上《いのうえ》一稔《かずとし》による『阿娑縛抄』ならびに『吽迦陀野儀軌』の検討まで、新たな知見は提示されなかった。(19) それだけ、この三崎の研究成果は大きいものだったといえよう（本書第三章も三崎、そして井上の成果に大きく拠っている）。

しかし、本書の立場からいえば、三崎の論考を全面的には評価できない。その理由として、三崎が神仏習合論を無批判に受容していることがあげられる。先の三崎論考は、本地垂迹成立以後の平安中期において、陰陽道と密教とが交錯し、さらにそれらが神祇思想へと影響を及ぼしたという重大な論点を提示している。しかし、神・仏という二元的枠組みを前提としているため、先の西田同様に牛頭天王という存在が結局、どのような存在であるのかが曖昧となってしまっているのである。

そもそも、三崎の問題意識は、あくまでも平安中期以降の陰陽道、そして密教が当該期の日本における信仰にどのような影響を与えたかにあって、牛頭天王信仰に対する検討はそれらを見るための手段に過ぎなかった。当然、牛頭天王信仰とはどのようなものかを探る本書とは、その目的が異なっている。本書の立場からいえば、三崎のように限られた史料から導き出される習合関係だけでは、牛頭天王の信仰世界を摑むことは難しい。

とはいえ、三崎のように牛頭天王信仰に着目する研究自体が少なく、一九七〇年代半ばまでは牛頭天王信仰そのものを掘り下げようとする研究はごく僅かであった[20]。それに比して、牛頭天王が祭神であった祇園社という場への関心は高く、神道史、文化史、仏教史といった幅広い立場からアプローチが試みられたのである。

一九七四年に刊行された久保田収《くぼたおさむ》の『八坂神社の研究』は、そのような祇園社をめぐる歴史研究における金字塔といえよう[21]。同書は祇園社の創祀、祇園御霊の成立、祇園社と興福寺・比叡山との本末関係、広峯社との関係、祇園社と陰陽道の関係、そして各地の祇園社領の成立、社殿造営の変遷など主に平安期（創祀時）から室町期までの祇園社に関する論考一二編からなるもので、その時代の祇園社を網羅的に検討したものであった。しかし、そのように広く祇園社について検討している同書であっても、祇園社祭神については各章で触れられる程度に留まり、踏み込んだ考察はなされていない。たとえば、同書の「八坂神社の敬信」は、祇園社が創始から秀吉の時代に至るまで、どのように時の権力者から崇敬されていたかを史料から明らかにする重要な論考だが、祭神に関しての考察はなされていないのである。(22) そのため、なぜ祇園社が除疫、防疫の利益の場として崇敬されるようになったかについては、明らかにしていない。久保田の問題意識が祇園社の信仰には向けられていなかったとすればそれまでだが、本来、祇園社という場を検討する上で信仰の問題は避けては通れないはずである。それにもかかわらず、そうした問題を正面から取り上げなかったのは、単純にそれらを深く検討するだけの題在を持ち合わせていなかったからではないか。というのも、祇園社に残されている史料を見ると、祇園社組織に関するものや、経済活動や経済基盤に関するもの、あるいは朝廷・幕府とのやり取りを示すものなどと比べると、祇園社における信仰や儀礼と直結するようなものは、多くはない。久保田のように、史料を基に実証的かつ客観的な研究を進める以上、信仰の問題は深く掘り下げられなかったのではないか。

ただし、それはあくまでも祇園社を中心とした牛頭天王信仰に関する史料の物理的な限界を示すものであって、後述するように縁起や祭文といったテキストは各地に残されている。つまり、牛頭天王信仰の研究そのものに限界があるとするものではなかった。実は早くに、歴史的実体をあらわす史料とは異なる縁起や祭文といった牛頭天王信仰に関するテキストを検討対象とした研究が試みられていた。そして、その端緒となったのが、一九六二年から六三年にかけて断続的に発表された前述の西田の研究であった[23]。

第二節　牛頭天王信仰に関するテキストの研究

久保田同様に神道史を専門とする西田だが、自身も認めるように、その研究姿勢は「実証的な歴史事実」を求め、一見すれば「旧態依然たる考証学」にも見えるような歴史学的方法を神道史の立場で追求するものであった[24]。その西田が、実証的歴史学を求めるにはおよそ適さない縁起や祭文といったテキストになぜ着目したのか。

西田もまた、牛頭天王信仰の検討では、史料に基づく実証的な歴史事実を追うことの限界性は把握していたであろう。一方で、前節でも確認した通り、日本の宗教史上において、牛頭天王信仰が重要な位置づけにあるとも考えていた。そこで目をつけたのが、縁起や祭文といったテキストだったのではないか。というのも、西田は早くに『古事記』や『日本書紀』を神道史の立場から検討している[25]。つまり、西田にとって神話を検討対象とすることは、決して自らの学問姿勢と相反するものではなかった。むしろ、実証主義的な神道史学者を自認していたからこそ、史料とはその性質を異にしながらも、何者かにより作成され、また受容されたテキストに「歴史事実」を見出したと考えられる。

さて、西田による検討は、縁起や祭文（西田自身はそれらを総称して「祇園牛頭天王縁起」とする）の諸本を整理し、それらの性質について述べるところからはじまる。さらに、テキスト中に見られる牛頭天王に関する経典、儀軌にも注意を払い、それらもまた、牛頭天王信仰を検討する上で重要なテキストであることを明示する。このように、西田の論考では、縁起や祭文のみならず、偽経や儀軌といった牛頭天王信仰に関するさまざまなテキストが次々に取りあげられている。それは、牛頭天王信仰に関するテキストを研究対象として位置づける初めての論考であったといえよう。

当然、本書もまた、これらの読解を中心に牛頭天王の信仰に迫るものであり、大きくは西田が示した研究の流れを汲んでいる。しかし、肝心の西田の論考そのものは大きな問題を孕んでいる。それは当該論考の冒頭部からもわかる。(26)

この小論では、この祇園社の祭神牛頭天王に関する基礎的資料を掲げて、その何たるかをおのずから髣髴せしめるようにしたいと思う。論より証拠で、あえて名論・卓説ならぬ、わたしの迷論・愚説を述べる必要もなかろうと考えるからである。

（西田　前掲論考）

つまり、西田は牛頭天王信仰に関する縁起や祭文を提示し、その成立やどのような性質のテキストであるかは言及するが、そこから自説をもって牛頭天王の信仰に迫ることはしなかった。そのため、それらが示す信仰世界については、一切の知見を述べることなく、論を閉じている。とはいえ、この論考中に西田がまったく自説を展開していないかといえばそうではない。

論考後半部で、卜部《うらべ》兼方《かねかた》の『釈日本紀《しゃくにほんぎ》』に所引されている『備後国風土記《びんごのくにふどき》』逸文《いつぶん》（以下、「逸文」）

について触れている。その概要は以下の通りである。

備後国の疫隅国社《えのくまのくにつやしろ》の縁起では、昔、北海にいた武塔神という神が、南海にいる娘を娶りに旅に出た。途中、宿を借りようと長者である弟の将来《おとしょうらい》のもとを尋ねた。しかし弟の将来は宿を貸さなかった。次に貧者である兄の蘇民将来のもとを尋ねると、貧しいながらに精一杯のもてなしを受けた。それから数年を経て、八柱の王子を連れ、武塔神は再度、蘇民将来宅を訪れた。その際に、「弟・将来宅に家人はいるのか」と尋ねたため、「娘が嫁いでいます」と答えた。すると「茅の輪を作り、娘の腰につけさせよ。」と言われたため、そのようにしたところ、蘇民将来の娘を除き、悉く武塔神に滅ぼされてしまった。武塔神は「わたしは速須佐雄能神《はやすさのをの》である。今後、疫病が流行したら、お前は蘇民将来の子孫と名乗って、腰に茅の輪をつけよ。そうした者は災いを免れるだろう」と蘇民将来の娘に告げた。

この「逸文」をもって、兼方の父・兼文《かねふみ》が「祇園社本縁」と断じたことに関して、西田は備後国疫隅国社と祇園社との関係を論じ、さらには祇園社創祀の問題へと自説を展開している。該当部では、歴史学的な見地から実証的に経緯を明らかにしようという西田の立場が如実にあらわれている。

つまり、西田は縁起や祭文といったテキストを用いつつも、それらの性質ばかりに目を向け、そこに記された信仰世界を積極的に読み取ろうとはしなかった。次の文章には、そうした西田の意識が読み取れる。

祇園牛頭天王縁起の種々の類本は、それぞれに作者も異なれば時代も異なっていて、相互に一致するところは甚だ少ないようである。即ち、或る一つの原本があって、それが時代の推運に伴なって次第に潤色・増訂せられていった如き性質のものではないようである。或る時代における或る作者がおもいおもいに述作したものであって、これら諸本の間に密接な聯関が存するのではないようである。（中略）その本国［筆者注・牛頭天王の出自］についてさえ、いろいろに語られていて、ついに揆を一にするところがない。それだからといって、また、無関係かというに、そうでなく、因果糾纏の過程を辿って、相互に何等かの影響がありげに思われる。よって、ここにこれら諸本の前後関係や因果の関係を明らかにした系譜のようなものを立て得られなくもなかろう。が、作者も時代もわからないもののみである現在の知見のままでは、そういう試みは、労あって功なく、結局無意味な努力に了わってしまうのではあるまいか。（西田　前掲論考）

牛頭天王信仰に関するさまざまなテキストに関して、「作者も異なれば時代も異なって」いて、「或る一つの原本」から「潤色・増訂せられていった如き性質のものではない」としている点は、まさにその通りといえる。また、それら各テキスト同士が「無関係かというに、そうでなく、因果糾纏《きゅうてん》の過程を辿って、相互に何等かの影響がありげに思われる」とする見解についても、異論はない。詳細は次章以降の各テキストの内容検討で語ることとしたいが、牛頭天王の複雑な同体、習合関係同様に、実は各テキスト間でも複雑な影響関係が見て取れるのである。

そのうえで西田は、「これら諸本の前後関係や因果の関係を明らかにした系譜のようなものを立て得られなくもなかろう。が、作者も時代もわからないもののみである現在の知見のままでは、そういう試みは、労あって功なく、結局無意味な努力に了《お》わってしまう」と指摘するのである。

しかし、西田が「結局無意味な努力」と断じる「諸本の前後関係や因果の関係」の解明は、各テキストの読解から導くよりほかない。そして、仮にその読解により前後関係、因果関係が明らかになったとしたら、それは牛頭天王信仰を繙《ひもと》く上で極めて重要となる。というのも、各テキストの叙述から明らかとなる牛頭天王信仰の特徴は、それらを作成した者の立場やそれらが作成された場、ないしそれらの成立年代までをも映し出す可能性があるからである。そうした情報を比較し、前後関係や因果関係が明らかになれば、むしろそれは牛頭天王信仰の変遷そのものを示すことになる。つまり、テキスト読解を通して前後関係や因果関係が明らかになるのであれば、「作者も時代もわからないもの」の作者像や成立年代に迫ることができる可能性を秘めているのである。しかし、西田はその可能性について言及しない。さらにいえば、テキストそのものの読解とそこから導かれる解釈の必然性についてもまったく触れないのである。西田にはそうしたテキスト読解によって信仰を検討しようという視点自体が見受けられないのだ。実証史学を志す西田にとって、これらのテキストとは、信仰の実体を捉えるために重要ではあるが、副次的な史料に過ぎなかったのではないか。そのため西田の研究は、牛頭天王信仰に関する縁起や祭文、偽経、儀軌の提示に留まってしまったと考えられる。

とはいえ、牛頭天王に関するテキストを検討対象として提示したことで、その後の研究にも少なからぬ影響を与えている。なかでも西田の研究の継承、そして発展が顕著に見られるのが一九八二年に発表された松本隆信《まつもとりゆうしん》の論考であろう。(27) 本地物語《ほんじものがたり》研究を専門とする松本は、牛頭天王に関する縁起や祭文が本地物語とどう関係するかを追った。この点について松本が導き出した結論では、これら牛頭天王信仰に関する縁起や祭文は「神の前生物語とは言い得ない」、つまり本地物の型には当てはまらないと断じる。一方で、それらテキストが、「神仏習合、本地垂迹の教説を敷衍《ふえん》するための偽経」と密接に関わっていることから、「本地物との交渉が密接」だと結論づけている。つまり、習合関係に着目した西田同様、松本も本地垂迹の枠組みで牛頭天王に関する縁起や祭文を位置づけたということになる。

では、松本はこれらテキストをどのように検討したのか。当該の松本論考は、先に見た西田論考と比べ、(西田も取り上げていない須佐神社縁起なども含め)各縁起や祭文に関する内容にまで踏み込んでいる。ただし、やはり分析の中心は、テキストの成立ならびにその性質であり、あるいはそこに見られる神、仏との習合関係とその典拠などであった。たとえば、西田が現存する最古の「牛頭天王縁起」とした「逸文」についても、「いまだ牛頭天王と武塔神とが習合されない以前の形態で、八坂祇園の縁起を語る牛頭天王説話は、疫隅国社の本縁譚を借りてきたものと考えることができる」として、牛頭天王の縁起の源流に当たるものであること、ただし牛頭天王の縁起そのものではないということを示している。西田論考と比べるとテキストそのものの成立背景は鮮明になったといえよう。

一方で、松本はそれら各テキストについて、

通観すると、縁起を語る説話そのものの構造は簡単で、話の大筋もほとんど変っていないことがわかる（松本「祇園牛頭天王縁起について」）

と述べている。

さらにいえば、松本は論考中に扱ったさまざまな縁起や祭文などを、「この縁起」と一括りにしている。つまり、牛頭天王信仰に関する縁起や祭文それぞれの本質的な差異には目を向けず、それらのテキストの大枠での構造を見ているのである。

先にも示したように、松本にとってその主眼は、牛頭天王信仰に関する諸々のテキストと本地物語との関係性をどう捉えるかにあって、一つ一つから信仰世界を見ようとするものではなかった。

西田や松本の研究は、牛頭天王に関する縁起や祭文が多様であることを提示し、それらを研究対象として位置づけたという点では、まさに嚆矢といえるものであった。しかし、双方に共通する課題は、一つにやはり神と仏の二元論の枠組みで牛頭天王を捉えていること、もう一つに各テキストから信仰世界を見出そうとしなかったことであろう。とくに後者については、西田・松本共に祇園社とはかかわりのない縁起や祭文も多く用いているにもかかわらず、それらを「祇園牛頭天王縁起」という一つ

の枠組みで捉えてしまっている点とも重なる。つまり、各テキストが何を語ろうとも、それらは祇園社祭神である牛頭天王への信仰の派生に過ぎない、というのが西田や松本の捉え方であった。

緒言でも示したように、史料上において牛頭天王の初出は、平安末期成立の『本朝世紀』久安四年（一一四八）三月二九日条になる。そこでの牛頭天王は祇園社の祭神であった。この祇園社祭神としての牛頭天王は、その後、広く認識されるようになり、やがて祇園社が各地に勧請されることで、その信仰は広がりを見せていった。ただ、だからといって祇園社が牛頭天王信仰のすべてだということはできない。むしろ、祇園社祭神とは異なる様相を見せる牛頭天王の姿を、いくつかの縁起や祭文から確認できる。さらにいえば、京から祇園社を勧請した地でも、時間の経過とともに独自の牛頭天王信仰が展開していったことが、やはり縁起や祭文の読解を通じてわかるのである。そのため、西田や松本のように、牛頭天王信仰といえばすべからく祇園社祭神としての牛頭天王と結びつけることは、かえってその信仰のあり方を見えなくさせる恐れがある。

では、牛頭天王信仰に関する個別のテキストを検討した研究はどうなのか。先の西田以後、牛頭天王信仰に関する縁起や祭文といったテキストを取り上げた研究は、松本を含めいくつか見られるようになる。(28) そのなかでも、一九七四年の段階ですでに祇園社祭神の御霊神《ごりょうしん》的性格についての論考を発表していた、村山修一《むらやましゅういち》による検討は見過ごせない。(29) 村山は、鎌倉末から南北朝期にかけて成立したと考えられる『三国相伝陰陽輨轄簠簋内伝金烏玉兎集《さんごくそうでんいんようかんかつほきないでんきんうぎょくとしゅう》』（以下、『簠簋内伝《ほきないでん》』）を検討対象に据え、一九八一年から断続的に論考を発表している。(30)

この『簠簋内伝』は、安倍晴明に仮託された陰陽道の暦の注釈書、いわゆる暦注書で、その巻一は牛頭天王を中心とする話となっている。その概略は以下の通りである。

中天竺王舎城の王である牛頭天王は、南海の娑竭羅《さがら》龍王の娘・頗梨采女《はりさいにょ》が自らの后に相応しいと聞き、眷属らとともに妻問いの旅に出る。しかし、その道中で日が暮れたため、宿を求める。最初に訪ねた夜叉国王である巨《こ》旦大王《たんだいおう》は、牛頭天王を激しく罵り追い返す。次に巨旦の奴婢《ぬひ》女が教えてくれた貧しい蘇民将来のもとへ宿を求めると、貧者ながら精一杯のもてなしを受けた上に、蘇民将来所有の宝船を渡され、一瞬のうちに龍宮へと到る。牛頭天王は無事、頗梨采女と出会い、八柱の王子をもうける。龍宮で二一年を過ごした後、自国へと帰国することとした。その際、八王子に対し巨旦一族の殲滅を命じる。一方、巨旦大王は異変に気づき、博士に占わせた上で「太《たい》山府《ざんぶ》君《くん》王の法」をもって身を護る。しかし、強力なこの儀礼も牛頭天王により打ち破られ、巨旦一族は滅ぼされる。ただし、蘇民宅へと導いた奴婢女だけは、牛頭天王から授けられた「急急《きゅうきゅう》如律令《にょりつりょう》」の符により助かった。次に蘇民将来のもとへ行くと、長者となった蘇民将来は牛頭天王一行を歓待した。そこで牛頭天王は、蘇民将来に「二《に》六《ろく》の秘《ひ》文《もん》」を授け、その代わりにその子孫には「五節《ごせち》の祭礼」を行うよう告げる。五節の祭礼とは、五節供に巨旦大王の身体に由来する食物を食べ、景物を用いることで、巨旦大王を調伏することである。

村山は、早くから祇園社の中に陰陽道が取り入れられていたことを踏まえた上で、(31)『簠簋内伝』の成立については幕末の国学者・松浦道輔《まつうらみちすけ》の説をうけ、鎌倉末期の祇園社社僧の法眼《ほうげん》・晴朝《せいちょう》の手によるものと推定し、安倍流の一派が祇園執行家と結びついたと推察している。(32)つまり、『簠簋内伝』における暦の神としての牛頭天王は、祇園社内部での言説だったというのである。その上で、『簠簋内伝』巻一は、牛頭天王信仰と陰陽道の習合理論を歴史的な形式をもって示していると説明する。とりわけ、「長保《ちょうほ》元年六月一日」から三〇日間、「安倍晴明」が巨旦調伏の儀を「祇園」で行い、それが今に至るまで続けられていると記すことで、牛頭天王の信仰が晴明の名のもとで権威づけられたことを強調することが目的だったと述べるのである。さらに、「二六の秘文」や「五節の祭礼」、「急急如律令」の符などが、当時、実修されていた牛頭天王信仰の習俗をあらわし、またその文章自体が牛頭天王に捧げる祭文であったとも述べている。しかし、『簠簋内伝』は本当に祇園社社僧・晴朝の手によるものなのか。中村璋八《なかむらしょうはち》も指摘するように、この説を唱えた松浦道輔が何を典拠にしているのか不明であり、また村山が推察する「晴」の字を引き継ぐ社僧一族の存在だけをもって、安倍流と結びつけることは早計だろう。(33)

ただ、ここで重要な点は、村山が『簠簋内伝』の読解から、儀礼をも解明しようとしたことだろう。それは『簠簋内伝』の中から信仰世界を見ようとしたと換言することもできる。こうした姿勢は、先の西田や松本にも見られない、より踏み込んだテキスト検討といえよう。

とはいえ、その村山の読解にも問題はある。それは、暦を司る神（暦神）としての牛頭天王（天道神）の信仰世界について十分に検討ができていない点である。[34] より具体的にいえば、村山は、『簠簋内伝』をそのまま祇園社祭神としての牛頭天王と結び付けてしまっている。それは、先にも見た祇園社社僧による作成を念頭に置いていたからにほかならないが、『簠簋内伝』が祇園社の由来譚になり得ていない点には注意が払われていない。確かに、祇園社には古くから大将軍《だいしょうぐん》など暦神と考えられる神が祀られていたが、[35]『簠簋内伝』では祇園社に関する記述が六月一日の巨旦調伏の箇所だけであることの理由については、まったく考察されていないのである。また、そもそも『簠簋内伝』の中では、祇園社ではなく祇園「精舎」で調伏すると記されており、祇園社社僧の手によるならばなぜわざわざそのような書き方になっているかも検討されていない。つまり、村山にとって牛頭天王とは行疫神であり、祇園社祭神以外の何者でもなかった。そのため、『簠簋内伝』の読解から信仰世界を明らかにしようとする一方で、そこから明らかになったものを検討することなく、そのまま実体としての祇園社への信仰に結び付けてしまったのである。それは、牛頭天王信仰の多様性を想定しえなかった村山の限界だったといえよう。

ここまで、牛頭天王信仰に関するテキストの研究史ともいえる流れを見てきた。

当然、こうした先行研究の成果の上に本書も成立しているわけだが、これまで見てきた各先行研究には限界があったといわざるをえない。その限界とは、テキストから信仰世界を捉えられていない、いや、そういったものを想定しえなかったという問題に帰結する。これは西田や松本、村山らがあらゆるテキストに示される牛頭天王信仰をすべからく祇園社祭神としての牛頭天王に回収していったことも直結する問題といえよう。しかし、西田や松本、そして村山が信仰世界を捉えきれなかった、その学術的背景には何があったのか。

説話文学・仏教文学を専門とする村上學《むらかみまなぶ》が、一九九三年に発表した論考にそれらを解明するヒントが隠されている[36]。村上は、『神道集』所収「祇園大明神事」を検討するにあたって、一見すると矛盾や混乱と思しき箇所が見受けられる点に着目する。そして、それらが単に混乱、矛盾ではなく、『神道集』編者の思惑、あるいは精神構造と結びついているのではないかと述べる。つまり、『神道集』編者は牛頭天王に関するさまざまな言説を繋ぎ合わせられるだけ繋ぎ、しかし相互矛盾をきたすような箇所は、その言説の典拠を掲げることで絶対化して併記した、というのである。それらが世に説かれ、それぞれ信じられている以上は、いずれも正しいものとして、どれか一つの言説を選択し著わすということを避けたという。

実は『神道集』に限らず、西田や松本が論考であげた牛頭天王に関するテキストには、一見すると論理の破綻、飛躍、矛盾、混乱といってよいようなものが多々見受けられる。しかし、実はそういった破綻や飛躍、矛盾をそのように判断するのは、読み手である我々の価値観――近代主義的価値観にほかならない。そして、それらをそのまま論理の破綻や混乱、矛盾などと捉えた場合、そのテキストはそれ以上読解できなくなる。当然のことだが、混乱や矛盾、論理破綻だらけのものを論理的に捉えることは不可能だからである。

重要なのは、我々が持つ価値観を絶対視せず、意味が通らない箇所にも何らかの意図があるとして積極的に読み込もうとすることだろう。村上の視点は、牛頭天王信仰に関するさまざまなテキストの読解を行う上で、重要な示唆を与えるものといえよう。そしてまた、近代主義的な価値観に捉われては、それらを読解することは困難であることをも示すものともいえる。

実証的な神道史学を志向する西田や、本地物語を構造的に捉えようとした松本、またテキストのみならず、牛頭天王の像容などにも関心を払いつつ、しかし、実体としての祇園社祭神・牛頭天王を求めた村山らは、おしなべて近代主義的な価値観や学問知でもって、テキストに対峙していたといえるのではないか。その姿勢こそ、それらの読解を不可能とさせていた桎梏であった可能性が考えられる。裏を返せば、牛頭天王信仰に関するテキストと対峙するとき、近代主義的価値観や学問知ばかりを絶対視しないことが求められるのである。近代主義的価値観や学問知に捉われず、テキストから信仰世界を顕わにする——殊に牛頭天王信仰に関して、そうした立場で検討を行ったのは、山本ひろ子が嚆矢といえよう。一九八六年に初出論考を発表した（一九九八年の書籍刊行にあたって大幅な改訂が行われた）奥三河地方に残る「牛頭天王島渡《しまわた》り祭文」（以下、「島渡り祭文」）に関する論考は、牛頭天王研究史上、大きな画期となった[37]。

第三節　テキストから顕われる牛頭天王

山本による「島渡り祭文」の検討がどのような視座で行われたか。この点を明らかにするためには、まず、当該論考を収めた山本の『異神《いしん》――中世日本の秘教的世界――』（平凡社、一九九八年）そのもののの著述意図を確認していく必要がある。すなわち、「異神」ということばに山本はどのような意図を込めたか、ということだ。『異神』冒頭の「プロローグ」を見ていこう。(38)

新羅《しんら》明神、赤山《せきざん》明神、摩多羅神《またらじん》、宇賀神《うがじん》、牛頭天王……。不思議な名前をもつ神々がいる。〈神〉とよばれてはいるが、はたして神なのか、仏なのか、その出自も来歴も不明の謎めいた霊格たち。彼らは独りとして記紀や風土記、延喜式神名帳などに登場していないし、なれ親しんだ神々の物語をもってはいない。それもそのはず、記紀編纂の遥かな古代には、彼らはまだこの世に存在していなかったのだから。（中略）どうやら彼らの始祖は、異国から海を渡ってきた超越者だったらしい。しかしそれは事の発端にすぎない。彼らは日本という国と風土を舞台に、一個の神格として豊かに自己形成を遂げていき、懐かしい原郷を忘れ去るほどに日本の神としてしたたかに君臨していく。

神話の神でも、仏菩薩でもない、新しい第三の尊格。彼らを「異神」と命名することにしよう。日本中世こそ、彼ら異神たちがもっともダイナミックに活動した時代であった。とはいえ彼らのほとんどは、「深秘《じんぴ》」というタブーに身を隠し続けているのだが。（中略）重要なのは造像ではなく、秘儀や行法という劇的な場面に「顕現」した秘神の霊性そのものというべきだ。もちろんそこには、中世という時代の、大いなる儀礼的想像力が宿っている。（山本「プロローグ」『異神』）

秘儀や行法といった中世の儀礼世界に、本朝の古代神話の神とも仏菩薩とも異なる、異国を出自とする「第三の尊格《そんかく》」が顕われる。牛頭天王を含むそれらの神々を山本は「異神」と名づけ、日本の宗教史上にどのような影響を与えているのかを詳らかにする――これが同書の著述意図となる。

こうした山本の視座は、神仏習合を前提にしてきたこれまでの研究とは一線を画すものであった。しかも、山本による「異神」研究の初発は、奥三河地域の大神楽で用いられたという「島渡り祭文」の検討にあった。では、なぜ山本はこの祭文を検討対象としたのか。以下にその理由の一端が示されている。(39)

三河・信州・遠州の国境いの地＝天龍川中域の山里には、湯立て神事を中心とした霜月神楽が伝承されている。（中略）このうち私が主に調査研究している花祭は、ほかの霜月神楽に比べて特殊な性格をもっている。（中略）それは花祭が、「大神楽」と呼ばれる巨大な祭礼から分岐・特立した祭であるということだ。（中略）安政三年（一八五八）、豊根村下黒川での開催を最後に大神楽は廃絶されてしまったため、その全容はもはや窺い知れない。だが毎年十数カ所で繰り広げられる花祭は生身の圧倒的魅力をもって、変貌と単純化という姿態変換の内にも、かつての大神楽と原・花祭の幻像をかいまみせ、私たちの想像力をいたく刺激するのだ。

さて花祭に勧請され、また登場する神々はきわめて多彩である。（中略）しかし花祭が孕む深遠な時空間には、そのほかに物言わぬ異貌の神々がひしめているのだ。五帝龍王、土《ど》公《くう》神、天白《てんぱく》神、荒神などの恐るべき尊格である。大神楽の廃絶、神仏分離という歴史上の二度の受難によって、また近代的思惟様式によって、これらの神々の生態は忘却せられ、〝隠れたる神〟として、神名や御幣にかろうじて痕跡を残すだけである。けれども彼らこそ大神楽・花祭の真の主人公《ヒーロー》であるのを知ったならば、花祭はまったく別の貌を私たちに見せることになろう。

これら異神の存在と儀礼との関係が見えにくくなっている現状にあっても、私たちが耳と目を研ぎすまし現行の花祭に向き合うならば、至る所に彼らからの信号が発せられているのを受けとめることができよう。たとえばその色彩・配置・形・供物・咒・所作・そして何より祭文。

本稿でとりあげる「牛頭天王島渡り」祭文もそのひとつといえよう。

（山本「行疫神・牛頭天王――祭文と送却儀礼をめぐって――」『異神』）

山本は、「生身の圧倒的魅力」を持つ現行の花祭を通して、すでに失われた儀礼としての大神楽や原・花祭の「幻像」が垣間見えるとしている。同様に、現行の花祭に対して、「耳と目を研ぎすまし」て向き合うことで、かつて大神楽や原・花祭に顕われたであろう（そして、今は忘却されてしまった）異貌の神々、すなわち「異神」の存在を如実に示す「信号」を受け止めることができるというのだ。その「信号」の中に、「島渡り祭文」が含まれているのである。

祭文は、儀礼執行時に用いられる宗教的なテキストであり、まさに儀礼と不可分の関係性にある。ただ、不可分であるがゆえに、大神楽のようにその儀礼が失われたとき、残された祭文をことさらに検討しようという動きは見られなかった。花祭研究の端緒となった早川孝太郎もまたその例外ではない。早川は、花祭に関する祭文類を採集し、一九三〇年に刊行した『花祭』に収載した[40]。しかし、鬼舞などの詳細な検討に比して、祭文への関心を示すような論考、言及は、ほぼ見られなかった[41]。こうした姿勢は、牛頭天王信仰に関する縁起や祭文を扱いながら、その紹介にとどまった西田などとどこか重なるところがある。

こうした研究状況に対する山本の異議申し立てが、大神楽で用いられたであろう「島渡り祭文」の検討であった[42]。つまり、儀礼と祭文が不可分の関係にあるならば、祭文から失われた儀礼を復元し、その意義を考え、「異神」・牛頭天王の信仰世界を読み解くことも可能ではないかと考えたのである。ただし、ここでの儀礼の復元とは、実体的かつ実証的に、過去の儀礼そのままを明示することではない。あくまでも、祭文の叙述の意図を解明し、祭文が明らかにする信仰世界を明示するとともに、その祭文がどのようにして用いられ、そこにはどのような意義があるかを示すものであった。こうした山本の発想は、テキスト読解から信仰へと迫る研究の幅を大きく広げたといってよい。

山本は、「島渡り祭文」を六つのパートにわけ、他の牛頭天王信仰に関するテキストなどと比較し、あるいは本文を構造化するなどして、それぞれのパートごとに読解を行った。ところが、そうした祭文の叙述の中に、一見すると不可解な文言の羅列や意味が通りづらい箇所が出てくる。そこで山本は、複数のテキストをもとに牛頭天王信仰をはじめ、その地域の信仰を特徴づけるような言説を丹念に拾い上げ、整理し、祭文の叙述とつきあわせていった。それらテキストから得られる言説の多くは、断片的なものであった（あるいは、テキストそのものが断片的にしか残存していなかった）が、時代状況や思想状況を踏まえた上で祭文読解のための有効な補助線として用いたのである。その結果、「このパートは、全体が荒唐無稽で不可解な文言の羅列に見えるが、実は「島渡り祭文」の生命たるべき主題が濃密に語られているといってよい」と、近代主義的学問知では「荒唐無稽」としか捉えられない叙述から、豊穣な信仰世界を読み取ることに成功した。こうして、既に失われているはずの儀礼、つまり「島渡り祭文」が用いられた大神楽における儀礼を浮かび上がらせたのである。

さらに山本は、このテキストに見られる行疫神たる牛頭天王が、悪風となって天竺から龍宮、日本、天竺、日本、大梵天《だいぼんてん》、天竺、日本という順でダイナミックな「島渡り」を行う遊行神であることも明らかにしている。この遊行する行疫神としての牛頭天王がいかに強力な神であるかが顕著になるのは、祭文後半部において釈尊を死に至らしめる場面だろう。日本から天竺に渡ってきた牛頭天王は古端長者に宿を乞うも、ここは仏のための宿であると古端はそれを拒絶した。結果として貧者の蘇民将来に宿を借りるも、牛頭天王は眷属に命じて古端長者一族を殲滅する。その話を聞いた釈尊は、仏弟子（古端長者）に狼藉を働いた牛頭天王と対峙するのである。ところが、牛頭天王は自身のことを「仏の子」、釈尊のことを「人間の体に宿りたる者」であるとし、「我が前で仏と思はば、御身一人害して、千人の檀那の命に替へ給へ」と釈尊に迫る。これを受託した釈尊は、牛頭天王からの「祟り病」にかかり、多くの人々の命と引き換えに入滅するのである。これを見届けた牛頭天王は「仏の御命をとるまでなり」と高らかに宣言して日本を去る。――山本はこうした「すざまじい着想」が、堅牢地神が登場する筑前の琵琶盲僧の祭文「仏説地神大陀羅尼経《ぶっせつじじんだいだらにきょう》」（地神経）に共通することを指摘する。そのうえで、どちらも釈尊の入滅譚を吸収、包摂しつつ、自らが護持すべき神＝牛頭天王／堅牢地神の「特立と恐るべき本姓」を語ることで「釈尊伝の根幹を喰い破った」と結論づけている。

　こうした山本の指摘に異存はない。ただ、忘れてはならないのは、「島渡り祭文」では、牛頭天王が「仏の子」であると述べていること、さらに釈尊に対して、自分の前で仏だというなら自分一人が死んで、衆生千人の命を救ってみろと迫り、釈尊が受諾していることだろう。つまり、仏である牛頭天王によって、釈尊は人間として死に、仏となっているのだ。一見すると仏教的世界観を転倒させているようにも見えるが、実は釈尊が入滅する起源を語り直した上で、人々の命を救うために仏となったことを説いているのである。「島渡り祭文」は仏教的世界観を支える神話にもなりえているのだ。

　ところで、先にも述べたように、この祭文では牛頭天王はあちこちに遊行している。実はこの遊行にこそ大きな意味があると、山本は指摘する。というのも、疫病は共同体の外からもたらされるものであり、それに対処するためには再び共同体の外へと送り返す必要がある。つまり、祭文の中で牛頭天王らが遊行しているのは、牛頭天王らを外界に送却しているというのである。ここから、この祭文が示す大神楽の儀礼とは、行疫神たる牛頭天王らを鎮め、慰撫し、外部へと送却することを目的としたものであることがわかるというのである。そのように考えると、牛頭天王により古端長者や釈尊が滅ぼされているのが天竺であることにも大きな意味があろう。つまり、行疫神としての側面は天竺という外界によって発揮されており、それは行疫神の送却が成功していることを表わすものなのである。

ただし、この祭文の最後は、大神楽の儀礼が単純な行疫神の送却で終わっていないことを表わす。そこでは、「檀那」が天王の宝号を唱え、幣帛や供物を捧げて「本地本座に祭り返し奉る」と述べている。すると、牛頭天王らは古端一族の呪詛と蘇民一族の加護を宣言し、天竺から日本へと立ち帰ったところで終わりを迎えるのだ。つまり、わざわざ外へと送り出した牛頭天王を、祭文によって再び日本へと迎え入れているのである。この点についてはどう考えればよいのだろうか。

たとえば、この祭文を用いて大神楽が行われることで、牛頭天王らは鎮められ、また慰撫され、祭文を通じて外部へと送却される。しかし、そのまま外部へと送却されたままであれば、次なる疫病の災厄にそなえることができなくなる。つまり、疫病が起こったとき、行疫神たる牛頭天王を大神楽で送却するためには、牛頭天王が自分たちのもとにいる必要があるのだ。

このように山本によるテキストの読解方法は、テキストからその信仰の由緒や由来を浮かび上がらせるだけに留まらず、失われた儀礼をも「復元」し、その意義から信仰世界を顕わにすることが可能であることを示した。

こうした儀礼の現場からのアプローチとして忘れてはならないのが、斎藤英喜《さいとうひでき》による高知・旧物部《ものべ》村の「いざなぎ流」の祭文に関する一連の研究である。その中でも二〇〇二年の「天刑星《てんぎょうしょう》の祭文」——より正確には、中尾《なかお》計《け》佐《さ》清太《きよた》夫《ゆう》所持の「天下小《てんげしょう》祭ノ文」（ならびに小松キクジ太夫所持の「天行正祭文」）——の検討は牛頭天王信仰とかかわる点からも看過できない(43)。先の山本論考が、失われた儀礼を復元したものであれば、斎藤の研究は今なお「祭文」を用いて行われている儀礼の深淵に迫るものであった。

ところで、この「いざなぎ流」の祭文とはどのようなものなのか。斎藤は以下のように説明する。(44)

いざなぎ流の祭文は、太夫の執行する祭儀や神楽と結びついた儀礼言語であった。祭文が語る神々の来歴や祭儀の由来などは、山の神・水神・地神、あるいは御崎《おんざき》・天神など多種多様な神霊との関係で成り立つ物部村という民俗社会の宗教的コスモロジーを形作っている。したがって祭文を誦んで執行する儀礼とは、そうした神々のコスモロジーを再現し、共同体を維持・再生する場として機能していく。儀礼の執行者たる太夫は、その儀礼によって、村の人々と神々とのあいだを仲介する存在、と見なすことができよう。

（斎藤「序章」『いざなぎ流祭文と儀礼』）

「祭文を誦んで執行する儀礼」を「神々のコスモロジーを再現し、共同体を維持・再生する場」とする斎藤の定義は、まさに祭文の背景に限りない信仰世界が広がっていることを端的に示すものといえよう。ところが、先の文章に続いて斎藤は、「しかし、いざなぎ流の祭文と儀礼世界は、それだけでは終わらないのだ」と説き、「司霊者」たる宗教者が祭儀の場に臨めるのは、祭文読誦により神霊をみずからの意志どおりに強制できるため、とする岩田《いわた》勝《まさる》の論考を引く。(45)その上で、次のように述べるのである。

ポイントは、祭文が、神霊を意志どおりに操作していく「司霊者」の呪力と密接に繋がるという視点である。いざなぎ流の「太夫」が、岩田のいう「司霊者」にあたることはいうまでもないだろう。「中世の祭文」の実像は、何よりも太夫という司霊者との関係のなかにこそ浮上してくるのだ。

祭文によって、太夫が直接神と渡り合っていく現場に着目したとき、祭文の世界は、たんに村社会を支える宗教的コスモロジーの機能を踏みこえて、神霊たちを「強制」する力を発揮する呪的テキストとなる。ここにおいて、祭文のなかに語られる神々は、村落社会の秩序を形成する「神」とは異なる相貌をもってくる。それらは、太夫たちによってしか相手どることができない、特別な存在として現出してくるだろう。そうした神と渡り合う力を支えるものこそが、いざなぎ流の祭文であった。

（斎藤　前掲論考）

祭文とは、神を操り、神と渡り合うために太夫が用いるテキストだという。同時に、「中世の祭文」は「太夫という司霊者との関係のなかにこそ浮上してくる」とも述べている。つまり、テキストだけを追っても大きな意味はない、ということである。重要なのは、太夫の活動や儀礼が行われる場にどれだけ即して考察できるかにあるというのだ。

こうした斎藤の視座は、斎藤が複数の太夫ではなく、中尾計佐清太夫という長老格の太夫個人を調査対象者としたことに起因する。それは活動している太夫が少なく、複数の太夫への聞き書きが困難であったという外的な要因によるものだが、結果的にいぎなぎ流は、「一人の太夫の個性に決定づけられていることが多く、いってみれば一人の太夫に一つの「いざなぎ流」がある」との結論に至ったという。その上で、斎藤は以下のような姿勢を明示する。

複数の太夫の祈禱テキストや知識、情報を比較・分類・検討していくなかで、普遍的・客観的な「いざなぎ流」なるものの体系を導くよりも、「中尾計佐清太夫」という一人の太夫自身の知識に徹底的にこだわり、彼が執行した儀礼現場のなかから作り出された「いざなぎ流」の世界を記述していくことに、わたし自身のやるべきことがあるのではないか、という自覚に至りついたのである。(中略)こうした本書の論述は、一見すると、一人の太夫の資料や言説、その実修した儀礼の場に限定された、きわめて主観的な調査・記述という批判を招くかもしれない。研究は、複数の「資料」から客観化され、相対化されることで、厳密な学問的考証が可能となると、普通には考えられるからだ。(中略)太夫の祭文テキストは、ニュートラルな「文献資料」ではなく、それぞれの太夫の儀礼実践と不可分に結びついた、いわば太夫の「実存」と切り結んだ形で存在している。そして「いざなぎ流」の宗教世界は、そうした実践や現場以外には存在しない、という立場に立つのである。　(斎藤　前掲論考)

斎藤が徹底してこだわったのは、祭文を現場から切り離さず、太夫自身の背景や太夫自身の文脈の中で読み解いていくことにあった。それはまさに、近代的な学問知が目指した客観的な知や実証可能な知と異なる、宗教者の実践を通してのみ見えてくる知の世界に踏み入ることだったのである。

いざなぎ流の祭文に関しては、斎藤以前から高木《たかぎ》哲夫《てつお》、(46)石川《いしかわ》純一郎《じゅんいちろう》、(47)小松《こまつ》和彦《かずひこ》(48)らによって研究が蓄積されてきた。たとえば、祭文を構造的に分析し、他の祭文やテキストと比較検討を行う、あるいはテーマやモチーフごとに類型化し、体系化する、といったアプローチが試みられてきたのである。斎藤はそうした祭文検討と一線を画した。つまり、祭文の叙述を読解するだけでは不十分であり、儀礼や太夫その人との相関関係で祭文の叙述を見ていく必要を説いたといえよう。

以上を踏まえ、斎藤の具体的な祭文検討を見ていこう。前述した「天下小祭ノ文」（あるいは「天行正祭文」）は、牛頭天王信仰に関する縁起や祭文と通じる部分が多い。ただし、牛頭天王は直接登場せず、代わりに「天下小（天刑星）」そして「ぎをん大明神」という夫婦神が登場する。「ぎをん大明神」はそのまま祇園社祭神たる牛頭天王を想起させ、また天刑星は、『神道集』や『簠簋内伝』では、牛頭天王と同体とされていることから、明らかに牛頭天王信仰からの派生であることが推察されよう。

しかし、斎藤は中尾計佐清太夫の「天下小祭ノ文」が他の牛頭天王信仰に関する縁起や祭文と異なっていることを指摘する。たとえば、他のテキストであれば、牛頭天王に宿を貸す慈悲深く貧しい蘇民将来には子孫代々の庇護が与えられ、一方、牛頭天王を拒絶した長者の古端（ないし巨旦、巨端）将来は一族郎党滅ぼされるという、ある種の懲罰譚として見ることができる。一方、この「天下小祭ノ文」や「天行正祭文」でも、「こたん長者」は天下小（天行正）により一族郎党を滅ぼされている。

だが、この二つの祭文では、ぎをん大明神が出産間近で、その日の晩にも出産しそうであり、産血で穢れてしまうため宿を貸さなかった、という正当な理由が記されている。産血の穢れを家にもたらす天下小とぎをん大明神は、まさしく「忌避されるべき存在」であり、こたん長者による拒否は非難されるべきものではなく、懲罰の理由にあたらないというのである。それでは、なぜこたん長者は滅ぼされねばならなかったのか。

斎藤は、天下小の来襲を予知し、それに備えるこたん長者に着目する。そこで用いられていることばこそ、「来襲する行疫神にたいする占い判じとそれを防ぐための祈禱儀礼のコトバとして取り出すことが可能」であることを突きとめる。つまり、「天下小祭ノ文」は、忌避されるべき行疫神（天下小）に対する防御の祈禱を示しているというのである。それは、他の縁起や祭文が、古端将来への懲罰譚であるのと同時に、蘇民将来への報恩譚にもなりえているのに対し、この「天下小祭ノ文」ではほぼそういった要素が見受けられないこととも通じよう(49)。祭文は報恩や懲罰の顛末を見せることが目的ではなく、強力な行疫神に対し、どのような対抗手段が取りえるかを示すものだったのである。その叙述だけでは把握し難い祭文の目的を、斎藤が理解しえた背景には、儀礼との相関関係を強く意識する姿勢があったといえる。祭文の読解は、その祭文の叙述だけを虚心に読み解いたところで、十分な理解がえられないことを如実に示しているといえよう。

ところで、太夫たちによる祭文読誦は、神々を慰撫し、元の住みかへと送却することが目的だという。そのため、「天下小祭ノ文」による病人祈禱も、祭文が読誦された後の「中はずし」と呼ばれる儀礼次第で病人の身体から疫神を除き、本来の住みかへと送却することになる。ところが、先に見た「天下小祭ノ文」では、最終的に防御の祈禱をしてもなお、天下小はこたん長者の家へと入りこみ、一族を殲滅している。その上、祭文の中には天下小を送り返す場所が記されていないのだ。ここで斎藤は中尾計佐清太夫による「りかん」に着目する。この「りかん」とは、儀礼の現場の中で、太夫が編み出し語る、祭文には記されていない内容を語る詞章で、基本的には儀礼が行われるごとに造り替えられていく言葉である。(50) 中尾計佐清太夫による「りかん」の中には、実は滅ぼされた「こたん長者」の里には「乙姫太郎」なる人物がおり、その者によって天下小は鎮められる、という記述が見られる。つまり、「りかん」において初めて、「こたん長者の里」こそ行疫神たる天下小が送却され、鎮められる場として判明するのである。こうして、祭文の内容とは大きく隔たっている「りかん」、また病人祈禱の中心であり、先の「りかん」の延長上にある内容を伝える「中はずし」で誦まれる詞章が儀礼で用いられ、初めて疫神を病者から離し、疫神を送却する儀礼として成立すると述べているのである。こうした儀礼を含む宗教者の営為との相関関係から祭文を捉える姿勢は、先の山本にも確認できる。前述の通り、「島渡り祭文」を用いる大神楽は廃絶してはいるものの、山本は祭文の先にある、途絶えてしまった儀礼を見つめることで、祭文が示す信仰世界の深層を探り出していったのだ。

山本がいう「生身の圧倒的魅力」を持つ儀礼の場を通して行われる祭文の読解、そしてその読解から明らかとなる信仰世界は、実証性や客観性、整合性といった近代主義的な知を前提にしていると、どうしても混乱や、矛盾、飛躍に満ちた世界のように映る。しかし、そうした前提を一度取り払い、儀礼と祭文とを行き来するなかで、信仰世界はより立体的に立ち現われてくるのである。ただし、山本や斎藤が明らかにした信仰世界は、どちらも祭文に限られている点には注意したい。「牛頭天王信仰の中世」を理解するためには、祭文だけではなく、縁起や注釈書の類も読み解く必要があるのだ。しかし、こうした山本や斎藤のようなテキストとの対峙の仕方、テキストの読解方法は本書においても標となるだろう。そして、こうしたテキスト読解の方法は、山本によって方法概念として提起されている。それが「中世神話」である。

第四節　「中世日本紀」・「中世神話」という視座

山本ひろ子による『中世神話』（岩波書店）は、『異神』が刊行された同年（一九九八年）に刊行されている。そこで山本は、「中世神話」とは何であるかを簡潔に述べている。[51]

中世神話は、いわゆる起源神話と同じ位相に位置しているわけではない。中世に作成された、おびただしい注釈書・神道書・寺社縁起・本地物語などに含まれる、宇宙の創世や神々の物語・言説を、「中世神話」と呼ぶまでのことである。（中略）つまり中世神話とは、すぐれて方法意識的なカテゴリーということになろう。大事なのは、中世神話とは何かという定義であるよりは、中世神話という視座であり、それによって照らしだされる信仰世界の内実にあるということである。

（山本ひろ子「中世神話への招待」『中世神話』）

中世神話について山本は、「すぐれて方法意識的なカテゴリー」であり、「大事なのは、中世神話とは何かという定義であるよりは、中世神話という視座」だといっている。本書に照らして説明すれば、中世の牛頭天王信仰に関するテキスト類を、中世神話と見なせるかどうか定義から考える、のではなく、それらテキストを中世神話として捉えたときに何がわかるのか、ということが重要だというのである。

とはいえ、こうした山本の提起を確認するには、山本の中世神話以前の研究史を確認していく必要があろう。実はこの中世神話という視座、方法概念は、一九七〇年代から提起されるテキストをめぐる新たな視座を基盤に置くものだった。それが伊藤正義により提起された「中世日本紀」である。一九七二年、『文学』四〇巻第一〇号に掲載された伊藤による論考「中世日本紀の輪郭――太平記における卜部兼員説をめぐって――」は、これまでの『日本書紀』をめぐる言説、さらには中世における注釈という営為について、まったく新しい可能性を示すものであった(52)。

伊藤は中世に成立した歌学書の中に「日本紀云」、「日本紀に見えたり」といった表現をもって歌語を解釈、説明することが多いことに着目し、以下のように述べている。

つまり、これらにいう「日本紀」とは、日本書紀原典の謂ではなく、日本紀にも見える神代上代の物語という位の曖昧な用法だともいえるのであるが、しかし、それを「日本紀」と記し、それが誤りであるにもせよ、「日本紀」だと考えた当時の理解があったのである。（中略）歌学と、日本紀注と、神道説の融合した中世の神代紀のすがたは、だから決して単一ではあり得ない。と共に、いつしか日本書紀原典とは大きく隔たった。いわば中世日本紀が形成されているのである。

（伊藤「中世日本紀の輪郭——太平記における卜部兼員説をめぐって——」）

着目すべきは傍線部だろう。たとえ、『日本書紀』そのものに記述が見られない、つまり「日本紀云」という記述そのものが「誤り」だとしても、「「日本紀」だと考えた当時の理解があった」、この点を伊藤は重視し、それを「中世日本紀」の形成だと指摘するのである。こうした中世期当時の理解を重視しようとする伊藤の視座は同論考冒頭から顕著に示されている。

中世の文学の底流に、現在のわれわれが、およそ思いも及ばぬ次元の中世的教養が基盤として在ったことを雄弁に証言するのは、あらゆるジャンルで試みられた秘伝、注釈の類であると言えば、言い過ぎになるであろうか。

伊勢物語が古典として重視されたのが、もともと和歌の世界であることは言うまでもないが、それならばむしろそれ以上の重さを持つのが古今集であることも、また今さららしく言うまでもない。そして、その古今集の序や和歌に関する解釈をめぐって成立した多くの古注釈は、伊勢物語の場合と同様、荒唐無稽か、さならずとも低級なレベルに止まることによって、従来研究史的意義さえも与えられることが少なかったようである。しかし、中世において、それらにみられる諸説こそが知識であり、学問であったとすれば、そのような世界を母胎として醱酵し、醸成されたその時代の文芸一般について、現在の学的レベルの物差しをあてて計量することの不当さを思わねばならぬであろう。つまり中世にはその時代の教養の質があり、それを支える中世の思想——あざやかに澄み切った理論としてのそれではなく、それゆえにまたひどくよどみわたったものの考え方があった。それは、もはや今のわれわれにとっては捨て去った塵芥にも等しいものであろう。しかし、その塵芥を堆肥として咲き出た花の美しさは賞でるのである、何故その花が咲いたのか、その美しさのゆえんは、それを咲かしめた土壌の質を問題にせざるを得ないであろう。

（伊藤　前掲論考）

ここで伊藤は、『日本書紀』注釈に限らず、中世におけるさまざまな「秘伝、注釈の類」への対峙の仕方をここで明確に示している。こうした伊藤の姿勢は、近代主義的価値観、あるいは「現在の学的レベル」が絶対の指標たりえないことを示すものでもあった。こうして伊藤は、それまで顧みられてこなかった『日本書紀』注釈書、あるいは「日本紀云」と始まるような言説を、むしろ中世における知のあり方を如実に示す「中世日本紀」として、評価し、検討する意義を唱えたのである。

こうした伊藤の視点は、それまでの『日本書紀』注釈をめぐる評価の大きな転換でもあった。というのも、古代における「日本紀講」の注釈と、近世に入ってからの『日本書紀』研究は、客観的で実証的な、ある意味では近代主義的学問知に近い営みがなされていたとの評価があった一方で、中世における『日本書紀』注釈については、

神代巻の注釈書が数多く出現したけれど、それらはすべて自家の神道教義に立脚した空理空論で埋められており、書紀の学問的研究のために今日読むに値するものは一つもないと言っても、言い過ぎではないようである。（家永三郎「解説　四、研究・受容の沿革」『日本書紀　上』）

というものであった[53]。こうした評価は、アジア・太平洋戦争中において「記紀の所伝を神聖不可侵の権威を有するものとして受容するほかない状態に置かれた」歴史に対するアカデミズム側の批判・反省の態度と直結するものといえる[54]。すなわち、『日本書紀』を科学的かつ実証的に検討することこそが、戦後において求められる学問態度であって、「空理空論」のように見える論理で『日本書紀』を注釈することは、評価に値しないということになろう。こうした意味で、伊藤の前掲論考は戦後形成された学問観の転換をはかるものでもあったと評価できよう。そして、家永三郎が「空理空論」と述べたような中世知識人の言説にこそ、当時における最先端の知が発露されていたのである。

また、「中世日本紀」が受容されていくなかで、桜《さくら》井《い》好朗《よしろう》は「「中世」を「古代」とは異質の「変化」としてとらえうるのだという物語の仕方、いわば歴史叙述のあり方が成立することと呼応するよ

うにして、そのような概念が提示され、すぐにというわけにはいかなかったが、やがてひろく共有されるようになっていった」と指摘している[55]。

こうした「古代」とは異質の変化として「中世」を捉えるという見方は、そのまま山本の提唱した「中世神話」にも当てはめられる。それは、以下の山本の言葉からも明らかとなろう[56]。

古代神話から中世神話へ——かかるパースペクティヴのなかで、もっとも魅力的なのは、中世における神の変容というテーマであろう。

中世にあって神々は、その古代的衣装を脱ぎ捨ててさまざまに姿態を変え、高位の仏菩薩や下位の荒神と同一化し、多重人格性を誇る。

多くの論者は、それを神仏習合、つまり仏菩薩が衆生を救済するために仮にこの世に神として示現したとの本地垂迹説の成立と展開によるものと指摘するだろう。つまり本来異質な「神」と「仏」を「習合」させることで宗教思想のアマルガム化を果たしたのだと。

事実、神仏習合思想は、その成立以降、日本人の信仰生活と教説の中核を担ってきたといってよい。

だが今あらためて複雑で謎に満ちた中世宗教世界の現場に目を凝らすならば〝神仏習合〟という宗教思想史の〝伝家の宝刀〟がすっかり錆びついて切れ味を失っていることに気づかされる。この命題に一切を委ねてしまうならば、「神」と「仏」——いな中世の神霊《スピリット》たちは正体を明かさぬまま平穏な眠りを貪り続けていくにちがいない。

（山本「至高者たち——中世神学へ向けて——」）

山本は中世の神々が古代とは異なり「変容」し続けていると説く。ただし、そうした「変容」はこれまで「神仏習合」という言葉で捉えられてきた。ここに山本は疑問を呈するのである。それでは何も語っていないに等しく、中世の神々とその信仰に迫ることができない、ということだ。山本による疑問は、第一節で確認した西田による「習合という現象」の「顕著な一例」としての牛頭天王信仰という評価への疑問としてそのまま置き替えることができよう。

しかし、こうした神の変容はなぜ起きたのか。この点は、古代の神話との差異から考えていかねばならない。すなわち、『古事記』や『日本書紀』が果たしていた役割と、中世のそれとでは何が異なるかということだ。

中国の正史にならう形で、養老四年（七二〇）、日本においても国史が編纂された。それが『日本書紀』である。漢文体で書かれたこの書は、その内容も中国の陰陽説に基づき記されている。一方、『日本書紀』に先駆けること八年、和銅五年（七一二）に『古事記』は作成された。それは、氏族間に伝えられた神話や伝承を統一、整合化するために編まれたと考えられている。斎藤英喜は、こうした特徴に注目し、『日本書紀』はグローバル・スタンダードを目指し、『古事記』はローカル・アイデンティティを確保するために編まれた書だと論じた(57)。このように対外的視点を持つ『日本書紀』と、ローカルな視点を持つ『古事記』とは、それぞれ律令制国家を支える両輪のごとく機能したと考えられる。そのため、『古事記』や『日本書紀』に登場する神々は、あらゆる事物の起源となり、国家を創造し、国家を支える役割を負ったのである。

中世ではどうか。わかりやすい事例が牛頭天王であろう。『古事記』にも『日本書紀』にも登場しなかったこの神は、神とも仏ともつかない、まさに「異神」であった。こうした「異神」としての牛頭天王は、国家や王権といったものと簡単には結びつかない。もちろん、疫病対策は国家的な課題であり、牛頭天王を祀る祇園社にはたびたび、朝廷から幣帛が送られている。そのため、祇園社という場だけに限定すれば、祭神・牛頭天王が国家を支える役割を担っていたことも事実だろう。しかし、前節で見た「島渡り祭文」における牛頭天王のように、あるいは「天下小祭ノ文」に見られる天下小・ぎをん大明神のように、各地で儀礼を伴い祀られる牛頭天王は強力な行疫神であり、だからこそ慰撫され、あるいは送却されることで疫病を除く除疫・防疫神であった。そして、牛頭天王がもたらす除疫・防疫の利益（あるいは、疫病という災厄）は、ひとりひとりの人々に向けられたものだったのである。つまり、牛頭天王は個人救済を担う神であった。

こうした神の変容の背景には、何があったか。最大のインパクトとなったのは、平安中期における末法の到来の喧伝と浄土教の隆盛、現世利益を支える密教の隆盛であろう。こうした動きに伴い、国家を守護し、安寧をもたらす役割を担っていた仏教は、貴族などを中心とした個人救済へとその役割をシフトしていく。こうした動きは陰陽道の側にも見られ、一〇世紀を境に貴族らが延命長寿を願うために、泰山府君祭などの儀礼が執行されるようになっていく。こうした時代に、牛頭天王は文献上に初めて出現するのである。ときには仏菩薩と同体となり、ときには陰陽道の暦神と同体になる牛頭天王は、その登場時から古代の神々とは異なる役割を負っていたと考えられよう。

神話とは、さまざまな事物の起源を語るとともに、目の前の現実を意味づけ、歴史認識を形成していくものである。(58) そのように考えると、中世に創作された寺社縁起や祭文、または注釈類や神道書など も、古代には見られなかった個人を救済する神や仏に対する信仰の起源、あるいは神や仏の利益や禁忌などを示しつつ、それらを祀る信仰がその時代において必要であることを説くものだと気づく。それは前節で確認した山本や斎藤による祭文の検討からも明らかだろう。つまり、それらの言説、物語は、古代神話とは異なり、中世という時代に即応した新たな神話と見なすことができる。これが山本の提唱した中世神話である。さらに、それら中世神話をもとにして、さらなる注釈や理論が組み立てられ、新たな知や思想、そして信仰が生まれていくのである。それは、新たな現実の構築といえよう。そうしてまた、中世神話を基盤に新たな現実が生じ、その現実に即応したかたちで新たな神、仏の起源譚が創造されていく――中世神話はこのように創造が繰り返され、変貌をし、またそこに登場する神、仏たちもまた、変貌を繰り返していくのである。そのため、中世神話は、始原を遡って信仰の初発を検討することよりも、まさに神が変貌していく過程を検討することに意義があることを示す視座でもある。

裏を返せば、それまでの研究は遡れるだけ過去に遡り、始原から検討することに重きを置いていたともいえる。牛頭天王信仰に関する研究も例外ではない。牛頭天王がどのように信仰の対象となり、またどこからその信仰が始まったのか、具体的なことは史料上の制限もあってわからない。ただ、史料上その名が初めて確認できる『本朝世紀』では、牛頭天王は祇園社の祭神であった。そのため、西田や松本、村山らは牛頭天王信仰の軸を確認できる限りの始原の地である祇園社に置いたと考えられないだろうか。もちろん、祇園社が牛頭天王信仰において極めて重要な場であったことは明らかだ（本書第二章に詳述）。しかし、関連するテキストに示される牛頭天王信仰すべてを祇園社祭神の信仰と結びつけるには無理があることは、第二節でも述べた通りである。その背景には、テキストを読解するにあたっての中世神話のような有効な視座がなかったこと、そして牛頭天王信仰の初発ないし古態を求めるがゆえに、祇園社祭神としての牛頭天王を前提視していたのではないか。

今までの牛頭天王信仰の研究史を塗り替えるために、中世神話の視座から関連するテキストを読み解き、牛頭天王の中世を明らかにしていくことが、本書に課せられた使命なのである。

おわりに

以上、先行研究史の整理から、その課題を明らかにし、本論における中世神話という視座の有用性を示した。牛頭天王とその信仰世界は、神仏習合論や本地垂迹説、さらにいえば近代主義的な価値観、学問知では捉えることができず、これまで曖昧模糊としたものであった。しかし、そうした近代主義的価値観から抜け出し、中世神話といった視座を用いることで、ようやくその信仰世界を顕わにすることが可能となった。この点については、第四節で確認した山本や斎藤による祭文の検討の成果が雄弁に語ってくれる。

本書では、山本や斎藤をうけ、次のステップへと進んでいくために、いままで検討されてこなかったテキストにも踏み込んで、取り組んでいく。山本や斎藤は、祭文の読解を儀礼の現場との相関関係から読み解いていった。そこから浮かび上がる牛頭天王（天下小）は、儀礼の中で行疫神としてまた除疫・防疫神として躍動している。しかし、牛頭天王の信仰世界は、祭文だけに示されているわけではない。西田や松本らが取り上げ、紹介したいくつもの縁起がある。あるいは、すでに斎藤が検討をしている『簠簋内伝』のような暦注書もある（本章第四節参照[59]）。さらに、鎌倉期に入り祇園社祭神とスサノヲノミコトとが結びついていくことにより、『日本書紀』注釈の世界、「中世日本紀」の中にも牛頭天王は顕われてくる。こうしたテキストの多くは、いまだ中世神話の視座から検討されていない。それらに中世神話という光を当てることで、ようやく牛頭天王の信仰世界が見えてくる。そこに牛頭天王の中世があるのだ。

それでは、具体的にどのような牛頭天王の信仰世界が顕われてくるのか。第二章以下、各テキストの検討へと入りたい。

※なお、本章は先行研究史の整理と課題の提示を主としていることから、注で引いた各論考につい

ては、出来る限り初出も明らかにしている（第二章以降、注では初出は省略した）。

注

（1）西田長男「祇園牛頭天王縁起の成立」（同『神社の歴史的研究』塙書房、一九六六年。初出は「祇園牛頭天王縁起の諸本」上・中・下〔『神道史研究』第一〇巻第六号、第一一巻第二号、第三号、一九六二―六三年〕）。

（2）なお、神と仏という二元的枠組みをもって、中世期以降の信仰を捉え切ることに対する批判は、近年、佐藤弘夫によって盛んになされている（佐藤「怒る神と救う神」〔同『神・仏・王権の中世』法藏館、一九九八年。初出は同名論考〈『日本の仏教』第三号、一九九五年〉〕、同「「神仏習合」論の形成の史的背景」〔『宗教研究』第八一巻第二輯、二〇〇七年〕など）。

（3）神仏習合、本地垂迹の研究史については、山折哲雄「古代における神と仏」（同『神と翁の民俗学』講談社、一九九一年。初出は「古代における神と仏の関係」〔『東北大学文学部研究年報』第二九号、一九八〇年〕）、林淳「神仏習合研究史ノート――発生論の素描――」（『神道宗教』第一一七号、一九八四年）、曽根正人「解説」（同編『論集奈良仏教四　神々と奈良仏教』雄山閣出版、一九九五年）、伊藤聡「神仏習合の研究史」（『国文学解釈と鑑賞』第六三巻三号、一九九八年）などがある。

（4）辻善之助「本地垂迹」（同『日本仏教史　上世篇』岩波書店、一九四四年）。なお、これに先立って辻は「本地垂迹の起源について」（同『日本仏教史之研究』金港堂書籍、一九一九年。初出は六回にわたり掲載された同名論考〔『史学雑誌』第一八巻一号、四号、五号、八号、九号、一二号〕）を著わしている。

（5）津田左右吉「日本の神道に於ける支那思想の要素」（同『日本の神道』岩波書店、一九四九年。初出は同名論考〔『東洋学報』第二五巻、二六巻、一九三六―三七年〕）。

（6）吉田一彦「多度神宮寺と神仏習合」（水野祐監修・梅村喬編『古代王権と交流4　伊勢湾と古代の東海』、名著出版、一九九六年）。

(7) 津田に対する評価は、伊藤前掲注(3)に詳しい。
(8) 西本浩文「平安朝初期の神仏の交渉——特に本地垂迹説の現る、まで——」(『龍谷史壇』第九号、一九三一年)。
(9) 家永三郎「飛鳥寧楽時代の神仏関係」(同『上代仏教思想史研究』畝傍書房、一九四二年。初出は同名論考〔『神道研究』第三巻第四号、一九四二年〕)。
(10) 原田敏明「神仏習合の起原とその背景」(同『日本宗教交渉史論』中央公論社、一九四九年)。
(11) 堀一郎(『宗教・習俗の生活規則』未来社、一九六三年。初出は同名論考〔『印度学仏教学論集　宮本正尊教授還暦記念論文集』三省堂、一九五四年〕)。
(12) 田村圓澄「神仏関係の一考察」(『史林』第三七巻第二号、一九五四年)。
(13) この点については、斎藤英喜「祟りなすアマテラス」(同『アマテラス——最高神の知られざる秘史——』学研パブリッシング、二〇一一年)に詳しい。
(14) 宇佐における八幡信仰については、『八幡宇佐御託宣集』を検討した村田真一の研究に詳しい(村田『宇佐八幡神話言説の研究——『八幡宇佐御託宣集』を読む——』〔佛教大学〈法藏館・制作〉、二〇一六年〕)。
(15) 河音能平「王土思想と神仏習合」(同『天神信仰の成立——日本における古代から中世への移行——』塙書房、二〇〇三年。初出は同名論考〔『岩波講座　日本歴史　古代4』岩波書店、一九七六年〕)。
(16) 義江彰夫「日本における神仏習合形成の社会史的考査地」(『中国——社会と文化——』第七号、一九九二年)、同『神仏習合』(岩波書店、一九九六年)。
(17) 高取正男「固有信仰の展開と仏教受容」(『史林』第三七巻第二号、一九五四年)、同「古代民衆の宗教——八世紀における神仏習合の端緒——」(家永三郎ほか編『日本宗教史講座　第二巻』三一書房、一九五九年)、同「神仏習合の起点——道行知識経について——」(藤島達朗・宮崎円遵編『日本浄土教史の研究——藤島博士還暦記念——』平楽寺書店、一九六九年)、同「排仏意識の原点」(『史窓』第二七号、一九六九年)。
(18) 三崎良周「中世神祇思想の一側面」(同『密教と神祇思想』創文社、一九九二年。初出は同名論考〔『フィロソフィア』第二九号、一九五五年〕)。

(19) 井上一稔「平安時代の牛頭天王」(『日本宗教文化史研究』第一五巻第一号、二〇一一年)。なお、その他、牛頭天王の習合関係を検討しているものとして、吉井良隆「牛頭天王・武塔神・素戔嗚尊」(『神道史研究』第一〇巻第六号、一九六二年)がある。これは祇園社祭神の習合関係を考察したもので、牛頭天王と武塔(天)神とが元々はそれぞれ別系統の異国神ではないかと推察している。ただし、吉井論考は全編を通して論拠が曖昧で、説得力に欠くものといわざるをえない。

(20) たとえば、先の西田前掲注(1)や佐藤虎雄「金峰山における祇園信仰」(『神道史研究』第一〇巻第六号、一九六二年)、河原正彦「祇園御霊会と少将井信仰――行疫神と水神信仰との抵触――」(日本文化史研究会十周年記念事業委員会編『日本文化史論集』同志社大学日本文化史研究会、一九六二年)などあるが、西田の研究を除けば、それに続くような形での研究はなされていない。

(21) 久保田収『八坂神社の研究』(臨川書店、一九七四年)。

(22) 久保田収「八坂神社の敬信」(臨川書店、一九七四年。初出は同名論考〔『芸林』第二五巻第一号、一九七四年〕)。

(23) 西田前掲注(1)。

(24) 西田長男「総序」(同『日本神道史研究　第一巻　総論編』講談社、一九七八年)。

(25) 西田長男「神の堕落の物語」(同『日本神道史研究　第一巻　総論編』講談社、一九七八年。初出は「古代人の神――神道より見た――」〔風巻景次郎編『古事記大成　第五巻　神話民俗篇』平凡社、一九五八年〕)。

(26) 西田前掲注(1)。

(27) 松本隆信「祇園牛頭天王縁起について」(同『中世における本地物の研究』汲古書院、一九九六年。初出は同名論考〔『斯道文庫論集』第一八輯、一九八二年〕)。

(28) 早いものとしては岩佐貫三「陰陽道祭文と修験道祭文――牛頭天王祭文を例として――」(『印度學佛教學研究』第二三巻第一号、一九七四年)がある。ただし、同論考は祭文読解よりもその外延的な情報への関心が高い。
(29) 村山修一「祇園社の御霊神的発展」(同『本地垂迹』吉川弘文館、一九七四年)。
(30) 村山修一「宮廷陰陽道の形骸化と近世陰陽道の進出」(同『日本陰陽道史総説』塙書房、一九八一年)。以後、同『修験・陰陽道と社寺史料』(法藏館、一九九七年)、同『神仏習合の聖地』(法藏館、二〇〇六年)など。
(31) この点について、三崎前掲注(18)や久保田「祇園社と陰陽道」(以下、久保田前掲注(21)に同じ。初出は同名論考〔『神道史研究』第一八巻第二号、一九七〇年〕)で、すでに平安中期には祇園社内にその影響が見られることを指摘している。なお、祇園社祭神に言及する村山の論考は、前掲注(29)から同「八坂神社と祇園感神院」(同『神仏習合の聖地』法藏館、二〇〇六年)まで複数あるが、いずれも一切の注を附しておらず、本文中に言及されない限りは先行研究の影響を直接知ることはできない。
(32) 松浦道輔『感神院牛頭天王考』巻之四(筑波大学附属図書館蔵・全四巻・請求記号ハ二〇〇―六)。村山だけでなく、西田前掲注(1)では、この松浦の説を信頼に足るものとして、晴朝作者説を支持している。
(33) 中村璋八「簠簋内伝について」(同『日本陰陽道書の研究』汲古書院、一九八五年。初出は同名論考〔酒井忠夫先生古稀祝賀記念の会編『歴史における民衆と文化――酒井忠夫先生古稀祝賀記念論集――』国書刊行会、一九八二年〕)。
(34) 暦神としての牛頭天王信仰の重要性については、谷口勝紀「『簠簋内伝』の宗教世界」(『佛教大学大学院研究紀要』第三三号、二〇〇五年)で述べられている。
(35) ただし近年、山下克明によって、院政期の大将軍信仰は陰陽道とは別に貴族を含む都市民の信仰形態を反映したものであったことが明らかにされている(山下「陰陽道信仰の諸相――中世初期の貴族官人・都市民・陰陽師――」〔同『平安時代陰陽道史研究』思文閣出版、二〇一五年。初出は同名論考〈上杉和彦編『経世の信仰・呪術』竹林舎、二〇一二年〉〕)。
(36) 村上學「『神道集』の世界――「祇園大明神事」を通じて――」(本田義憲ほか編『説話の講座　第五巻　説話集の世界Ⅱ　中世』勉誠出版、一九九三年)。

(37) 山本ひろ子「行疫神・牛頭天王――祭文と送却儀礼をめぐって――」（同『異神――中世日本の秘教的世界――』、平凡社、一九九八年。初出は「異神の像容――牛頭天王島渡り祭文の世界――」〔『神語り研究』第一号、一九八六年〕）。
(38) 山本ひろ子「プロローグ」（同『異神――中世日本の秘教的世界――』平凡社、一九九八年）。
(39) 山本前掲注(37)。
(40) 早川孝太郎『花祭　上巻』『花祭　下巻』（岡書院、一九三〇年）。
(41) 山本ひろ子「祭儀と祭文　花祭」（久保田淳ほか編『岩波講座　日本文学史　第一六巻　口承文学Ⅰ』岩波書店、一九九七年）。
(42) なお、早くに五来重が「従来祭文研究から継子あつかいされていたものに、三河花祭祭文がある。（中略）これは祭文が古代祭文のような純粋な儀式的なものか、近世の歌祭文のように人情をかたる「くずれ祭文」だけに限られていたことによるだろう。しかし日本芸能史としては、この両者をつなぐ中世の祭文にこそ、大きな課題がのこされているといえる。（中略）中世の祭文は村々や庶民の要求にこたえて、田舎わたらいする遊行山伏によってかたられたところに、その民間芸能としての庶民性がある。したがってその内容には、仏教も神道も陰陽道もすべて混淆されて、自由闊達な信仰を盛りこんでいるので、これを分析すれば庶民信仰の本質にせまることができる」とその価値を認め、研究の必要性を説いている（五来「説教・祭文　解題」〔『日本庶民生活史料集成　第一七巻　民間芸能』三一書房、一九七二年〕）。
(43) 斎藤英喜「病人祈禱と「天刑星の祭文」」（同『いざなぎ流　祭文と儀礼』法藏館、二〇〇二年。初出は「いざなぎ流「天刑星の祭文」と病人祈禱の世界」〔福田晃編『巫覡盲僧の伝承世界　第二集』三弥井書店、二〇〇二年〕）。
(44) 斎藤英喜「序章」（同『いざなぎ流　祭文と儀礼』法藏館、二〇〇二年）。
(45) 岩田勝「総論」（同『中国地方神楽祭文集』三弥井書店、一九九〇年）。
(46) 高木哲夫『いざなぎ流御祈禱』（物部村教育委員会、一九七九年）、同『いざなぎ流御祈禱　第二集――病人祈禱篇――』（物部村教育委員会、一九八〇年）、同『いざなぎ流御祈禱　第三集――天ノ神・御先神・みこ神篇――』（物部村教育委員会、一九八六年）。

（47）石川純一郎「いざなぎ流太夫の伝承――始祖説話と〝山の神祭文〟の周辺――」（『國學院雑誌』第八六巻第三号、一九八五年）、同「いざなぎ流神道の祭文――〝天刑星祭文〟の背景と行疫神神話の展開――」（日本民俗研究体系編集委員会編『日本民俗研究大系　第七巻　言語伝承』國學院大學、一九八七年）。

（48）小松和彦「いざなぎ流祭文研究覚帖」（『春秋』第三一一～三五八号、一九八九～一九九四年〔断続的・計三一回〕）。

（49）話の流れを追うと、「こたん長者」一族を滅ぼした天下小だが、蘇民将来の妻は、娘がこたんの元に嫁いでいたこと、娘の命は仕方がないが孫が助からなかったことを酷く嘆いた。それを知った天下小は、呪術で孫を蘇生させた。しかし、孫は両親がいなかったため道端に据えられ、それを見た熊野の僧侶がその子を柿の木にひっかけ、「きむら（猿）のわごう」と名づけた。そして、作物を盗み食いしたら、その肝を使って四百四病・八百八病の薬にしようと決めた、というものである。孫の蘇生は記されているものの、それは結局、万病に効く猿の肝の効果を示す起源譚になっており、蘇民将来一族の庇護といった報恩の側面がないことがうかがえる。

（50）なお、本来「りかん」は儀礼の場で一回的に編み出されるものであって、書き残されることもない。計佐清太夫の場合は、覚え書きとして残したのではないか（所々、意味が通じない箇所もそのためではないか）と斎藤は推察している。

（51）山本ひろ子「中世神話への招待」（同『中世神話』岩波書店、一九九八年）。なお、「中世神話」という語自体は角川源義が初めて用い（角川「私の民話論――上野国の中世神話――」〔瀬川拓男・松谷みよ子編『日本の民話三　神々の物語』角川書店、一九七三年〕）、ついで藤井貞和の論考にも見られる（藤井「御伽草子における物語の問題――中世神話と語りと――」〔『国文学　解釈と鑑賞』第三九巻第一号、一九七四年〕）。ただし、「中世神話」を一つの方法概念として用いたのは徳田和夫が最初といえる（徳田「中世神話」〔『国文学　解釈と鑑賞』第四五巻第一二号、一九八〇年〕）。この、徳田による中世神話論の対象は、「中世に神話の構造と同等のもの」を持つ物語であり、その目的も「その物語の発生や形成、および流布に祭祀の場における神話の機能と通うものを確認する」ことであった。こうした徳田の「中世神話」論は、中世文学の読みに新たな視座を導入したと評価できる。ただし、徳田は中世神話の定義について、「中世的神話、神話の中世的姿態というのとは幾分意味が異なっている」と明言する（徳田「「中世神話」論の可能性」〔『別冊国文学　第一六号　日本神話必携』一九八二年〕）。これに対して山本の「中世神話」論は徳田が否定した「中世的神話、神話の中世的姿態」といえる言説（注釈書、神道書、寺社縁起、本地物語など）を「中世神話」という視座で見るというもので、そこから古代神話とは異なるテキストや神の変貌、またそれら「中世神話」の担い手の問題へと発展している。

(52) 伊藤正義「中世日本紀の輪郭——太平記における卜部兼員説をめぐって——」（『文学』第四〇巻第一〇号、一九七二年）。

(53) 家永三郎「解説　四、研究・受容の沿革」（坂本太郎・家永三郎・井上光貞・大野晋校注『日本書紀　上』岩波書店、一九六七年）。

(54) 家永前掲注(53)。

(55) 桜井好朗「神話テキストとしての〝中世日本紀〟」（同『儀礼国家の解体——中世文化史論集——』吉川弘文館、一九九六年。初出は同名論考〔『国文学　解釈と教材の研究』第三九巻第六号、一九九四年〕）。

(56) 山本ひろ子「至高者たち——中世神学へ向けて——」（山折哲雄編『日本の神1　神の始原』平凡社、一九九五年）。

(57) 斎藤英喜「『古事記』『日本書紀』の成立と平安王朝の神話学」（同『読み替えられた日本神話』講談社、二〇〇六年）。

(58) ただし、神話の定義はさまざまであり、決定的なものは存在していない（松村一男「神話とは何か」〔同『神話学講義』角川書店、一九九九年〕）。

(59) 斎藤英喜「牛頭天王、来臨す」「暦と方位の神話世界」（同『増補　陰陽道の神々』〔佛教大学生涯学習機構〈思文閣出版・制作〉、二〇一二年〕）。

第二章　祇園社祭神の変貌——卜部兼文・一条兼良・吉田兼倶の言説をめぐって

はじめに

前章では、先行研究を通して「牛頭天王とは祇園社祭神である」といった捉え方は極めて一面的であり、多様な牛頭天王信仰のあり方を狭めてしまう恐れがあることを説いた。とはいえ、中世以降の牛頭天王信仰を捉える上で、祇園社という場が非常に重要な意味を持つことも事実であり、単に「一面的」と切り捨てられる問題ではない。と同時に、注意しなければならないのは、祇園社祭神と牛頭天王とは、単純にイコールの関係ではない、ということである。時にスサノヲノミコト（以下、スサノヲ）、時に武《む》塔天神《とうてんじん》（または武塔神）と祇園社祭神をあらわす神名はさまざまであり、誰によってどう名指されるかという問題は、牛頭天王信仰を検討する上でも看過できない。

それにしても、異国神である牛頭天王と、日本神話を代表する神ともいえるスサノヲとが、なぜ祇園社祭神として習合関係が説かれ、一柱の神として考えられるようになったのか。本章では、まずこうした祇園社祭神をめぐる認識、あるいは表象について、中世に活躍した「知識人」たちの言説をもとに検討したい。より具体的には、卜部《うらべ》兼文《かねふみ》・一条《いちじょう》兼良《かねよし》・吉田《よしだ》兼倶《かねとも》による、主に『日本書紀』注釈という形であらわされる祇園社祭神言説について迫るものである。

ただ、その前に祇園社の祭神に関する基礎的事項を押え、彼ら「知識人」の言説の背景を少しでも明瞭にしておく必要があろう。そこで第一節から第三節までは祇園社祭神に関する史料を、また第四節では、卜部兼文が登場する鎌倉中期以前のスサノヲに関する史料を、それぞれ先行研究を踏まえつつ確認し、第五節以降から兼文・兼良・兼倶それぞれの言説の検討に入りたい。

第一節　祇園社祭神としての牛頭天王とスサノヲ

本書冒頭（緒言）でも確認したように、京の祇園社がその社名を鎮座地である愛宕郡《おたぎぐん》八坂郷《やさかごう》の地名に因んだ「八坂神社」へと改称したのは、慶応《けいおう》四年（後に明治元年に改元／一八六八年）五月末のことであった。(1)その背景には、いわゆる「神仏分離」を目的とした維新政府内の神祇事務局（後に神祇官に改称）から複数回にわたって出された布告、通達があったわけだが、とりわけ同年三月からの祇園社内における神仏分離の動きは、祇園社から八坂神社への変容を象徴するものといえよう。

まず着目したいのが、祇園社内での抜本的な組織改編についてである。明治三年（一八七一）三月一九日に、八坂神社が神祇事務局に届け出た文書によると、慶応四年三月の段階で、祇園社内の社僧は復飾《ふくしょく》（還俗《げんぞく》）し、社務以下、神職へと移行している。(2)この組織改編が意味するところは、約九百年にわたる比叡山延暦寺による祇園社管理の終焉であり、はじめは南都・常住寺《じょうじゅうじ》、次いで興福寺《こうふくじ》、そして延暦寺《えんりゃくじ》と有力寺院によって統制されてきた祇園社という場の大きな変貌であった。(3)実は、神祇事務局が全国の神社に対して、神社に仕える僧職身分の者の復飾、ならびに僧位・僧官の返上を通達したのは、慶応四年三月一七日であり、復飾した者を神職に就かせ、神道に勤仕するよう命じたのは同年閏四月四日となっている。つまり、祇園社はこの通達に先駆ける形で自らの組織を根本から変え、神仏分離を積極的に受容したのである。

なぜ祇園社が神仏分離を積極的に受容したのかは、いまだ不明な点が多い(4)。ただ、先に見た二通の神祇事務局達をめぐっては、石清水八幡宮《いわしみずはちまんぐう》や北野社《きたのしや》（現・北野天満宮）、あるいは春日社《かすがしや》（現・春日神社）と一体の関係にあった興福寺など、それまで仏教勢力の下にあった大社寺が抵抗なく受容していることからも(5)、もはや神仏分離は抗い難い潮流だったといえよう。

このように祇園社は抜本的な組織改編により、創祀以来おそらくは初めて寺院勢力から切り離された場となったが、同年三月二八日に出された神祇事務局達、いわゆる「神仏判然令」は、祇園社にさらなる変容を迫るものであった。緒言でも示したが、ここに再掲したい。

一、中古より以来《このかた》、某権現《なにがしごんげん》、或いは牛頭天王の類、其の外、仏語を以て神号に相称《あいとな》へ候神社、少なからず候。何れも其の神社の由緒、委細に書付け、早々申し出すべく候事。（略）

一、仏像を以て神体と致し候神社は、以来相改め申すべく候事。

付、本地等と唱へ、仏像を社前に掛け、或いは鰐口《わにぐち》、梵鐘《ぼんしょう》、仏具等の類、差し置き候分は、早々取り除き申すべき事。

（慶応四年三月二八日「神祇事務局達」）

当時、牛頭天王を祀る社は全国至るところに点在しており、それらは祇園社、あるいは尾張の津島天王社や播磨の広峯社を勧請したものだった。ところが、先に見た通達では、その牛頭天王という「神号」は「仏語」にほかならず、牛頭天王を祀る神社は「由緒」を「委細ニ書付」けよと命じている。つまり牛頭天王という仏教由来の異国神を、なぜ神社で祀っているのか説明せよ、という神祇官事務局からの圧力であった。これに対して、牛頭天王信仰の拠点たる祇園社は、即座に祇園社祭神はスサノヲであるとし、祭神・牛頭天王は姿を消すことになったのである。当然、このような牛頭天王からスサノヲへの祭神変更は、全国各地で起こり、かくして信仰対象としての牛頭天王は明治初期にはほぼ見られなくなった。

ではなぜ、祇園社は祭神としてスサノヲの名をあげたのだろうか。実は、このスサノヲを祇園社祭神と見なす言説は、慶応四年の段階で突然、生じたわけではない。むしろ中世から脈々とスサノヲは祇園社祭神だと見なす向きがあったのだ。それが端的にわかるのは、室町中期、神道家である吉田家の者が著わしたとされる『二十二社註式《にじゅうにしゃちゅうしき》』の「祇園社」の項である。

〇西間。本御前《ほんごぜん》。奇稲田媛《くしいなだひめ》の垂跡《すいじゃく》。一名は婆利女《はりめ》。
一名は少将井《しょうしょうい》。脚摩乳《あしなづち》、手摩乳《てなづち》の女《むすめ》。
〇中間。牛頭天皇《ママ》。大政所《おおまんどころ》と号す。
進雄尊《すさのをのみこと》の垂迹。
〇東間。蛇毒気神《じゃどつけしん》は龍王の女。
今御前《いまごぜん》なり。

（『二十二社註式』「祇園社」）

牛頭天王はスサノヲの垂迹だとするこの文言から、スサノヲもまた中世以降、一貫して祇園社の祭神として認識されていたことが窺える。しかし、なぜスサノヲが祇園社祭神として認識されるに至ったのか。たとえば、久保田収は『日本書紀』巻第一第八段一書第四の、

> 素戔鳴尊の所行無状《しわざあづきな》し。故《かれ》、諸神《もろもろのかみたち》、科《おお》するに千座置戸《ちくらおきと》を以《も》ちてして、遂に逐《やら》ふ。是の時に素戔鳴尊、其の子五十猛神《いそたけるのかみ》を帥《ひき》ゐ、新羅国《しらぎのくに》に降《くだ》り到り、曾尸茂梨《そしもり》の処に居《ま》す。
> （『日本書紀』巻第一第八段一書第四）

という一文から、「曾尸茂梨《そしもり》」は古代朝鮮語で「牛頭」を意味すること、また同書の欽明《きんめい》天皇一三年に「新羅牛頭方」とあることなどをあげて、早くから牛頭天王とスサノヲとが結び付けられたとし、「ほとんど創祀当初から素戔鳴尊を祭神としてゐた」と結論づけた[6]。

しかし、曾尸茂梨という語が本当に牛頭と訳せるのかについては疑義も出されている[7]。また、そもそも祇園社に関する史料の中でも祭神・スサノヲの名を見ることができるのは鎌倉期以降であり、「創祀当初から」とは言い難いのが現状だ。つまり、祇園社祭神としてのスサノヲは、祇園社が創祀された後、どこかの段階において創出されたと考えられる。問題は、いつ誰がこのような言説を造り出したのかということであろう。

史料上、祇園社祭神としてのスサノヲの初出は、鎌倉末期に成立した卜部《うらべ》兼方《かねかた》（生没年不詳）編纂の『釈日本紀』所収『備後国風土記《びんごのくにふどき》』逸文《いつぶん》（以下、「逸文」）に認めることができる。この『釈日本紀』は、正安《しょうあん》三年（一三〇一）または同四年以前に編まれたものである(8)。ここには、兼方自身の注釈も多く見られるが、その基本は文永《ぶんえい》一一年（一二七四）から建治《けんじ》二年（一二七六）の間に行われたとされる、卜部兼文（生没年不詳。兼方の父）による前関白・一条実経《さねつね》（一二二三—八四）、その息子で時の摂政・家経《いえつね》（一二四八—九四）らに対する『日本書紀』の講義であった(9)。その様子は、『釈日本紀』内でしばしば見られる兼文と実経らとの間で交わされた問答から推察できる。実は祇園社祭神としてのスサノヲは、先にあげた「逸文」を巡る兼文と実経との問答から明らかとなるのである。ただ、今はまず『釈日本紀』成立前の段階における祇園社祭神について、史料を基に整理していきたい。

第二節　祇園天神と牛頭天王

祇園社の創祀年代については、これまで先行研究でも多々論じられているものの、いまだ諸説あり定説をみない(10)。ただし、祇園社の史料上の初出は、藤原　忠平《ふじわらのただひら》（八八〇—九四九）の日記『貞信公記《ていしんこうき》』延喜二〇年（九二〇）閏六月二三日条となる(11)。

廿三日、壬午《みずのえうま》、咳病除かんが為、幣帛《へいはく》・走馬《はしりうま》、祇園に奉るべきの状、真に祈り申さしむ。

（『貞信公記抄』延喜二〇年閏六月二三日条）

咳病を除くため幣帛並びに走馬が祇園社に奉じられており、この段階ですでに祇園社の除疫・防疫の利益は知られていたことが推察される。ただし、この段階では他の社寺と比べて祇園社の除疫・防疫の利益が特別視されていたとは断じ難い。たとえば、『類聚符宣抄《るいじゅうふせんしょう》』巻三「疫癘事《えきれい》」に収められている天徳《てんとく》二年（九五八）五月一七日の宣旨には以下のように記されている。

左弁官下す綱所

応に分頭して寺社に詣で、仁王般若経《にんのうはんにゃきょう》を転読すべき事

石清水	権少僧都	僧十口	賀茂上	律師	僧十口
賀茂下	律師	僧十口	松尾	律師	僧十口
平野	権律師	僧十口	大原野	律師	僧十口
稲荷	権少僧都	僧十口	春日	権少僧都	僧十口
大和	律師	僧十口	住吉	権律師	僧十口
比叡	僧正	僧十口	西寺御霊堂	権律師	僧十口
上出雲御霊堂	僧	僧十口	祇薗《ママ》天神堂	僧	僧十口

右の者、疾疫多発し、死殤遍聞す。般若の斎会《さいえ》修すと雖も、未だ病悩の消除有らず。右大臣 宣《のたまわ》すらく、勅《ちょく》を奉るに、宜しく綱所《こうしょ》に迎へ、件の僧等に命じて、各浄 行《じょうぎょう》の僧十口を率ゐて、彼の寺社に詣で、三箇日の間、専ら精誠《せいせい》を竭《つく》し、件の経を転読して、黎元《れいげん》の病痾《びょうあ》を除愈《じょゆ》し、兼ねて年穀の豊稔《ほうじん》を祈るべし。其の料 物《りょうもつ》、石清水《いわしみず》、賀茂上下《かものじょうげ》、松尾《まつのお》、平野《ひらの》、大原野《おおはらの》、稲荷《いなり》等の社《やしろ》、西寺《さいじ》御霊堂《ごりょうどう》、上出雲《かみいずも》等御霊堂、祇薗天神堂《ママ》の料は山城国に請ひ、春日、大和両社は大和国に請ひ、住吉社の料は摂津国に請ひ、比叡社の料は近江国に請ふ。（以下、略）

（『類聚符宣抄』巻三「疫癘事」所収天徳二年五月一七日条）

疫病の流行に際して、有力な諸社寺における『仁王般若経《にんのうはんにゃきょう》』の転読、またその社寺への参詣を命じたこの宣旨にも、祇園天神堂の名は見られるが、一方でその他の有力社寺との差異は見受けられない。つまり、祇園社が除疫、防疫の利益を担う場として認知されるようになってもなお、国家における疫病対策は祇園社単体で任せられるものではなかったことをあらわしている[12]。この後、祇園社が他の社寺よりも除疫、防疫の利益が抜きんでていると認識されるようになるのは、祇園御霊会が行われるようになってからと考えられている[13]。

ところで、この宣旨で注意したいのは、先に記した「祇薗《ママ》天神堂」という表記である。さらには、山城国内では「石清水、賀茂上下……大原野、稲荷等の社」と「西寺御霊堂、上出雲等御霊堂、祇薗《ママ》天神堂」とに分けられている点にも着目したい。この宣旨は「彼の寺社に詣で」とあるように、「社」

だけでなく「寺」にも下されたものである。では、その「寺」とはどこを指すのか。宣旨を見ると山城国内の「石清水、賀茂上下……大原野、稲荷等」は「社」と明記されている。必然的に、それに続いて記されている「西寺御霊堂、上出雲等御霊堂、祇薗《ママ》天神堂」は「寺」ということになろう(14)。つまり、祇園天神堂は寺と見なされていたことを示している。

なお、同じく疫病対策として『仁王般若経』の転読を命じた治安元年（一〇二一）四月二〇日の宣旨には、「祇薗《ママ》」とのみ記してあり、「賀茂下上、稲荷、祇園、比叡等社」とある。この宣旨は「諸社」に下されたものであることから、ここでの祇園とは「社」であることがわかる(15)。

はたして祇園天神堂、ないし祇園社とはどのような場であったのか。他に観慶寺《かんけいじ》、あるいは祇園感《かん》神院《じんいん》とも称されたこの場をどう定義するかは、先行研究でも意見がわかれるところであるが、いずれにせよ早くから寺としての機能を持ち合わせた場であったことは確かであろう(16)。では、そのような場で祀られる存在とは、どのようなものだったのか。平安後期の歴史書『扶桑略記《ふそうりやつき》』の延久《えんきゅう》二年（一〇九〇）一〇月一四日条には以下の記述が見られる。

十月十四日、辛未《かのとひつじ》、戌時《いぬのとき》。感神院《かんじんいん》の大廻廊、舞殿、鐘楼、皆、悉く焼亡す。但し天神御体は取り出し奉りて之《ゆ》く。別当《べっとう》安誉の身、余炎に焦げ、翌日入滅《にゅうめつ》す。世の人以て神罰《しんばつ》と為す。

（『扶桑略記』延久二年一〇月一四日条）

感神院（祇園社）の大廻廊、舞殿、鐘楼などが火災により焼失し、当時の別当職《べっとうしき》・安誉も全身に火傷を負って翌日入滅した。一方で、「天神御体」は取り出された、という記述である。ここでいう天神は、先の天徳二年宣旨にも記されていた「祇園天神堂」という表記とも重なってくる。つまり、天神御体とは祇園社祭神の像を指すと考えられるのである。この祇園社の天神については、『二十二社註式』に所引されている承平五年（九三五）六月一五日官符にも次のように記されている。

檜皮葺《ひわだぶき》三間の堂一宇。庇、四面に在り。檜皮葺三間の礼堂《らいどう》一宇。庇、四面に在り。薬師像一体、脇士《わきじ》菩薩像二体、観音像一体、二王毘頭盧《びんずる》一体、大般若経一部六百巻を安置す。神殿、五間の檜皮葺一宇。天神《てんじん》、婆《は》利女《りめ》、八王子《はちおうじ》。五間の檜皮葺の礼堂一宇。

（『二十二社註式』）

着目すべきは薬師如来などの仏像は礼堂に、そして天神、婆利女、八王子は神殿に祀られているという記述である。この官符を信頼するならば、承平五年の段階では、いわゆる「仏」とは別の空間に天神は祀られていたことがわかる。[17]

それでは、祇園社祭神たる天神とは一体どのような神なのか。それを探る上で重要な史料が、緒言でも触れた『中外抄《ちゅうがいしょう》』と『本朝世紀《ほんちょうせいき》』である。

『中外抄』は平安末期に関白を務めた藤原忠実《ふじわらのただざね》（一〇七八―一一六二）の言談を、保延《ほうえん》三年（一一三七）から仁平《にんぴょう》四年（一一五四）までのあいだ大外記《だいげき》・中原師元《なかはらのもろもと》（一一〇九―七五）が書き留めた記録である。ここでは、久安《きゅうあん》三年（一一四七）七月一九日条に見える忠実（入道殿）と師元との会話に着目したい。

久安三年七月十九日。入道殿の御前に祇候《しこう》す。（中略）また、仰せて云はく、「祇園天神は何《いか》なる皇《みかど》の後身ぞや」と。予（筆者註：師元）、申して云はく、「神農氏《しんのうし》の霊か。件《くだん》の帝は牛頭なり。但し、故忠尋僧正の説には、王子晋の霊なり」と云々。仰せて云はく、「神農氏なり。神農氏は薬師仏と同体なり」と。

（『中外抄』久安三年七月一九日条）

祇園天神とはどんな帝の御霊なのか、という忠実の問いに対し、中国における伝説上の帝王である神農ではないか、と答える師元。その根拠は、神農が「牛頭」を有するからだという。これをうけた忠実は、神農が薬師如来と同体であることから祇園天神は神農の御霊だと納得する、といった流れになっている。

農耕ならびに本草学、転じて医学全般の祖として広く知られている神農だが、すでに唐の時代に成立した『史記正義《しきせいぎ》』（司馬遷《しばせん》『史記』の注釈書）の中には、晋の皇甫謐《こうほひつ》が記した『帝王世紀』を引用して神農が「人身牛首」であった旨が記されている。こうした伝承が本朝へも伝わり、祇園天神との同一視がなされたことになる。当然、忠実がいうところの祇園天神は牛頭天王を指していると考えるのが妥当だろう。さらに医学の祖であることから、薬師如来とも同体視されていたことがわかり、牛頭天王―祇園天神―神農―薬師如来という同体関係が示されるのである。現に鎌倉初期に東密（真言密教）僧・覚禅《かくぜん》が著わした『覚禅抄』第一「薬師法」には、

祇園牛頭天王　　〔本地薬師〕薬宝賢童子の如し
　　　―
神農薬師の所変と云々医師説

（『覚禅抄』第一「薬師法」）

と記されており、牛頭天王と神農、薬師如来との同体関係を確認することができる。

一方、先に見た『中外抄』には、「件の帝は牛頭なり」とは記してあるものの、「牛頭天王」という神名を直接見ることはできない。史料上、祇園社祭神としての牛頭天王の名が確認できる初出は、平安末期の成立といわれている歴史書『本朝世紀』である。この書の久安四年（一一四八）三月二九日条には、以下のような記述が確認できる。

廿九日、丁亥《ひのとい》、未剋《ひつじのこく》。火、三条末、河原辺の小屋より出で来たる。数百煙を焼失す。（中略）祇園の宝殿、並びに三面廻廊、舞殿、南門延焼す。尤も驚歎に足るは、寺僧、纔《わずか》に御体を出し奉りて、南門の外に安置すと云々（中略）其の後、延久二年十月十四日、寺家別当安誉、鍛冶を雇ひて釘を作らしむるの間、火出で来たりて宝殿焼失す。（中略）牛頭天皇《ママ》の御足焼損す。蛇毒気《じゃどつけ》

神《しん》焼失し了ぬ。

（『本朝世紀』久安四年三月二九日条）

前半部は久安四年に起きた祇園社火災についての記述だが、後半部は『扶桑略記』にも記されていた延久二年の祇園社火災に関する記事である。注目すべきは『扶桑略記』と異なり、ここには天神の名は見られず、代わりに牛頭天王の名が見られることだ。さらに鎌倉初期になると、九条道家《くじょうみちいえ》（一一九三―一二五二）が著わした日記『玉蕊《ぎょくずい》』に、承久《じょうきゅう》二年（一二二〇）四月一三日に祇園社でやはり火災が発生したことが記されている。ただ、注目すべきは翌一四日条で、ここには大外記《だいげき》・中原師重《なかはらのもろしげ》（一一六六―一二二一）による以下の勘文《かんもん》（朝廷などの要請をうけて、先例などを調べ上奏する文書）がひかれている。

延久□《二カ》年□□《十月カ》十四日、辛未、成剋。感神院、榊《［払カ］》地焼亡す。牛頭天王の御足焼損す。八王子の御体並びに蛇毒気神、大将軍《だいしょうぐん》の御体同じく焼亡す。（中略）八王子一体取り出し奉るの程、安誉の身、焼損す（中略）大壁に五頭《ママ》天玉《王カ》並びに婆梨女《はりめ》の御体、埋められて御座《おわ》す。（中略）但し左右の御足、焼損し給ひて、各の御長《おんたけ》、六尺余計か。八王子、三体所々焼損す。同所に御座すなり。（中略）其れ残りの八王子四体、蛇毒気神、大将軍の御体等、皆悉く焼失し畢《おわん》ぬと云々。

（『玉蕊』承久二年四月一三日条）

このように、同じ延久二年の祇園社火災の記事でありながら、先行する『扶桑略記』に見られる天神像については、『本朝世紀』や『玉蕊』では触れられていない。その代わりに、脚部は焼損したものの牛頭天王像ならびにその妻・婆利女像の無事を伝えている（また、大将軍像や蛇毒気神像、八王子像〈四体〉の焼失も伝えている）。つまり、『本朝世紀』や『玉蕊』に見る牛頭天王像こそ、『扶桑略記』で示すところの天神像にほかならないのである。『本朝世紀』以降の史料にも、祇園天神（堂）という表記が確認できるため、祇園天神と牛頭天王との同体異名の関係はその後も続いていたと考えられよう(18)。ただ、この同体異名の関係はいつまで遡れるかは、現存する史料で答えを出すのは難しい(19)。

ところで、祇園社祭神としての天神と牛頭天王との関係を見る上で、もう一つ史料を確認しておきたい。鎌倉初期ごろ成立と考えられている古辞書、十巻本『伊呂波字類抄』の「祇園」の項には、その冒頭に『扶桑略記』延久二年の祇園社火災とほぼ同じ記述が記された後に、以下のような記述が確認できる(20)。

> 牛頭天王の因縁《いんねん》は、天竺より北方に国有り。其の国の名を九《く》相《そう》と曰ふ。其の中に国有り。名を吉祥《きつしよう》と曰ふ。其の国の中に城有り。其の城に王有り。牛頭天王、又の名を曰く武《む》答天神《とうてんじん》と云ふ。
>
> （十巻本『伊呂波字類抄』「祇園」）

祇園社祭神たる牛頭天王の出自が詳しく語られている点もさることながら、牛頭天王の異名として

「武答天神」なる神名があげられている点は、これまで見てきた史料には確認できない。牛頭天王と同体異名の関係にあった祇園社の天神は、いつの間にか武答天神とも称されるようになったことがここからわかる。

以上の史料から確実にいえることは、

（一）祇園社は早く平安中期から除疫、防疫の利益が知られていたこと。

（二）同じく平安中期から祇園社は寺院としても機能しており、祭神として（祇園）天神が祀られていたこと。

（三）平安末期には祭神として牛頭天王も祀られていたこと（天神と同体異名の関係になったこと）。

（四）鎌倉初期において、天竺北方を出自とする異国神・牛頭天王と天神、すなわち武答天神とが習合していたこと。

の四点となる。このうち、（二）（三）（四）から明らかなように、祇園天神にせよ、武答天神にせよ、牛頭天王にせよ、祇園社祭神は『古事記』、『日本書紀』の中に確認できない、異国を出自とする神だということがわかる。そして、この点は、（一）で示した祇園社における除疫、防疫の利益と直接関連しているのだ。

次に見るのは、『日本三代実録《にほんさんだいじつろく》』の貞観一四年（八七二）正月二〇日条になる。祇園社とは直接関係のない史料ではあるが、ここには先の祇園社祭神と利益の関連を繙《ひもと》く上で重要なことが記されている。

是月。京邑《けいゆう》に咳造病発す。死亡する者衆し。人間言ふに、渤海客《ぼっかいきゃく》来たる。異土の毒気、之を然らしむ。

（『日本三代実録』貞観一四年正月二〇日条）

着目すべきは、咳病の発生の理由であろう。ここでは、「渤海」使の来日により「異土の毒気」が入り咳病が発生したといわれていたことがわかる。すなわち、疫病が発生する大きな要因の一つとして、異界（異国）からの流入が考えられていたのである。(21) 当然、異国から渡来してきた神々は、総じて行疫神として認識されるようになったであろう。そしてまた、それら異国からの行疫神を祀り鎮めることにより、除疫、防疫の利益を得ようとしたことは想像に難くない。

これまで見てきたように、現存の祇園社関連史料では、祇園社祭神についてどの時期に何と名指される神であったかを正確に断言することは難しい。あるいは、斎藤英喜《さいとうひでき》が指摘するように、祇園社祭神は近世期に入るまでその名称、あるいは神格に至るまで固定されていなかったとも考えられる。(22) ただ、『貞信公記』延喜二〇年の段階から祇園社が除疫、防疫の利益を担っていたと考えるならば、そこに祀られていたのは行疫神かつ除疫・防疫神でもある異国神の可能性は十分に考えられよう。

それでは、なぜ異国神＝行疫神であるところの祇園社祭神が鎌倉末期の『釈日本紀』において、すなわち卜部兼文によって、皇祖神アマテラスの弟神たるスサノヲだと断定されるに至ったのか。この点を考えるためには、平安期までスサノヲがどのような神として捉えられていたのかを確認していきたい。

第三節　変貌するスサノヲ

はじめに触れたように、『日本書紀』第八段一書第四では、新羅の曾尸茂梨に降り立ち、その後に舟で出雲へ渡ってきたスサノヲの姿が確認できる。ここでのスサノヲは、まさに渡来の神、異国神と捉えることができよう。ところが、この異国神的なスサノヲに対して踏み込んだ言説は、『釈日本紀』に至るまで見られない。たとえば、『釈日本紀』巻第七述義三の中に、過去に朝廷主導で行われた『日本書紀』の講義――「日本紀講《にほんぎこう》」における以下のようなやり取りが収められている。

> 曾尸茂梨《そしもり》の処
> 私記に曰く。問ふ。此処は其の意、何如《いかん》。　答ふ。師説は、遠蕃の地なり。未だ其の委曲、詳らかならざるなり。元慶の講書の時、（時に勘解由次官、惟良宿祢高尚）惟良大夫横点云く、此処は、若し今の蘇之保留の処か。師説に云く、此の説甚だ驚くべしと云々。摂政殿下（昭宣公）之を咲ふ。
> （『釈日本紀』巻第七述義三）

スサノヲが降り立った「曾尸茂梨」とはいったいどこなのか――当該部についてはやはり疑問が上がったようである。それに対してこの日本紀講の講師は、曾尸茂梨とは「遠蕃の地」という意味だとの答えになっている。また、元慶年間の日本紀講では惟良《これよしの》高尚《たかひさ》が「蘇之保留」ではないか、と推察したことに対し、「此の説甚だ驚くべし」とも記してある。

ただし、この記述を読む限り、なぜスサノヲが「遠蕃の地」からやって来たのか、またそうであるならばスサノヲは異国神ではないか、といったスサノヲという存在への根源的な疑義までは出されていない。前節を踏まえると、スサノヲが異国神であるかどうかがそもそも検討されていないのであれば、行疫神たるスサノヲもまた検討されるに至っていないということになる。

ところで『古事記』あるいは『日本書紀』正文におけるスサノヲは、先に確認した『日本書紀』第八段の一書第四とは異なり、高天原を追放された後、異国へと赴くことなく出雲へと降る。そして、ヤマタノヲロチを退治した後は、「根之堅洲国《ねのかたすくに》」（『古事記』）／「根国《ねのくに》」（『日本書紀』正文）へと赴いている。さらに『古事記』では、「根之堅洲国」の支配者としてスサノヲが描かれているのである。[23] この点を押えつつ、以下の祝詞《のりと》を確認していきたい。まずは『延喜式《えんぎしき》』巻八に収められている「六月《みなづき》晦《みそか》大祓《おおはらえ》」の祝詞である。

天津《あまつ》罪《つみ》と、畔《あ》放《はなち》・溝埋《みぞうめ》・樋《ひ》放《はなち》・頻蒔《しきまき》・串刺《くしさし》・生剥《いけはぎ》・逆剥《さかはぎ》・屎戸《くそへ》、許許太久《ここだく》の罪を天津罪と法《の》り別《わ》けて、国津《くにつ》罪《つみ》と、生膚断《いきはだたち》・死膚断《しにはだたち》・白人《しろひと》・胡久美《こくみ》・己《おの》が母犯せる罪・己が子犯せる罪・母と子と犯せる罪・子と母と犯せる罪・畜《けもの》犯せる罪・昆虫《はうむし》の災《わざわい》・高津《たかつ》神《かみ》の災・高津《たかつ》鳥《とり》の災・畜仆《たお》し、蠱《まじ》物為《ものせ》る罪、許許太久《ここだく》の罪出でむ（中略）如此《かく》可可呑《かかの》みてば、気吹戸《いぶきど》に坐す気吹戸《いぶきど》主《ぬし》と云ふ神、根《ねの》国《くに》・底之《そこの》国《くに》に気吹放てむ。如此《かく》気吹《いぶき》放てば、根国・底之国に坐す速佐《はやさ》須良《すら》比咩《ひめ》と云ふ神、持ち佐須良比失ひてむ。

（『延喜式』巻八「六月晦大祓」）

この六月晦大祓とは、毎年六月晦日、そして一二月晦日に行われるものである。大祓は、そもそも国中の罪を解除《げじょ》することを目的とした儀礼だったが、時代が降るにつれ、罪だけでなく穢れも祓い清めるものと認識されるようになったという。実際に、『続日本紀《しょくにほんぎ》』などを見ると、七世紀末にはすでに災禍、疫病、汚穢などを祓う臨時の大祓が催されていたことが確認できる。そこからさらに、国家主催ではなく、あくまで私的に罪や穢れを解除するための儀礼が展開していく。それが、六月晦大祓の祝詞を改変した「中臣祭文《なかとみのさいもん》（中臣祓詞《なかとみのはらえことば》）」を用いた中臣祓《なかとみのはらえ》である（後述）。

次に、同じく『延喜式』巻八に収められている「道饗祭《みちあえのまつり》」の祝詞も確認しよう。

大八衢《おおやちまた》に湯津磐村《ゆついわむら》の如く塞《さや》り坐す、皇神《すめがみ》等の前に申く、八衢比古《やちまたひこ》・八衢比売《やちまたひめ》・久那斗《くなど》と御名《みな》は申して、辞竟《ことお》へ奉らくは、根国《ねのくに》・底国《そこのくに》より麁《あら》び疎《うと》び来む物に、相率《あいまじこ》り相口《あいくち》会ふ事無くて、下行かば下を守り、上往かば上を守り、夜の守《まもり》・日《ひ》の守《まもり》に守り奉り（以下略）

（『延喜式』巻八「道饗祭」）

道饗祭は、やはり六月と一二月の吉日を選んで基本的に行われたもので、疫病の発生に備えて、悪神や行疫神を道で饗応し、それ以上入ってこないようにする祭祀であった。(24)

この二つの祝詞には、「根国・底（之）国」という表現が共通して見られる。当然、ここで連想されるのは、先に見た『古事記』の「根之堅洲国」、あるいは『日本書紀』の「根国」であろう。とはいえ、神野志隆光《こうのしたかみつ》が明らかにしたように、『古事記』や『日本書紀』がまったく異なる世界観を展開している別々の作品であると考えるならば、『古事記』の「根之堅洲国」、『日本書紀』の「根国」、そしてこの祝詞に見られる「根国・底（之）国」は同一の場と捉えることはできない(25)。ただ、ここで確認したいのは、あくまで、これら相互のイメージの連関である。つまり、これら祝詞における「根国・底（之）国」とはどのような場として考えられているかが問題となる。

六月晦大祓では、天つ罪と国つ罪とが、祓により流される様子を示している。ではこの罪は流されてどこに至るのか。祝詞では、流されてきた罪を「気吹戸主《いぶきどぬし》」が「根国・底之国」へと息で吹きやり、さらにそこにいる「速佐須良比咩《はやさすらひめ》」が流されて来た罪をどこかへとやってしまうという。つまり「根国・底之国」とは、祓われた天つ罪・国つ罪が最終的に行き着く先ということになる。

一方、道饗祭では悪神や行疫神を意味する「麁《あら》び疎《うと》び来む物」が「根国・底国」からやってくると記されている。ここでは、疫病を始めとする災厄の発生源として「根国・底国」が考えられていたのである。前節で見たように、古代の疫病発生のメカニズムとして、異国からの流入が考えられていた。それも、この道饗祭にあるような異界に疫病発生の根源を求める思想から来ているものといえよう。

六月晦大祓の祝詞のように、罪、そして穢れが最終的に流れ着く場として「根国・底之国」があるというのは、天から罪を負って祓われ、最終的に「根之堅洲国」あるいは「根国」へと赴くスサノヲと重なる。問題は道饗祭で、この疫病発生の根源として「根国・底之国」が語られているならば、スサノヲにもそうしたイメージ、すなわち疫病の発生源たる行疫神としてのイメージが重ねられていても不思議はない。ところが、先に見た祝詞では、肝心のスサノヲについて一切言及していない。つまり、祝詞の中でも行疫神たるスサノヲを確認することはできないのである。

この点については「中世日本紀」、そして中世神話の視座からスサノヲの検討を進めた権東祐《クオントンウ》による一連の研究が大きな示唆を与えてくれる。『古事記』、『日本書紀』から『釈日本紀』に至るまで、各種のテキストを用いてスサノヲの変貌を追った権は、まず『日本書紀』におけるスサノヲが、アマテラスとともに「イザナキ・イザナミによって展開してきた上下の陰陽の論理を、善悪という「心」の問題に転換する変容を見せている」と指摘し、アマテラスとスサノヲによって「陰陽の新たな秩序作り」がなされたとする。(26) アマテラスはスサノヲとのウケヒの後、スサノヲが「濁心」をもった悪神であることを「勅」によって決め、悪神と規定されたスサノヲは悪行を重ね、やがて追放される――こうして「善」と「悪」の二元的世界が二神により規定されるというのである。

また、九世紀に成立したと考えられる『先代旧事本紀』では、巻二「神祇本紀」でスサノヲは祓われ「根国」へと向かう途中、アマテラスのもとに一度戻り、自らが「清心」を持って生んだ子どもたちはアマテラスに服従する旨の誓約を行っている。権はこれを「巻三「天神本紀」において天孫降臨の正統性を保障し」た発言と捉える。そして、その誓約は巻四「地祇本紀」において、ヤマタノヲロチ退治後に生まれたスサノヲの子・オホナムチが国譲りすることと対応していることをあらわす。その巻四「地祇本紀」は、最後に「スサノヲから始まる地祇の神の系統が詳しく記されて」いることから、「ここでスサノヲは地祇の始祖神としてあらわされている」とする。[27]

古代においては、『古事記』は、たとえば日本紀講などにおいて『日本書紀』をどう読むかといったときに使用される程度で、本居宣長による再評価に至るまで広く受容されていた形跡がない。むしろ、聖徳太子が記したとする序文を有し、近世に至るまで『日本書紀』や『古事記』よりも先行して成立していたと考えられていた『先代旧事本紀』の方が受容されていたと考えられる。この点を踏まえ、先の権による成果をまとめてみよう。まず、『延喜式』が成立した一〇世紀初頭までのスサノヲ理解には、『日本書紀』が示す「アマテラスとの対抗関係をもつ悪神」という側面があり、他方『先代旧事本紀』では「天神・地祇の論理の中で始祖神として働く存在」という側面があった。前者は「善・悪」という根源的な二元世界を、また後者は「天神・地祇」というこれもまた根源的な二元世界を示すことになる。いずれにせよ、これらの世界を規定していたのがアマテラスであり、スサノヲだということに変わりはない。そのため、祝詞において「根国・底（之）国」が疫病の発生源とされても、「神格が定められていた」スサノヲに行疫神という新たな役割を負わせることはできなかったと考えられるのだ。[28] 権による検討は、古代においてもスサノヲが変貌していることを示しつつ、アマテラスとともにスサノヲが古代を規定する神という役割を担い、それゆえに行疫神のようなスサノヲは人々の想定外であったことを明らかにするものとして評価できよう。ところが、平安末期から鎌倉期に入ると「神格が定められていた」スサノヲ像が徐々に変化していく。なぜか。

実はここに神の役割の変化、神話の変容という問題が明確になってくる。ただ、この問題を探るためには、改めて、神話とは何か、その定義を説明する必要がある。ところが、その定義は研究者によって異なり、絶対的・決定的な定義はいまだ確立されていない[29]。そのため、あくまで本書において神話とはどのようなものと捉えるかを述べることとしたい。

まず、神話とは、神々あるいは超人的英雄の誕生や活動に結びつけて、あらゆる事物の起源を語るものだということができる[30]。すなわち、人間、動物、植物、山、海、川といった実体的なものから、国や社会、規則やしきたり、信仰／宗教といったものまで、神話は起源を語りえるのである。そして人々は神話を通して、それらの起源を知ることとなる。つまり、神話は人々の歴史認識を形成するものでもあるのだ。それは神話が目の前の現実を意味づける、ということと同義といえよう。さらに、現実そのものが歴史認識の上に成立していることを考えれば、神話が現実を創造しているともいえるのである。この神話による歴史認識の形成、現実の創造という視点に立てば、神話は時代を超えて創られていく、あるいは既存の神話が変容していくことが見えてくる。

話を本筋に戻そう。平安中期以降、律令制は徐々に限界へと近づき、やがて摂関政治が始まり、さらに末法の到来、そして武士の台頭と武士による幕府の開府と、時代は激動していった。ただ、そういった時代にあっても――いや、目まぐるしく変化していく時代だからこそ、目前の現実の起源を語り、意味づける神話が求められたのである。ただし、そこで語られる神話は、それ以前、すなわち古代の神話とまるで異なるものとなった。なぜなら、意味づけるべき現実そのものが大きく様変わりしているからであり、古代にはなかった事物の起源を語る必要が生じたからである。必然的に神話の中における神々の役割も異なってくる。こうした古代以降の新たな時代を本書では「中世」と位置づける。

古代のスサノヲ像から中世のスサノヲ像へ——その変貌の様子は、平安末期から鎌倉初期にかけて作成された中臣祓の注釈書、『中臣祓訓解《なかとみのはらえくんげ》』が雄弁に語る。(31)

根国底《ねのくにそこのくに》 国無限の大火の底なり。
速佐須良比咩神《はやさすらひめのかみ》 伊弉那美尊《いざなみのみこと》、其の子速須戔烏尊なり。焔羅王《えんらおう》なり。司《し》命《みよう》 司《し》禄《ろく》等は此の神の所化《しよけ》なり。一切の不祥の事を散失するなり。(中略)
上件の明神等、冥道《みようどう》諸神なり。一切衆生の為に、一子の慈悲を施す。諸尊の願海を以て、生死の穢泥《えでい》を洗ふ。

(『中臣祓訓解』)

これは六月晦大祓を改変した「中臣祭文(中臣祓詞)」における以下の文言に対する注釈である。

根国の底国に坐す、速佐良比咩と云ふ神、持ち失ひてむ

(『中臣祭文』)

このハヤサスラヒメは、先の六月晦大祓の祝詞では、「根国・底之国」で祓われた罪や穢れを最終

的に消除する役割を負っていた。一方、『中臣祓訓解』の傍線部では、ハヤサスラヒメが「速須戔烏尊」であるとされ、さらに「焔羅王なり」、「司命司禄等は此の神の所化なり」と記されている。人間の寿命を司り、あるいは寿命を記した帳簿を記録する司命・司禄のみならず、その司命・司禄の上に立ち、亡者を裁く焔羅王（いわゆる閻魔王）とも同体関係にあるということは、ハヤサスラヒメことスサノヲは「冥道」、すなわち死後の世界の王ということになる。その上で、「生死の穢泥を洗ふ」という一文に着目したい。つまり、ここでの「根国底国」は、『古事記』でいう黄泉国のような場だと想定でき、一方で『古事記』でいう「根之堅洲国」の王たるスサノヲのイメージが重ねられているようでもあるのだ(32)。つまり、『中臣祓訓解』におけるスサノヲとは穢れを払う存在として認識されていることが、ここからわかるのである。

このように、さまざまな神々（ハヤサスラヒメ、焔羅王、司命・司禄、そして牛頭天王など）とスサノヲとが同体化し、神格が再解釈されるようになった背景について、権は、天台本覚思想との結びつきがあると説く(33)。すなわち、「古代」の神話では見ることのできなかった、神々と仏教の論理との連関が見られるのである。こうしてスサノヲは、二元世界における「古代」を規定する神から、穢れを祓うという新たな役割を負う神へと変貌したのである。

穢れの中には、当然、病気なども含まれる。つまり、穢れを払う存在としてのスサノヲとは、除疫、防疫につながるスサノヲにほかならない。『中臣祓訓解』は、除疫、防疫神としてのスサノヲを示すものなのである。

ただし、除疫、防疫と表裏の関係にあるとはいえ、ここではまだ行疫神たるスサノヲの姿を直接確認することはできない。この行疫神たるスサノヲの姿を初めて言及するのが、『釈日本紀』であり、そのスサノヲは祇園社祭神という新たな役割を負って登場するのである。

第四節　『釈日本紀』の成立とその意義

さて、『釈日本紀』がどのように成立したかは第一節でも述べたが、そもそもこの書が成立した背景には、卜部《うらべ》という氏族の特殊性があった。まずはこの点について確認していきたい。そもそも神祇官であった卜部氏は、その名の通り亀卜《きぼく》を専門とした氏族で、壱岐《いき》卜部・対馬《つしま》卜部・伊豆《いず》卜部という系統の異なる三派が存在していた。このうち、一〇世紀までは壱岐・対馬の卜部氏が優勢であったようだが、一一世紀になると伊豆卜部の卜部兼延《かねのぶ》（生没年不詳）が神祇官次官《すけ》（大副《たいふ》）へと昇り、以後、伊豆卜部氏が「亀卜宗家」を確立することとなる。その後、兼延の孫・兼親《かねちか》が吉田卜部家を、兼国《かねくに》が平野卜部家を興し、以後はこの二流からほぼ交互に一族の統率者たる氏長《うじのちょうじゃ》者を輩出するようになる。鎌倉期に入ると、この両流の卜部家はそれぞれ特定の公卿と関係を持つようになり、神祇《じんぎ》有職《ゆうそく》に関する諮問を受け、それに応じることが多くなっていったという。こうして、公家社会において「神祇故《こ》実《じつ》の家」として吉田・平野卜部家は認識されるようになった。(34)

このト部氏が日本紀解釈を行うようになるのは、鎌倉初期、平野卜部家の兼頼《かねより》（生没年不詳）からといわれている。(35)それまで卜部氏は神祇官長官《かみ》（伯）である白川伯王家の家人として、神祇伯の就任儀礼（初任吉書）に際して家司《けいし》の役を果たしてきたが、貞応《じょうおう》二年（一二二四）の資宗王《すけむねおう》の神祇伯就任儀礼において、兼頼、そして吉田卜部家の兼直《かねなお》（生没年不詳）は家司となることを辞退する。これにより、卜部氏は白川家家人から離れ、自立の道を歩み始めた。それは、翌、嘉禄《かろく》元年に兼直が『古語拾遺《こごしゅうい》』の書写を、さらにその翌年、今度は兼頼が石清水八幡宮に関して、『日本書紀』をはじめとするさまざまな古典を用いて注進したことからもわかる。先の兼頼による『日本書紀』解釈はこのとき行われているのである。さらに兼頼は、安貞二年（一二二八）以降、『先代旧事本紀《せんだいくじほんぎ》』や『日本書紀』などの書写校合を行うなど、「古典の家」としての様相も帯びてくる。(36)こうして「亀卜宗家」から「神祇故実の家」、さらに「古典の家」へとその家職は広がりを見せていった。そして、卜部氏の次なる展開を担ったのが、兼頼の息子として平野卜部を継承した兼文であり、さらにその息子・兼方だったのである。

ところで、この兼文が一条実経・家経親子らに『日本書紀』の講義を行う直接の契機は何だったのか。ここには、鎌倉期における朝儀への認識と実践とが深く関係している。文永一一年（一二七四）三月に後宇多《ごうだ》天皇が即位し、一一月には践祚大嘗祭《せんそだいじょうさい》が挙行されることとなった。その過程で二つの事件が起こる。その一つが、摂政・九条忠家《ただいえ》（一二二九—七五）の解任である。亀山天皇時に関白、そして後宇多天皇即位後は摂政となっていた忠家だが、大嘗祭の故実を知らなかったゆえに解任されたという。(37)代わりに摂政の任に就いたのが、一条家経であった。そしてもう一つが大嘗祭直前になって起きた、大嘗祭を執り行う祭主《さいしゅ》である大中臣《おおなかとみの》為継《ためつぐ》（一二二一―一三〇八）の解任である。これも大嘗祭辰日節会において祭主が奏上すべき「天神寿詞《あまつかみのよごと》」を為継が知らなかったというのが、その理由であった。代わりに祭主に就いたのが、亀山天皇時に「天神寿詞」奏上を経験し、また兼文と義兄弟の関係であった岩出流の大中臣隆蔭《たかかげ》（？―一二七九）であった。この一連の解任劇には、新摂政となった一条家（家経）、そして卜部平野（兼文）、さらに岩出流大中臣氏（隆蔭）の連携があったと推察されている(38)。ただ、そうした権力闘争的な動きが背景にあったとしても、両者解任の理由が、朝廷として執り行うべき儀式、すなわち朝儀《ちょうぎ》を知らなかったことである点は注意が必要だろう。つまり、朝廷内において朝儀の知識、あるいは関連する事項についての知識と、それの実践とが大きな意義を持つことが明らかとなったのである。こうして大嘗祭における祭儀作法は摂関家においてそれを学び、伝えることが重んじられるとともに、その根源を求める動きが重視されるようになった(39)。かくして『日本書紀』、それも本朝の始原を語る神代巻について学ぶことが重要だと認識されるに至ったのである。

先の解任劇に携わったとされる実経と兼文との間で、『日本書紀』の講義が始まったのは、必然だったといえよう。こうして行われた講義が後の『釈日本紀』の土台となり、兼文・兼方の活躍によって平野卜部は「日本紀の家」と称されるようになるのである(40)。

ところで、この『釈日本紀』に関する今日的な評価は、それ以後に記された『日本書紀』注釈書に比すると高い。もっともそれは、『釈日本紀』以後の『日本書紀』注釈書が、正当に評価されてこな

かったことを意味する。この点については、日本思想史を専門とした家永三郎《いえながさぶろう》の以下の言葉が象徴的といえよう。(41)

神代巻の注釈書が数多く出現したけれど、それらはすべて自家の神道教義に立脚した空理空論で埋められており、書紀の学問的研究のために今日読むに値するものは一つもないと言っても、言い過ぎではないようである。

（家永「解説　四、研究・受容の沿革」）

ただし、家永が「読むに値するものは一つもない」とした日本紀注釈書の中に、『釈日本紀』は含まれていない。先の言葉の前には以下のようにも記しているからである。

古代講書の成果を集大成したものが（中略）『釈日本紀』である。その内容には創見とすべきものが乏しいけれど、「私記」をよく集成し、「述義」「秘訓」などの綱目を立てて分類整理し、後の代に伝えた功績は大きなものがある。そして、書紀に対する古代的な訓詁の学は、この集成事業をもって一応終わりを告げ、書紀の「研究」は、従来の訓詁の学とはおよそ性質を異にする神道家の神学的論議に変じて行ったのであった。

（家永　前掲論考）

つまり、家永にとって『釈日本紀』は「「私記」をよく集成」し、「綱目を立てて分類整理」した

ト部家（平野・吉田）・一条家略系図

（天理図書館編『吉田文庫神道書目録』〈天理大学出版部、一九六五年〉所載の系図参照）

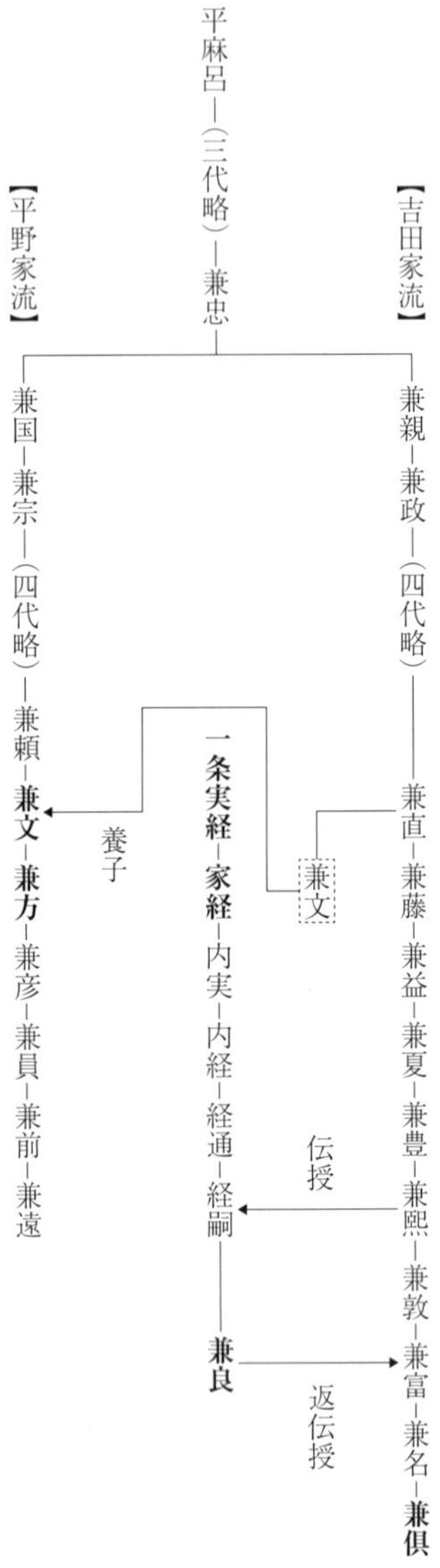

「訓詁の学」の集大成であった。そして、この『釈日本紀』をもって「古代的な訓詁」は終わり、以後の日本紀註釈は「神道家の神学的論議」に変わったというのだ。なお、家永は太田晶二郎「上代に於ける日本書紀講究」（史学会編『本邦史学史論叢』冨山房、一九三三年）をうけて、古代に行われた日本紀講について

講所に当った博士たちは、漢唐訓詁学の影響を受けた考証学者といえば大げさになるが訓詁学者であって、書記の全体的な性格をとらえる姿勢に欠けていた反面、後の神道家のような観念的空理で書記に立ち向かうことなく、訓読・語義等についての実証的説明にそのしごとをほぼ限定していたからである。（中略）たとい局部的な瑣事に渉るものが多いとはいえ、古代書記研究の実証的成果は、ある程度まで評価されなければならないだろう。（家永　前掲論考）

とも述べている。つまり、家永にとって日本紀講など古代における日本紀研究は、「実証的」なものであり、「評価されなければならない」ものであった。そして、その古代日本紀研究の「集大成」こそ『釈日本紀』だというのである。家永にとって『釈日本紀』とは、実証的に本文を解釈する、近代主義的な注釈学に近似する方法が認められる書物と見ていたということになろう。

このような『釈日本紀』の見方は家永に限らない。家永より数年前の段階で、神道史を専門とする久保田収《くぼたおさむ》がすでに、

中世は偽作の流行した時代である。（中略）このやうな時代に出た兼方であつたにもかかはらず、本書にはそのやうな偽作、仮托の形述はみられない。もとより本書は日本書紀の注釈を目的としたものであつて、独自な神道説を展開するためのものではなかつたからであつたとしても、かうした態度は釈日本紀の性質を考へるのみではなく、本書に引用する諸書の性質を考へるためにも注目されるところである。兼方は、日本書紀を仮りて独自の神道説をつくりあげようとしたのではなく、古来の解釈にもとづいて日本書紀を考へ、それを通じて神道を明らかにしようとしたのである。

（久保田「釈日本紀について」）

と評しており[42]、また小野田光雄《おのだみつお》は、

「釈日本紀」は自分の宗教思想によって「日本書紀」を解釈したものではなく、神祇官の職員として、かかわる政事の基本の図書としての「日本書紀」を解明するのに、可能な限り私意を避けて、国政に関与する社会に承認されている、いわゆる書紀考読の具書を遺漏することのないようにひろく求めて、たとえば神ならば、その神の日本国内における全容を記述しようとしたものである。

（小野田「釈日本紀撰述の意図について」）

と「独自の神道説」や「自分の宗教思想」、「私意」が『釈日本紀』では避けられているとする[43]。裏を

返せば『釈日本紀』以降の日本紀注釈はそうした「独自の神道説」「自分の宗教思想」「私意」が入り込んでいるということだろう。こうした見方は、家永の「自家の神道教義に立脚した空理空論で埋められ」ているとする評価と通じるものがある。『釈日本紀』の成立を境に、日本紀の実証的研究は終わりを迎え、「空理空論」ばかりの日本紀注釈の時代に入る――久保田や家永らは、中世における日本紀注釈をこのように見ていたのである。殊に家永は、

もっぱら神道家により、神道の教義の源泉としての神典として尊重されることとなった。実証的な訓詁研究は放擲され、中国思想や仏教教義等の観念的理論による付会の説明が強行されるとともに、関心はもっぱら神代巻のみに集中されて、歴史的記録の部分はほとんど顧みられなくなってくる。(中略)中世においても、神典として扱われなかった文芸上の古典、例えば『万葉集』や『伊勢物語』や『源氏物語』などについては、ある程度まで学問的な研究が行なわれ、後の国学者の古典研究の萌芽と見なすことのできる著作がいくつものこされたのに比べるとき、書紀は神典として尊重されることにより、かえって学問的研究から遠ざけられるという不幸な運命に陥ったといわなければならない。(家永　前掲論考)

とまで言っている(44)。もちろん、ここでいう「学問的研究」とは、日本紀講に見られた訓詁研究のような「実証的」研究を指す。

こうしてアカデミズムから疎まれた中世の日本紀注釈だが、それらの言説は、伊藤正義《いとうまさよし》による「中世日本紀」の概念の提唱以降、価値が反転していく。伊藤は、中世の日本紀注釈が「まともにとり上げられることのなかった」ものだとした上で、

日本書紀原典から大きくはずれた中世日本紀が、ひとつには、中世の思想と文芸の各分野にひろく沁みわたって、いわば通説化して行き、常識化している実情を知っておかなければならないこと、そして、いまひとつには、このような諸説は、たしかに中世という時代の一性格をあらわすものではあろうけれども、暗く秘められた時代のひだから突如涌き出したものではなく、多くは、その原型乃至萌芽がすでに前時代にあるのだということ、またそれゆえに、それからの展開乃至歪曲の過程での諸相と、それをふまえて創り出されて行ったその時代の文芸一般のすがたの中にこそ、中世の本質を探る鍵もあろうかと考えている。

（伊藤「中世日本紀の輪郭——太平記におけるト部兼員説をめぐって——」）

と述べている(45)。つまり、これら「日本書紀原典から大きくはずれた」注釈——「中世日本紀」としての『日本書紀』注釈こそ、中世における『日本書紀』認識の表われであり、ひいてはその時代の知の象徴ともいえる言説だと評価することができるのである。古代とは異なる『日本書紀』に対する認識、受容が行われ、そこから新たな『日本書紀』をめぐる言説が創り出される——それは確かに実証的研

究とはほど遠い営みだが、『日本書紀』を尊重し、重要視するからこそ、積極的に解釈をしていこうという知的営為であり、古代とは異なる「中世」という時代を象徴する動きといえるのである。

それでは、近代主義的な文献学の見地からも評価された『釈日本紀』は、「中世日本紀」として捉えることは可能なのか。「中世日本紀」を研究する原克昭《はらかつあき》は、『釈日本紀』を「『風土記』『私記』など佚文所引資料として注目されがちだが、それが室町期以降の諸註釈における情報源、あるいは「大日本国」説や「百王」説など言説の典拠となった側面も看過できない。ある種の類書的な役割を果たしていたともいえる」と評した上で、「もっとも、このような特徴を有する『釈日本紀』を、『日本書紀』註釈の到達点とみるか、はたまた中世註釈の始発点とみるか。それは〈中世日本紀〉に対する認識ぐあいによって、見解のわかれるところでもあろう」として、「中世日本紀」として捉えうるかどうかは、研究者のスタンスによる、とあえて明言を避けている[46]。

一方で、積極的に「中世日本紀」として『釈日本紀』を捉えたのが斎藤英喜であった[47]。斎藤は、伊藤から始まる「中世日本紀」、さらに「中世日本紀」を包含する形で山本ひろ子により提起された「中世神話」の視座をうけて[48]、「古層」や「始原」から神話を解放し、時代ごとに「変奏」し、また神々が「変貌」を遂げ、常に「読み替え」られていく神話に価値を見出した。そしてそのような読み替えられる神話、変貌する神の萌芽は古代の日本紀講からあったことを指摘する。その上で、それら日本紀講の講義録、問答集である数種の「日本紀私記」を『釈日本紀』は引用し、再解釈を施した結果、アマテラスやスサノヲは『記』・『紀』とは異なる変貌を遂げるようになったと説く。つまり斎藤は、中世日本紀の起点を『釈日本紀』に求めたのである。

はたして、斎藤の指摘するように『釈日本紀』は「中世日本紀」として捉えることは可能なのか。以下、『釈日本紀』本文の検討を通して考えていこう。

第五節 『釈日本紀』における祇園社祭神の変貌

文献上、祇園社祭神をスサノヲだと初めて言及したのは、『釈日本紀』巻第七述義三に「先師」として登場する兼文である。これは『日本書紀』巻第一第七段一書第三の「素戔嗚尊、青草を結束ねて笠蓑として、宿を衆神に乞ふ」、すなわち、スサノヲが天から追放され、「底根之国」へと祓われた直後の場面に対する注釈で、「先師」こと兼文と、「大」こと一条実経との間に注釈をめぐるやり取りが見られる点にも注目したい。以下、『釈日本紀』該当部を確認しよう（なお【X】以下が兼文の注釈部分。【X】は筆者が付した）。

・素戔嗚尊乞宿於衆神

備後《きびのみちのしり》の国風土記に曰ふ。疫隅《えのくま》の国《くに》つ社《やしろ》。昔、北の海に坐《まし》しし武塔の神、南の海なる神の女子《おとめ》を結婚《よばい》に坐《まし》すに日暮れぬ。その所に蘇民将来《そみんしょうらい》、二人ありき。兄《え》の蘇民将来は甚貧窮《いたまず》し。弟《おと》の将来は富み饒《にぎわ》ひて屋倉《いえくら》一百《もも》ありき。ここに塔の神、宿処《やどり》を借りたまふに惜みて借さず。兄の蘇民将来は借し奉《まつ》りき。即ち粟柄《あわがら》を以《も》ちて座《いしき》とし粟飯《あわいい》らを以ちて饗《あ》へ奉りき。ここに畢《おわ》りて出で坐《ま》しし後に、年を経て八柱《やはしら》の子《みこ》を率《い》て還《かえ》り来て詔《の》りたまはく、我、将来が為報答《ためむく》いむ。汝が子孫《うみのこし》其が家に在りや、と問はせ給ふ。蘇民将来、答えて申《まお》さく、己《わ》が女子《むすめ》と斯《わ》が婦《つま》と侍る、と申す。即ち詔りたまはく、茅《ち》の輪《わ》を以ちて腰の上《え》に着けしめよ、とのりたまふ。詔の随《まにま》に着けしむるに、即夜《そのよ》に蘇民将来の女子一人《むすめひとり》を置きて、皆 悉《ことごと》殺し滅してき。即ち詔りたまはく、吾は速須佐雄《はやすさのお》の神ぞ。後の世に疫気《えやみ》あらば、汝《いまし》、蘇民将来の子孫《うみのこし》と云ひて、茅の輪を以ちて腰に着けて在る人は免れなむ、と詔りたまひき。

【X】先師《せんし》申して云く、此れ則ち祇園社の本縁《ほんえん》なり。

大、仰《おお》せて云く、祇園社の三所は何の神か。

先師、申して云く、此くの如き国記は、武塔天神は素戔嗚尊なり。少将井《しょうしょうい》は本御前《もとごぜん》と号《なづ》く。奇稲田姫《くしいなだひめ》か。南海神の女子《おとめ》は今御前《いまごぜん》か。

重ねて問ひて云く、祇園と号すは異国の神に然らざるか。

先師申して云く、素戔嗚尊、初め新羅《しらぎ》に到りて日本に帰るの趣き、当記に見ゆ。之に就ひて異国の神の説有るか。祇園の行疫神《ぎょうやくじん》と為す。武塔天神の御名は、世の知る所なり。而るに「吾は速須佐雄能神ぞ。」と云々。素戔嗚尊、亦の名を速素戔嗚尊神なり。素戔嗚尊の由、此の紀に見ゆ。仰ぎて信取るべき者なり。御霊会《ごりょうえ》の時、四条京 極《しじょうきょうごく》に於いて粟御飯を奉るの由、伝承す。是れ蘇民将来の因縁なり。又、祇園の神殿の下に龍宮に通ずる穴有るの由、古来より申し伝はる。北海の神、南海の神の女子に通ふの儀、符合するか。

（『釈日本紀』巻第七述義三）

まずは前半部、すなわち「備後の国風土記……詔りたまひき」までの部分から検討したい。着目すべきはその始まりで「備後の国風土記に曰ふ。疫隅の国つ社(49)……」と、『日本書紀』の注釈として、現在は散逸した『備後国風土記』が用いられていることがわかる。『備後国風土記』と称される書物の断片は、現状この部分しか確認できない、まさに風土記逸文なのである。その内容はというと、「疫隅《えのくま》国《のくに》社《つやしろ》」なる一神社の縁起であることがわかる。

さて、この「逸文」で語られることをまとめると以下①〜⑨になる。なお、兼方自筆の『日本書紀』神代巻には、裏書としてこの「逸文」とほぼ同文が記されており、最後に疫隅国社に関連すると考えられる文言が確認できるが、ここでは省くこととする(50)。

①北海に住む武塔神が南海神の女子を娶ろうと妻問いの旅へと出かける。
②その道中で日が暮れてきたので、そこで出会った二人の蘇民将来《そみんしょうらい》と名乗る兄弟に宿を借りようとする。
③まず、富者である弟の将来に宿を求めたが、借りることはできなかった。
④次に、貧者である兄の蘇民将来に宿を求めると、粟柄で席を作り、粟飯で饗応した。
⑤蘇民将来宅を出立して数年の後、武塔神は八柱の御子を引き連れ、蘇民将来宅へと再訪してきた。

⑥その上で、蘇民将来に報いたいと言い、宿を貸さなかった将来（弟）の家に蘇民将来の家族はいるのか、と聞く。蘇民将来は自分の妻と娘がいることを伝える(51)。
⑦武塔神は、その家族に茅輪を腰の上につけさせよ、と蘇民将来に伝え、蘇民は従う。
⑧その夜、蘇民の娘一人が生き残り、他は武塔神により殺され滅ぼされてしまった。
⑨武塔神は娘に、私は速須佐雄能神である。後の世で疫病が流行したとき、お前は蘇民将来の子孫と言って腰の上に茅輪をつければその人は疫病から逃れられるだろう、と伝えた。

②〜⑨を見てわかるように、貧しい蘇民将来が客人神《まろうどがみ》を饗応し、その神から利益を授かるという「蘇民将来譚」となっている。この蘇民将来譚はその後、牛頭天王信仰に関する多くの縁起や祭文などに踏襲されていくが、文献上確認できる初出は、この「逸文」、すなわち疫隅国社の縁起なのである。また、この「逸文」は縁起という性質上、必然的に信仰対象たる神の由来、由緒が語られ、信仰の起源が語られていることになる。すなわち、ここでの神がどのような性質で、具体的に何をどう救済し、あるいは何をどう罰するのかが明示されるのである。

①では、武塔神が「北海」から「南海」へと向かう神であることが記されており、その出自は本朝外の異界であることは明らかだ。その神が南海へ妻問いに向かい、さらに帰ってきていることから、遊行する神の姿を見ることができる。第二節でも見たように、そのような神が行疫神としての側面を持っていることは必然ともいえよう。

しかし、⑨の記述によってこの異界からの行疫神の思わぬ正体が明らかとなる。武塔神自ら、自分はスサノヲだと名乗るのである。これにより、異界からの行疫神が、本朝における最高神・アマテラスの弟神とイコールで結ばれることとなる。

この「逸文」が古風土記であるのか、はたまた延長《えんちょう》三年（九二五）に朝廷から風土記再提出を求められた際に編まれたもの（延長再撰風土記）なのか、あるいは後代におけるまったくの偽書であるのか、いまだ議論はつきない[52]。もし古風土記であれば、スサノヲは相当早い段階から行疫神の側面を持っていたことになるが、前節での検討を踏まえればその可能性は低い。延長再撰風土記であれば、律令制の崩壊、末法の到来といった既存秩序の崩壊、そして新たな秩序の構築が求められた時代であることから、こうしたスサノヲ像が示される可能性もあろう。もちろん、それ以降、後代に降れば前節で見た『中臣祓訓解』との対応から考えて、行疫神としてのスサノヲが創造されてもおかしくはない。

ただ、仮にこの「逸文」が古風土記であったとしても、あるいは、延長再撰風土記ないしそれ以降に成立したものだとしても、『釈日本紀』成立以前の文献類においては、これまで確認してきたように行疫神たるスサノヲの姿は確認できない。そのため、『釈日本紀』以前において、行疫神としてスサノヲを捉えようとする認識があったとしても、それは局所的なものであった可能性が高い。問題は、そうしたスサノヲ認識を、なぜ兼文が『日本書紀』該当部の注釈として用いたかという点にある。

この点については非常にわかりやすい繋がりが見える。先にも記したように、『日本書紀』では天を追われたスサノヲが道中、「衆神」に宿を乞うも悉く断られている。一方、「逸文」の武塔神も、はじめ富者である弟・将来から宿を断られている。こうした共通点がある上に、武塔神は後にスサノヲと名乗っている。ここから兼文は「逸文」を『日本書紀』該当部の注釈とするに相応しいと考えたのであろう。

ただし、最大の問題は、この注釈として用いた「逸文」を兼文はどう理解したのか、という点にある。これについては、後半部（【X】）の検討によって明らかとなる。この【X】は、『日本書紀』注釈としての「逸文」をうけた上で、兼文（先師）と実経（大）との議論を示したものである。ここでは、「逸文」では触れられもしなかった祇園社が議論の中心に置かれることとなるのだ。【X】の要点をまとめると以下①～⑥となる。

①兼文はこの「逸文」を「祇園社本縁」だと断定する。

②実経は、祇園社に祀られる三座の神はどのような神かと尋ね、兼文は、

一、武塔天神はスサノヲである。

二、少将井は本御前で、クシナダヒメではないか。

三、南海神の女子が今御前ではないか。

と答える。

③実経はさらに、祇園社の神は異国神ではないのか、と尋ねる。兼文はスサノヲが初め新羅に降り、

その後、日本へと渡ってきたと『日本書紀』には記されているため、そこから祇園社祭神が異国神との説が生じたのではないか、と答え、祇園社祭神で行疫神である武塔天神の名は広く世に知られるところだと述べる。

④兼文は、「逸文」内で武塔神が「吾が速須佐雄能神なり」と述べていることから、スサノヲが、「素戔嗚尊」、「速素戔嗚尊」、「神素戔嗚尊」などと『日本書紀』に示されていることを述べる。

⑤兼文は、祇園御霊会《ぎおんごりょうえ》のとき、四条京極《しじょうきょうごく》の祇園社御《お》旅所《たびじょ》にて粟飯を備えるのは、「逸文」における蘇民将来の因縁であるとする。

⑥兼文は、祇園の神殿の下に龍穴があると古来より伝わるのは、北海神が南海神の女子のもとに通ったとすることと符合するのではないか、と推察する。

「逸文」が『備後国風土記』とされ、その内容は疫隅国社の縁起であることは先に確認した。当然、この「逸文」を用いた兼文もそのことは承知していよう。それにもかかわらず、兼文はまず①のような主張を行うのである。ただ、【X】を見ても、祇園社と疫隅国社との繋がりは一切明示されない。

一方、『日本書紀』の解釈を享受する側にあった実経は、この兼文の言説にある種の戸惑い、ないし疑義を抱いたようである。それを象徴するのが、③における兼文への質問、疑問の提示である。②で祇園社祭神の名を兼文に尋ね、確認した後、なお祇園社祭神は異国神ではないか、と疑問を投げかけている点からも、兼文の言説が容易に受け入れられるものではないことがわかる。その背景には、

第二節で見た十巻本『伊呂波字類抄』のような祇園社祭神像がすでに広く受容されていたことが推定される。兼文もまた、③で祇園社祭神たる武塔天神は世間に広く認知されていると明言しており、祇園社祭神が行疫神、すなわち異国神たる武塔天神だということは周知のことだったと考えられよう。ところが、兼文の言説は、そのような異国神を祀る場としての祇園社、さらには祇園社祭神認識を転換させるものだったのである。しかし、「逸文」をうけて、なぜ兼文は①のような言説の展開に至ったか。

まず考えられるのが、神名の一致である。「逸文」ではスサノヲ＝武塔神であり、十巻本『伊呂波字類抄』などに見られる祇園社の祭神も武答天神と称されていた。このような神名の一致から同体と見なしたのではないか。また、双方とも強力な行疫神であることは先に確認した。つまり、行疫神たる武塔神／武答天神を媒介として、スサノヲと祇園社祭神とがイコールで結ばれたと考えるのが適当であろう。祇園社祭神であれば異国神ではないか、という実経の疑問も、『日本書紀』巻第一第八段一書第四、すなわち曾尸茂梨に降り立つスサノヲの場面を用いて、行疫神ではあるが異国神ではない、との見解を示すことで、兼文からすれば問題は解消されたのである。

さらには⑤のように、「逸文」に見られる武塔神の粟飯饗応を、実際の祇園御霊会の儀礼の中に見出せること、すなわち儀礼の由来を「逸文」に求められること、また⑥のように、祇園社の伝承も「逸文」と接続して考えられることは、兼文にとって「逸文」＝「祇園社本縁」であることの証左にほかならなかった。[53] つまり、『伊呂波字類抄』に見られる祇園社祭神認識がたとえ広く受容されていたとしても、兼文からすれば「逸文」をして「祇園社本縁」との結論に至ったことが何よりも重要だったのである。

こうした兼文の『日本書紀』注釈行為は、古代のスサノヲ像を大きく変容させるものであった。『釈日本紀』は先行する文献類を積極的に用いており、その姿勢は自説よりも先人たちの考えを重視するようにも映る。しかし、それら文献類は、兼文独自の『日本書紀』理解に沿って用いられていることを忘れてはならない。何よりも、『日本書紀』のどこにも見られない新たなスサノヲの姿がこの兼文の注釈により顕わとなっている。そうした意味で、斎藤が指摘するごとく、『釈日本紀』は「中世日本紀」だといえるのである。

もちろん、祇園社と疫隅国社との関係性を一切明らかにしない兼文の言説は、実証主義的立場に基づいて評するならば、「牽強付会」といえよう。そもそも、ここに見た兼文の『日本書紀』注釈は、その中身が『日本書紀』とは離れており、現在の文献学に基づけば注釈たりえないものである。しかし、それら近代的価値観を当てはめること自体が、『釈日本紀』におけるこの箇所の意義を見失わせることになってしまう。むしろ、兼文が武塔神を媒介に『日本書紀』の世界と繋がる「逸文」を、「祇園社本縁」だと断じたことこそが大きな成果であり、兼文にとっての「真実」であった。

祇園社祭神は異国神ではなくスサノヲだと明示することは、祇園社という場を確実に規定し直す言説である。兼文の言説は、従来のスサノヲ像を大きく転換させた。スサノヲは強力な行疫神であり、また「逸文」⑨で示されるように除疫、防疫神でもある祇園社祭神へと変貌したのである。同様の転換は祇園社祭神にもいえよう。異国神・武塔天神は、本朝の始原に関わる神・スサノヲとの同体という変貌を遂げたのである。そして、兼文は『日本書紀』と祇園社のように関わりのない外延的なものを、『日本書紀』注釈の中で取り上げることで、『日本書紀』がそのテキストを超えた世界をも包摂する書であることを示したといえよう。

はじめに述べたように、八坂神社の祭神が現在ではスサノヲとされるその初発が、この『釈日本紀』に記された兼文の言説にあることは間違いない。一方で、十巻本『伊呂波字類抄』に明示されている祇園社祭神としての異国神・牛頭天王については、『釈日本紀』にその名を確認することはできなかった。つまり、兼文の言説には祇園社祭神たる牛頭天王は位置づけられていないのである。では、祇園社祭神たるスサノヲと、牛頭天王とは一体どの段階で同体、習合関係となったのか。

斎藤は、兼文による祇園社祭神言説の次なる展開として、『神書聞塵《しんしよもんじん》』(文明一三年[一四八一]に行われた日本紀講の講義録)などにおける吉田兼倶の言説によって牛頭天王とスサノヲとが同体関係として規定されたと指摘する。(54) しかし、『釈日本紀』から兼倶までは、およそ一世紀半もの隔たりがある。その間に、鎌倉幕府は崩壊し、半世紀強にもおよぶ南北朝期を経て、室町期へと時代は移っていった。前節ではスサノヲが平安末から鎌倉期という時代の転換点の中で変貌したことを確認した。これを踏まえるならば、時代の大きなうねりの中にあって、祇園社祭神をはじめとした兼文の作り上げた言説が、兼倶に至るまでそのまま継承されていったとは考え難い。つまり、兼文から兼倶までの間に、兼文の言説を塗り替えるような、具体的には祇園社祭神とスサノヲだけでなく、牛頭天王との関係性をも語られるような言説が出てきてしかるべきと考えられるのである。
まずは試みに、兼方よりやや年少ではあるが、同時代を生きた北畠《きたばたけ》親房《ちかふさ》（一二九三―一三五四）の『二十一社記』「祇園」を見ていこう。親房は、伊勢神宮外宮の祠官で伊勢神道の大成者ともされる度会家行《わたらいいえゆき》（一二五六？―？）の影響を受けたとされているが、兼文・兼方らの影響はどうか。

祇園
祇園社、此れ感神院と云ふ。播磨《はりま》の広峯《ひろみね》より遷坐す。牛頭天王と号すなり。円融院《えんゆういん》の御時より、祭礼に預かり給ふ。白河院《しらかわいん》の御時、寵幸の人有りき。時に人、祇園女御《ぎおんにょうご》と号す。此の人、帰依ありて、白河院、此の社を興隆し給ふ。其の後より行幸もあり。又院中より十列《とおつら》を献ぜらる。既に流例《るれい》なり。
（『二十一社記』「祇園」）

祇園社が広峯社から移されたという言説は、鎌倉期における祇園社と広峯社との本末関係をめぐる争いに関連したものとして重要ではあるが、祇園社祭神としてのスサノヲについては言及がなく、『釈日本紀』の影響は見られないことが確認できる。
しかし、ほぼ同時代を生きながら、まったく影響が見られないのはなぜか。ここで問題となるのは『釈日本紀』そのものの受容状況である。兼文、兼方により平野卜部家は「日本紀の家」として確立することとなった。その原動力として、兼文の講義、そして兼方による『釈日本紀』編纂があったことは間違いない。同時に『釈日本紀』が平野卜部家による「家学」を象徴する書となったこともまた、想像に難くない。

ところで、こうした「家学」は、その家が知を独占することで成立するものでもある。つまり、『釈日本紀』における兼文の言説は平野卜部における秘説、秘伝化した可能性は十分に考えられるのである。その場合、当然『釈日本紀』自体が極めて限られた層にしか受容できない状態に置かれていたということになる。先の『二十一社記』の記述などは、まさに『釈日本紀』が平野卜部家の外に出なかったことの傍証にはなりえよう。

一方で、南北朝中期ごろの成立と考えられている『神道集《しんとうしゅう》』所収の「祇園大明神事」や鎌倉末期から室町中期の間の成立である『三国相伝陰陽輨轄簠簋内伝金烏玉兎集《さんごくそうでんいんようかんかつほききんうぎょくとしゅう》』（以下『簠簋内伝』）巻一などは、「逸文」に見られる蘇民将来譚をより長大にした「物語」となっている。つまり、遅くとも南北朝期には、蘇民将来譚は広く受容され、さらに創り替えられていたことがわかる。はたして蘇民将来譚がどのような経緯を経て広まったのかは、検証することは難しい。ただ、『神道集』にせよ『簠簋内伝』にせよ、牛頭天王とスサノヲとの習合を説く言説は見られない点には注意したい。つまり、兼文の言説は『神道集』にも『簠簋内伝』にも影響を与えず、やはり秘せられたままだったと考えられる。

これらの例を踏まえると、祇園社祭神とスサノヲとを結びつけた兼文の異質さがかえって強調される。見方を変えれば、祇園社祭神・スサノヲ・牛頭天王をそれぞれ関連づけられる者とは、兼文の言説をきちんと踏まえられる人間、つまり『釈日本紀』を享受できる人間に限られると推察できる。では、その「資格」は誰が持つのか。兼文・兼方直系となる平野卜部家はもちろんのこと、兼文の言説が吉田卜部家にも伝えられていたことはすでに明らかとなっている。(55)さらには、神祇伯である資通王《すけみちおう》は正安三年(一三〇一)に『釈日本紀』を書写し、その後、白川伯王家の資宗流に伝えられたことも知られている。(56)しかし、何よりも忘れてはならないのが、兼文による『日本書紀』の講義に参加していた一条家であろう。(57)

一条家は鎌倉期には兼文・兼方らの平野卜部家と深く交流していたが、室町期に入り平野卜部家が衰退しはじめると、今度は吉田卜部家と交流を深めている。その関係性の深さを知る象徴的な事例として、吉田家を興した(58)吉田兼熙《かねひろ》(一三四八—一四〇二)が、応永《おうえい》四年(一三九七)に一条経嗣《つねつぐ》(一三五八—一四一八)へと行った日本紀秘説の伝授があげられよう。そして、この一条家に伝わった日本紀秘説は、再度、吉田家へと返されるときがくる。応永一五年(一四〇八)、兼熙の息子、兼敦《かねあつ》は四一歳で没したが、跡を継いだ兼富《かねとみ》は秘説伝授が十分になされていなかった。そこで一条家から逆に卜部家(吉田家)に伝わる秘説を授けることとなった。いわゆる「返伝授」だが、それを行った人物が、兼富よりも年少の一条家当主・一条兼良(一四〇二—八一)であった。実はこの兼良こそ、兼文以降の祇園社祭神に関する新たな言説を創り出した人物なのである。

第六節　『公事根源』に見る祇園社祭神の変貌

兼熙から日本紀秘説を承けた経嗣は、応永二五年（一四一八）三月に数え一六歳になる息子・兼良に秘説を伝授し、(59)同年一一月に没している。家督を継いだ兼良は、従兄弟にあたる二条持基《にじょうもちもと》（一三九〇—一四四五）と権勢を争い、一時的に劣勢に立たされたこともあったが、結果的には摂関家当主として相応しい要職を歴任している。(60)さらに和歌や連歌、あるいは有職故実、『源氏物語』や『伊勢物語』の注釈書といった多岐にわたる著作を残し、当代きっての古典学、有職学の大家として名を馳せることとなった。

吉田家を継いだ兼富の求めに応じて日本紀秘説を「返伝授」したのは、応永三〇年（一四二三）、兼良二二歳のときだが、(61)その前年にあたる応永二九年には初の著作を執筆している。それが『公事根《くじこん》源《げん》』であった。宮中を中心に、代表的な年中行事に関する由来・由緒を記したこの著作は、朝儀の再興を図った父・経嗣の遺志を引き継ぐものであり、(62)これを機に朝廷内で兼良の学識の深さが広く認知されることとなった。

すでに多々指摘がなされているように、この『公事根源』は、実の祖父にあたる二条良基《にじょうよしもと》（一三二〇—八八）の『年中行事歌合《うたあわせ》』、あるいは平安後期に大江匡房《おおえのまさふさ》（一〇四一—一一一一）によって編まれた有職故実書である『江家次第《ごうけしだい》』や後醍醐《ごだいご》天皇（一二八八—一三三九）による『建武《けんむ》年中行事』などの影響を強く受けたものである[63]。先行する諸説を継承、集成することに重きを置くこうした兼良の態度は、どこか卜部兼文の『日本書紀』注釈に通じるところがある。こうした兼文や兼良による学問への姿勢もまた、一つの中世的な知の発露といえよう[64]。さて、この『公事根源』の中に「祇園御霊会《ぎおんごりょうえ》」の項目があることは、注目に値する。というのも、兼良が影響を受けたであろう先学の書では、わずかに『建武年中行事』で、

十四日祇園会。禁中ことなる事なし。馬ちやうもよほしつかはさるれども。御覧なし。

(『建武年中行事』)

と記されているに留まり、『江家次第』や『年中行事歌合』などでは触れられていないのである。ところが『公事根源』になると、以下のような記述になる(なお、〔a〕~〔e〕は筆者による[65])。

祇園御霊会　十四日

〔a〕この祭の日は、禁中はことなる事なし。馬長などもよほしつかはさるれども、御覧はなし。

〔b〕祇園の社は、I貞観十一年に、託宣の事ありて、山城国にうつしたてまつりしにや。II素戔嗚尊の童部にて、牛頭天皇とも武塔天神とも申なり。

〔c〕むかし武塔天神、南海の女子をよばひに出ます時に、日くれて路のほとりにやどをかり給

ふ［に］、かの所に蘇民将来、巨旦将来といふ二人の者あり。兄弟にてありしが、兄はまどしく、弟は富めり。こゝに天神やどを弟の将来にかり給ふに、ゆるしたてまつらず。兄の蘇民にかり給ふに、すなはちかし奉る。粟がらを座として、粟の飯をたてまつる。その後Ⅲ八年をへて武答神八柱の御子を引ぐして、かの兄の蘇［民］が家にいたり給て、一夜の宿をかしつる事をよろこばせ給て、恩を報ぜんとて、蘇民に茅輪をつくべしとの給ふ。その夜より疫癘天下におこりて、人民しする事かずをしらず。Ⅳその時たゞ蘇民ばかりのこりけるにや。［後は武塔天神、われは速須佐雄神なりとのたまふ。今より後、疫癘天下におこらん時は、蘇民将来の子孫なりといひて、茅の輪をかけば、此の災難をのがれむとのたまひけるにや。］

〔d〕又祇園の縁起にのせていはく、天竺より北に国あり。九相となづく。その国の中に園あり。吉祥といふ。其園の中に城あり。城に王あり。牛頭天王となづく。又武答天神といふ。沙《さ》渇《が》羅《ら》龍王の女を后として、八王子をうめり。八万四千六百五十四神の眷属ありといへり。

〔e〕御霊会の時、四条京極にて、粟の御飯をたてまつるは、蘇民将来の由緒とぞうけたまはる。

〔a〕は一見して、『建武年中行事』とほぼ同文であることがわかる。つまり、兼良の時代にあって、祇園御霊会は朝廷から馬長《うまおさ》が遣わされるなど公的な祭祀という側面はあったが、「御覧はなし」とあるように天皇が赴くこともない、いうなれば朝廷内ではそれほど重要視されていなかった。問題は兼良がなぜ、祇園御霊会について〖b〗以降、詳細に記したかということになろう。〖b〗以降を見ていこう。

まず〖c〗と〖e〗は、一見してわかるように、前節で見た『釈日本紀』に拠っていることは明らかである。とくに着目したいのが〖e〗の記述である。「逸文」つまり、蘇民将来譚は『神道集』や『簠簋内伝』などにも見られるように、室町期にはすでに広く受容されていたであろうことは、先にも記した。しかし、『釈日本紀』において〖e〗の記述は、兼文と実経による議論（前節『釈日本紀』【X】）の中で出てきたものである。つまり、「逸文」と異なり、平野卜部家が秘してきた兼文の言説の一部なのである。ここから、秘説化していたと考えられる兼文の言説を兼良は知っていたことになる。兼良が『釈日本紀』そのものを直接触れていたかは定かではないが、兼熙の息子・兼敦が残した『日本紀《にほんぎ》神代巻秘抄《じんだいいかんひしよう》』には、「乞宿於諸神」という箇所で、「逸文」とほぼ同文が記されており、最後に、

武塔天神は素戔嗚尊大政所
少将井は本御前、奇稲田媛
南海神の女は今御前
祇園三所是なり

（『日本紀神代巻秘抄』「乞宿於緒神」）

と記されている。「逸文」を受けて【X】へと展開した兼文の解釈が、平野卜部家だけでなく吉田卜部家の中でも受け継がれていたことがわかる。となれば、兼熙―経嗣―兼良と伝えられた日本紀の秘説も『釈日本紀』に拠っていたと想定できる。(66)

しかし、再度『公事根源』を見返すと、〖b〗〖c〗の記述と、『釈日本紀』における「逸文」ならびに【X】とでは、その表記が異なっていることに気づく。〖a〗の記述が典拠となる『建武年中行事』をそのまま引用しているのとは対照的といえよう。今、前節で見た『釈日本紀』「逸文」・【X】と『公事根源』〖b〗以降とを比較すると、後者には以下のような言説が確認できる。

①「逸文」・【X】では確認できなかった祇園社の創祀に関する記述が〖b〗には記されている(傍線部Ⅰ)。

②「逸文」・【X】では確認できなかった牛頭天王に関する言説が〖b〗には見られる(傍線部Ⅱ)。

③「逸文」にはなかった、武塔神が兄・蘇民宅を出て八柱の御子を引き連れてくる間を「八年」だとする記述が〖c〗には見られる(傍線部Ⅲ)。

④「逸文」では、「蘇民の女」一人を残し、茅輪をつけていない者は皆、武塔神により「許呂志保呂保(殺し滅ぼ)」されているが、〖c〗では蘇民その人が残ったと記されている(傍線部Ⅳ)。

⑤「逸文」・【X】には確認できず、十巻本『伊呂波字類抄』の「祇園」には確認できる祇園社(祇園社祭神)の起源譚が記されている。

⑥【X】の記述から「龍穴」の要素を除いたのが〘e〙である。

このうちとりわけ問題としたいのが①〜⑤の記述である。まず、①〜④について検討していきたい。先の通り、兼敦の『日本紀神代巻秘抄』がほぼ『釈日本紀』通りであったことを踏まえると、①〜④は兼敦以降の人間によって説かれた可能性が考えられる。つまり、秘説を伝授された一条経嗣か、その息子・兼良ということだ。ただ、この点に関しては現状では確認することが難しい。重要なのは、このような言説が『公事根源』によって初めて示されたということであり、兼文以降の祇園社祭神言説がここで新たな展開を見せていることだろう。

では、具体的にどのような展開を見せているのか。まず①から見ていこう。祇園社創祀について『公事根源』では貞観一一年（八六九）としているが、そもそも『釈日本紀』では祇園社の創祀自体触れられていない。

ただし、兼文は『備後国風土記』に収載されている疫隅国社の縁起こそ、「祇園社本縁」だと主張している。つまり、疫隅国社の縁起は、そもそも祇園社の縁起だというのである。ここから、疫隅国社の縁起が成立したころには、すでに祇園社が創始されていた、という兼文の認識がうかがえよう。当然、それは『風土記』成立以前ということになる。

ところが、『公事根源』は祇園社創祀を風土記編纂より一世紀あまりを経た、貞観一一年と明示している。こうなると、『備後国風土記』に収載された「逸文」、さらにいえば『備後国風土記』との祇園社創祀との成立関係が逆転してしまう。つまり、「逸文」をして「祇園社本縁」とする兼文の言説を、兼良は意図的に引き継がなかったのである。はたしてこの貞観一一年を祇園社の創祀とする説は、兼良以前から説かれていたのかどうかは定かではないが、兼文と異なる見解を出していることの意味は大きい[67]。

同様の傾向は、②の短い一文にもあらわれる。これも典拠は不明だが、祇園社の祭神たる牛頭天王＝武塔天神が「素戔嗚尊の童部」だとしている点は大きな意味を持つ。兼文は、祇園社祭神とはスサノヲであると主張している。ところが、『公事根源』では祇園社祭神は牛頭天王であり、しかもその神はスサノヲそのものではなく、「童部」だというのである。これも兼文の言説から明らかに「逸脱」しているといえよう。忘れてはならないのは、『釈日本紀』における兼文の言説は、そのまま平野卜部家、さらに吉田卜部家、そして一条経嗣・兼良にも伝えられていたであろう日本紀秘説であったということだ。つまり兼良は、卜部家の秘説を伝授されながらも、その秘説だけに拠ることなく、①の「貞観一一年」祇園社創祀説や②の「素戔嗚尊の童部」といった秘説にはない――秘説から「逸脱」するような言説を付加していったのである。

諸説の継承、集成に重きを置いた兼良は、ややもすると独創性に欠ける人物と評されることもあった[68]。それに対して、むしろ中世的な知のあり方は、諸説の継承や集成にこそあるという価値の転換がなされ、今日に至っている[69]。その指摘の重要性に変わりはないが、この〔b〕を見るにつけ、むしろ独創性に富んだ兼良像が明らかとなってくるのである。たとえ①や②がその時代において広く受容されていた言説であり、兼良自身が創造したものでなかったとしても、日本紀秘説から「逸脱」してまで、それらの言説を記す姿勢こそ、兼良の独創性といえるのではないか。

ところで、④ともかかわるが、底本では〔c〕の「後は武塔天神、われは速須佐雄神なり……」以降の文章が脱落している。〔b〕との整合性を考えれば、祇園社祭神こと武塔天神がスサノヲだと名乗る該当部は脱落していた方が矛盾なく見える。だが一方で、脱落しているとなると、「逸文」には見られた蘇民将来の子孫と名乗ることの意義が失われてしまう。なお、対校本に加え、底本と同じく吉田文庫蔵本で室町末期の写本とされる『公事根源抄』（吉二三―二二）にも脱落は見られない。そのため、仮に後代の補筆としても近世以前にはすでに加えられていたことになる。ともあれ、該当部が最初から記されていたのかどうかは、諸本整理が尽くされていない今、判断が難しい。ただし、前述の通り、中世的な知のあり方を考えれば、むしろ矛盾が生じたとしても、先行する諸説を重んじ、併記することは十分に考えられることで、何ら不自然ではない。脱落の有無は関係なく、先行するような言説が現状では確認できない「素戔嗚尊の童部」という表現の異質さが際立つのである。

なお、③の記述が見られる蘇民将来譚としては、前節でも確認した『神道集』所収の「祇園大明神事」が現状確認できるものとして最も古く、次いでこの『公事根源』となる。『神道集』と『公事根源』とでは、特段強い影響関係を見ることはできないが、『公事根源』以降、東北大学附属図書館蔵の文明一二年（一四八〇）書写『牛頭天王御縁起《ごえんぎ》』や吉田文庫蔵の長享二年（一四八八）書写『牛頭天王縁起』中の「了忠勘文《りょうちゅうかんもん》」などにも③の記述が見られることから、一五世紀前後の蘇民将来譚における一つの定型となっていたことが推察できる。

ここまで①〜④、すなわち〘b〙および〘c〙を見てきた。①・②に象徴されるように、兼良は先学が構築した知、それも日本紀秘説のようなものも、ただ受容するのではなく、ときに「逸脱」し、言説を加えていることがわかる。その結果がこの記述量に結びついたといえよう。一歩踏み込んで解釈すれば、兼文以降、平野卜部・吉田卜部両家に伝えられてきた日本紀秘説以上に、①・②の言説は、兼良にとって重きを置くべきものだったといえる。兼良にとって兼文以降の日本紀秘説は、重きをおきつつも絶対視するような対象ではなかった。むしろ、自身の持つ知識を加えていくことの方が重要であったといえる。こうして、①や②の言説を実際に書き加えることで、兼良は卜部家の日本紀秘説を一部ではあれ塗り替えたのである。

最後に⑤、すなわち〘d〙について言及したい。前節で確認した十巻本『伊呂波字類抄』とほぼ同文であることは一見してわかる。そして、〘b〙・〘c〙とともに、この〘d〙も併記しているところは、先行諸説の継承や集成に重きを置く、従来語られてきた兼良の姿勢がよくあらわれているといえよう。ただ、ここで着目すべきは、そのような兼良の姿勢ではない。〘d〙冒頭の「祇園の縁起にのせていはく」という一文である。

『釈日本紀』以降、牛頭天王信仰に関する縁起や祭文の多くが蘇民将来譚を取り込んできた。その中には、先の『神道集』「祇園大明神事」のように、祇園社祭神たる牛頭天王の由来を語るものも多い。しかし、「逸文」を「祇園社本縁」と断じた兼文がそうであったように、それら蘇民将来譚を取り込んだ多くの縁起、祭文類は、あくまでも祇園社外の人々によって創造され、展開されたものであった。

一方、祇園社内部において、この蘇民将来譚はどのように受容されてきたのか。この点については、先行研究でも等閑視されてきた。享保《きょうほう》年間（一七一六―三六）に祇園社執行の行快《ぎょうかい》（生没年不詳）が編纂した『祇園社記』には、蘇民将来譚を組み込んだ真名本の『祇園牛頭天王縁起』と慶長三年（一五九八）に書写された仮名本の『感神院祇園牛頭天王縁起』が収められているが、それ以前の祇園社ではどのような縁起を伝えていたか、現状確認することはできないのである(70)。

そこで先の「祇園の縁起にのせていはく」という一文が大きな意味を持ってくる。つまり、兼良は【d】の内容を「祇園の縁起」と認識していることがわかるのである。もちろん、この【d】が本当に祇園社内部で作られ、共有されていたかどうかは定かではない。しかし、若くして古今の知識に通じた兼良が「祇園の縁起」といっていることは看過できない。仮に、【d】が兼良がいうように祇園社内部で作られた縁起だとしたら、「逸文」がごとき蘇民将来譚は、祇園社の縁起に組み込まれていなかったことになる。ただ、この点については、さらなる考察が必要となるため、別途検討を要したい。

以上、『公事根源』の読解から、兼良による祇園社祭神言説を考察してきた。日本紀秘説の中に組み込まれている兼文以降の祇園社祭神言説は、『公事根源』により塗り替えられ、新たな展開を見せた。すなわち『公事根源』により、祇園社祭神が変貌したことが明らかとなった。しかし、兼良の祇園社祭神言説はさらなる展開を見せることとなる。それは、『公事根源』成立から三〇年強を経て完成した『日本書紀《にほんしょき》纂疏《さんそ》』（以下、『纂疏』）の中に確認できるのである。

第七節　『日本書紀纂疏』に見る祇園社祭神の変貌

『日本書紀』神代巻の注釈書である『纂疏』は、三国世界観に基づく儒（道）・仏・神の一致を『日本書紀』に見ようとしたものであり[71]、後世における影響力の大きさ、とりわけ吉田兼倶がこの『纂疏』に強く影響されていたことはすでに知られるところである[72]。さて、『纂疏』が『日本書紀』の注釈書であることを踏まえれば、当然、平野卜部家から伝えられた日本紀秘説、つまり『釈日本紀』における兼文の影響が見られるはずである。そこで『釈日本紀』が注釈として「逸文」を用いた『日本書紀』巻第一第七段一書第三について、『纂疏』ではどのような注釈が施されているのかを以下、確認していこう[73]。

〈A〉五、逐降《やらい》の苦を述ぶ。草を束ねて雨具と為すは、貧婁の甚だしきなり。進雄、悪行の甚だしきは、天、人共に厭ふなり。宿を乞ひても与へざるは、是、人之を悪む。風雨に疾苦するは、是、天之を悪む。

〈B〉一説に曰く、進雄尊宿を借るに、諸神皆許さず。時に蘇民将来、臣〔巨〕旦将来者の兄弟有り。兄貧しくて仁、弟富にして吝なり。進雄先づ宿を巨旦〔巨歎〕に借るも、固より之を拒みて容れず。蘇民縣に出迎へて、甚だ之を労る。則ち脱粟〔タツソク〕飯を以て餽《まつ》る。進雄、大いに喜びて、之の報いを欲す。其の夕蘇民に命じて、渾家に茅輪〔チノワ〕を帯ぶ。即ち大疫有り。蘇民の家を除き、皆殃亡に遭ふ。神亦之を教へて云く、後世、疫気天下に流行す。一の小簡書に曰く、吾是蘇民将来之子孫、幷びに茅輪を為して、此の二物を之の衣袂を係ければ、則ち必ず免ず。

〈C〉備後国風土記に按ずるに、是を以て北海武塔神、南海神女を通る時の事と為す。武塔神、乃ち進雄神の別号なり。其の祠、見今《げんこん》彼の国に在り。疫隅〔ヤクスミ〕社と曰ふ。

〈D〉又山城国愛宕郡《やましろのくにおたぎのこおり》の祇園神社、則ち進雄の化迹《けじやく》なり。凡そ三座有り。一に牛頭天王、又の名を武〔フ〕塔〔タウ〕天神。二に婆利女《はりめ》、俗に少将井神社と号す。則ち是、稲田姫なり。一説に云く、沙渇羅龍王の女《むすめ》なり。三に蛇毒気神、疑ふらくは是、八岐大蛇の化現か。凡そ皆、行疫神と為る。此の紀に曰く、国内の人民を、多に以ちて夭折す。豈に疫の致す所か。

〈E〉今六月《みなづき》の御霊会、四条京極に於いて粟飯を供するは、蓋し蘇民が機縁に起きると云ふ。

(『日本書紀纂疏』巻第四)

まず〈A〉だが、『日本書紀』第七段一書第三本文に沿った注釈となっている。草で作った雨具(蓑笠)を身に着ける理由は、「貧窶の甚だし」いことを表わすためであり、スサノヲが宿を乞うても誰も貸さないのは、人々がスサノヲを嫌っているからであり、スサノヲが風雨に苦しむのは、天がスサノヲを嫌うからだというのだ。ところで、徳盛誠《とくもりまこと》は『纂疏』の特徴のひとつにそれまで顧みられることのなかった『日本書紀』の叙述そのものに着目し、解釈しようという兼良の意識的営為があった、と指摘している。同時代の日本紀注釈が仏教説などを取り込み新たな神話的言説をつくるなかで、『纂疏』はそういったものは目指さず、仏教説などは盛んに用いつつも、それらは照応するに過ぎず、あくまで『日本書紀』の叙述だけで世界の起源をかたろうとしているという。(74)この〈A〉は、まさに『日本書紀』該当部の叙述を掘り下げているものといえよう。しかし、〈B〉以下はどうであろうか。

〈B〉は前節で見た『公事根源』の〖c〗同様、『釈日本紀』の「逸文」を受けた蘇民将来譚となっている。そのため、茅輪のみならず、いわゆる「蘇民将来符」の利益が詳しく記されていること、また救済対象が「蘇民家」となっていることを除くと、「逸文」ならびに〖c〗と大差ない。ただし、「逸文」や〖c〗と大きく異なるのは、ここで登場しているのはスサノヲであり、武塔神や牛頭天王ではない、ということだ。〈B〉の冒頭には「一説に曰く」とあり、『日本書紀』本文ではなく、あくまで「説」であることが強調されている。ただ、続く「進雄尊宿を借るに、諸神皆許さず」は、『日本書紀』本文に沿った内容となっており、「説」ではあるものの『日本書紀』と完全に離れているわけではないことが明らかとなるのだ。これは『釈日本紀』において、兼文が注釈として「逸文」を引き合いにしたことと、大きく異なっている。後に説明するように、「逸文」は北海の武塔神が南海神の娘を求めて行った妻問いの旅に関する物語であって、兼文の解釈が示されなければ『日本書紀』とは交わるはずのない話であった。

では、ここでの「一説」が示す具体的な内容とは何か。「進雄尊宿を借るに、諸神皆許さず」以下を読んでいくと、「逸文」に見られる蘇民将来譚が展開していく。つまり、ここで語られているのは、スサノヲが天から追放され、やがて出雲へと降るまでの間を抜き出した話なのである。蘇民将来や巨旦将来とは、ほかの諸神同様に、スサノヲから宿を乞われる存在として登場しており、最終的には、除疫の利益をもつという「蘇民将来符」と「茅輪」の起源が語られ、この話は終わっている。出雲へと降り、ヤマタノヲロチを退治し、クシナダヒメと結ばれるのは、さらにその後ということになろう。つまり、この〈B〉に見られる言説は、『日本書紀』にも記されていない、しかし『日本書紀』本文と地続きとなっている、まったく新しいスサノヲ神話なのである。続く〈C〉は、「備後国風土記に按ずるに、是を以て北海の武塔神、南海神の女に通ずる時の事と為す」という記述から始まり、〈B〉の話が『備後国風土記』では武塔神の妻問い譚となっていることを示す。つまり、〈B〉で示されたまったく新しいスサノヲ神話は、武塔神による南海神女を求める妻問いの旅の物語（「逸文」）へと読み替えられているのだ。その上で武塔神はスサノヲの別号だと説明し、〈B〉との連関をより強めている。

そして、〈D〉の記述となる。ここでは、「又山城国愛宕郡の祇園神社、則ち進雄の化迹なり」と記し、スサノヲと「祇園神社」との関係性を端的に示す。着目すべきはこの後の記述である。この「祇園神社」祭神三座がいずれも「行疫神」であることを示すと、「国内の人民を、多に以ちて夭折」させるという『日本書紀』の一文（巻第一第五段正文）を引き、その上で「豈に疫の致す所か」と述べるのである。この『日本書紀』巻第一第五段正文では、スサノヲが常に大声で泣くため、人々は早死にしてしまう旨が記されている。その理由を兼良は「疫の致す所」、つまり、スサノヲの化迹である祇園社の三座の祭神がすべて行疫神であるため、疫病によって人々は死に至ったのではないか、と解釈するのである。

これまで見てきた〈B〉・〈C〉は、天から追放されるスサノヲに関する「一説」、すなわち『日本書紀』の叙述とは異なるスサノヲ神話に関連した言説の展開であった。ところが、先の兼良による解釈は、祇園社祭神が行疫神であることが『日本書紀』の叙述の原因と疑うものである。つまり、『日本書紀』では位置づけられていない祇園社ないし祇園社祭神が、『日本書紀』の叙述を裏づけるものとなっている。換言すれば、『日本書紀』の世界の中に祇園社が組み込まれた、ということになろう。ここにはどのような意味があるのか。祇園社祭神認識に焦点を当てて、再度この『纂疏』を見ていこう。

まず先の〈D〉を見る限り、武塔神ことスサノヲが祇園社祭神だと説いた兼文の認識も、さらには牛頭天王をスサノヲの童部だとした『公事根源』における兼良自身の祇園社祭神認識も継承されていない。〈D〉では祇園社自体が「進雄の化迹」であり、その祭神の一座が牛頭天王（武塔天神）であると述べている。したがって、この箇所に限れば牛頭天王／武塔天神とスサノヲとの関係性は極めて曖昧なものといえよう。

しかし、遡って〈C〉の記述を見ると、「武塔神、乃ち進雄神の別号」とあり、武塔神とスサノヲとが同体異名の関係であることがわかる。さらに〈D〉では「牛頭天王。又の名を武塔天神」とあり、牛頭天王と武塔神（武塔天神）との同体関係が成立する。先の〈C〉の記述と合わせると一応この『簠簋』においてはじめて、祇園社祭神・スサノヲ・牛頭天王・武塔神がそれぞれイコールで結ばれることとなる。つまり、牛頭天王とスサノヲとの同体説の初見は『簠簋』ということになるのである。

また〈D〉では、婆利女・少将井・クシナダヒメ、さらに「一説に云く」と断りを入れつつも、沙渇羅龍王の女《むすめ》が同体関係であること、またそれらは祇園社祭神の一座として祀られていることが記されている。ここでいう婆利女だが、『神道集』では波利采女、『簠簋内伝』では頗梨采女と微妙に表記は異なるものの、どちらも沙渇羅龍王の娘であり、後に牛頭天王の妻となっている。なお、沙渇羅龍王の娘については、すでに十巻本『伊呂波字類抄』にて牛頭天王の后（別名・薩迦陀女）として登場しており、祇園社との結びつきは古くから説かれている。また、『釈日本紀』【X】では、祇園社祭神三座のうちの一座の説明として「少将井は本御前と号く。奇稲田媛か」との一文を確認できる。つまり、少将井とクシナダヒメとの同体関係は、兼文の段階で想定されていたことになる。こうした既存の言説に、スサノヲ・武塔神・牛頭天王の同体関係が加えられることで、婆利女・少将井・クシナダヒメ、そして沙渇羅龍王の娘との同体関係が成立するのだ。

さて、この『簠簋』における〈D〉の記述は、先行する『釈日本紀』の【X】による記述と何が違うのか。まず、先にも記したように牛頭天王とスサノヲとの同体関係は、この『簠簋』によって初めて確認することができる。この点は『釈日本紀』と比較したとき、非常にわかりやすい違いといえる。

一方、婆利女・少将井・クシナダヒメ・沙渇羅龍王の娘に関してはどうか。『釈日本紀』の【X】では、祇園社祭神三座のうちの二座を、「少将井は本御前と号く。奇稲田媛か」、「南海神の女子は、今御前か」とそれぞれ別体の神としている。つまり、『日本書紀』に見られるスサノヲの后・クシナダヒメと、「逸文」の中に出てくる南海神の娘とは、別々の存在であり、クシナダヒメを本御前、南海神の娘を今御前としている。

こうした理解は、前節で見た『日本紀神代巻秘抄』(祇園社三座はスサノヲ、クシナダヒメ、そして南海神の娘だという理解)でも同様である。ところが、『纂疏』ではクシナダヒメと南海神の娘とは同体視されている。この同体関係は、天より追放されたスサノヲの話〈B〉を「逸文」、つまり武塔神が南海神の娘を求める妻問い譚として読み替えることで成立する。「逸文」を再度確認すると、武塔神が南海神の娘を娶りにいく、その過程で蘇民将来と弟・将来とに宿を乞うている。一方、〈B〉では記されていないものの、『日本書紀』での展開を考えれば、スサノヲは出雲へと降り立ち、ヤマタノヲロチを退治して、クシナダヒメと結ばれることになる。そのため、武塔神をスサノヲ、南海神の娘をクシナダヒメと置き替えれば、天から出雲へ到るスサノヲ追放譚は、そのままスサノヲの妻問い譚に読み替えることができるのである。

問題となるのは、祇園社三座のうちの三座目である。すでに確認したように、『釈日本紀』では、クシナダヒメとは別体である南海神の娘＝今御前を三座目の祭神としている。ところが『纂疏』では三座目を「蛇毒気神」とし、さらには「疑しくは是れ八岐大蛇の化現か」とも記しているのである。

蛇毒気神について、その詳細は不明ではあるが、すでに確認した久安四年の祇園社火災を伝える『本朝世紀』に、その神像が焼失した旨が記されている。つまり、その詳細は不明ながらも、古くから祇園社で祀られていた存在であったことは間違いない。これを兼良はヤマタノヲロチではないかと推察するのである。当然、それは「蛇毒」気神という神名からの連想であろうが[75]、この兼良の推察が入ることで、第一座・牛頭天王＝スサノヲ、第二座・婆利女＝クシナダヒメだけでなく、第三座・蛇毒気神＝ヤマタノヲロチと祇園社祭神を『日本書紀』内に登場する神（ないし怪物）に置き替えることが可能となった。前述したように、〈D〉の記述には、『日本書紀』の世界に祇園社祭神を組み込もうとするような記述が見られるが、この祇園社祭神もまさにそのような意図があるのではないか。

最後に〈E〉だが、これは『釈日本紀』にも『公事根源』にも見られる、祇園御霊会における粟飯供御の記述である。ただし、〈D〉で祇園社が『日本書紀』の世界に組み込まれたと考えるならば、朝儀同様にこの祇園御霊会もまた、『日本書紀』の世界に基づき、起源が示される儀礼ということになる。

つまり兼良は、祇園社という場、牛頭天王を含む祇園社祭神、そして祇園御霊会という儀礼、すべてが『日本書紀』の世界へと組み込み可能なものであると捉えていたように見えるのである。しかし、仮に祇園社ならびに祇園社祭神、祇園御霊会を『日本書紀』の中に組み込もうとしていたのであれば、なぜそこまでして位置づける必要があったのかが問われてこよう。

この問いに対する明確な答えは出し難い。ただ、比叡山延暦寺支配のもとで勢力を保った祇園社を

『日本書紀』の世界に組み込むことは、三教一致の書としての『日本書紀』を示すことにもなろう。加えて、兼良の念頭には、兼文による『釈日本紀』があったのではないか。兼文もまた、祇園社およびその祭神を日本紀注釈の中に位置づけようとした。しかし、彼の用いた「逸文」は、本来『日本書紀』とは交差するはずのないものである。そこで兼良は、兼文とは異なる注釈態度で、改めて『日本書紀』の世界の中に祇園社を組み込もうとしたとも考えられるのである。つまり、祇園社やその祭神、祭祀に関して、兼文言説を批判的に継承したかたちが『纂疏』に現われた、と考えるのは深読みに過ぎるだろうか。ともあれ、『釈日本紀』と見比べればわかるように、これら『纂疏』に見える祇園社に関連する言説は、兼文では明らかにしえなかった『日本書紀』注釈の世界である。兼良は『纂疏』をもって、もはやト部家の日本紀秘説では『日本書紀』を理解することはできないことを示したといえよう。

徳盛が指摘したような兼良の注釈に対する姿勢は、その実、『日本書紀』に限られたものではない[76]。早くに大津有一《おおつゆういち》が兼良の『伊勢物語』注釈書である『伊勢物語愚見抄《ぐけんしょう》』をもって、「古註」から「旧註」の時代へと転換したと述べるように[77]、先行研究において、『伊勢物語愚見抄』は、従来の注釈とは異なり、『伊勢物語』本文に即し、本文を解釈する上で適当と思われる文献を用いる——すなわち近代主義的文献学的ないし実証学的——注釈の嚆矢として位置づけられている[78]。そこには、従来の『伊勢物語』注釈を「一としてまことあることなし……ゆめ〳〵信用すべからず」とまで言い切る兼良の知に対する姿勢があった[79]。ただ、この兼良の姿勢を近代的学問知と安易に直結させるべきではなかろう。この兼良の姿勢は、兼良が生きるこの時期に必要とされたものであり、近代的学問とはその背景が異なるといえる。

赤瀬《あかせ》信吾《しんご》は、兼良の『古今和歌集』注釈を通して、ある時期までは「秘事口伝」さらにそれを伝える「宗匠家」に対し批判的であったことを明らかにしている。(80) もちろん、『古今和歌集』の例と異なり、日本紀秘説に関して兼良は伝授され、またそれを吉田家へと「返伝授」する、つまり秘事口伝を掌握する宗匠家に近い立場だった。一方、「返伝授」に応じるということは、この秘説はあくまで平野卜部・吉田卜部家のものであって、一条家が独占できる知ではないことは明らかである。そのため前節でも確認した通り、兼良は『公事根源』において秘説から「逸脱」し、新たな言説を創造した。この段階では宗匠家に独占される言説、知への批判、そして対抗もあったのではないか。先にも記したように、兼良の時代は二条持基とのせめぎ合いがあった。二条家もまた、兼良の祖父・二条良基により、天皇即位に際する儀礼である即位《そくい》灌頂《かんじょう》の秘儀秘説を有する家として広く知られるようになっていた。兼良はその即位灌頂についても父・経嗣、そして兄・経輔《つねすけ》（一三九二―？）から相伝されたことを示した上で、極めて「合理的」にも見える解釈のもと、それを文書として残している。それは、二条家の秘説のような深奥なものではなかったというが、(81) 秘説を独自に解釈し、また文書として書き残していることから、秘説を有する二条家の知を超えて対抗しようとする兼良の姿勢を認めることができよう。

もっとも、『公事根源』は二〇歳強で記されたものだが、『纂疏』をはじめ兼良の多くの著作は四〇代後半から晩年の七〇代にかけて成立したものである。兼良による従来にない『日本書紀』注釈は、長期にわたる熟成を経て完成したものといえる。『纂疏』完成までの間に、持基は没し、兼良は関白を二度務めた後、准三后《じゆさんぐう》の宣下を受け、息子・教房《のりふさ》（一四二三―八〇）も関白となるなど極めて安定した地位を築いていた。また、有識故実に通ずる当代随一の学者としても名声を得ており、知の蓄積ないし発露という点ではもはや宗匠家を上回っていたともいえる。宮川葉子《みやかわようこ》によれば、『纂疏』に先立つ日本紀講は、兼良五六歳の康正三年（一四五七）五月にはじまったという。すでに准三宮だった兼良が日本紀講を行った背景には、前年の新内裏完成があった。つまり、新内裏完成を記念した日本紀講義の講師として兼良に白羽の矢が立ったというのだ。しかし、同年に貞成親王《さだふさしんのう》が崩御したため、翌年へと繰り越されたという。一カ月に六回ほどのペースで講義は開かれ、四カ月ほどを経て終了したようだ。宮川は、この康正三年は、一条家が朝廷からも幕府からも重んじられ、兼良も「時を得たかのように学芸に身を入れて」いた年だと述べている(82)。

もとより、若くして古今の有職、古典に通じる者として知られていた兼良なので、その地位の向上、ならびに安定と、『纂疏』に見られるような新たな知の構築とが並行していたことは単なる偶然とは考え難い。むしろ、突出した知の力が兼良の地位を保証していたといえよう。ただし、その時代を鑑みれば、兼良による知の構築の意義を、兼良個人の（あるいは一条家の）地位の安定に寄与したものと矮小化すべきではない。

田村航《たむらわたる》は、参議であった広橋兼顕《ひろはしかねあき》（一四四九―七九）の求めに応じて兼良が晩年にあたる文明一〇年（一四七八）に『江家次第』の談義を開催した理由について考察している。その結果、一つにはこの時期に応仁の乱による一時的な奈良への疎開から兼良が帰京したこと、そしてもう一つに文正元年（一四六六）の大嘗祭停止、翌応仁元年の賀茂祭停止、さらに文明九年の元旦四方拝《しほうはい》や小朝拝《こちょうはい》、元旦節会の停止といった朝儀の停滞を解消しようとしたこと、という二つの理由にたどりついている(83)。

もちろん、先に確認したように『纂疏』以前に行われた日本紀講は康正三年であり、そこから間もなくして『纂疏』第一次本が完成したことを考えると、『纂疏』成立時と右に示した時代状況とは異なっている(84)。ただし、田村の指摘からもわかるように、そして前節で取り上げた『公事根源』を著わしたことからもわかるように、兼良は一貫して朝儀に関して強くこだわっていたことは確かだろう。一見すると、従来からの朝儀にこだわる兼良は保守主義者のように映るやもしれない(85)。第四節で述べたように、一条家の始祖・実経が兼文から『日本書紀』の講義を依頼した最初のきっかけは、践祚大嘗祭をめぐる一連の事件があったからであり、朝儀に関する知識を有しておくことが摂関家に課せられた重要な責務だと考えられるようになったからである。時代は変わりつつも、兼良が朝儀にこだわったのは、一条家のいわばアイデンティティに直結することだったからではないか。そのため、朝儀を支える知の根源を、始祖・実経同様に国家の起源を語る『日本書紀』に求め、摂関家当主として要職を歴任してもなお、その研究を進めていたと考えられるのである。

第八節　『神書聞塵』に見る祇園社祭神の変貌

以上、祇園社祭神をめぐる兼文、そして兼良の認識ならびに言説を見てきた。最後に、兼良による祇園社祭神の変貌にはどのような意義があったのか、またその後、祇園社祭神言説はどのような展開を見せたのかを述べて本章を終えたい。

前節でも確認したように、『纂疏』は、『日本書紀』を三教一致の書として捉える視座から書かれている。この視座に基づけば、『日本書紀』は、本朝・震旦《しんたん》・天竺《てんじく》が同じ一つの世界であることを示す書でもあった。[86] こうした『日本書紀』に対する兼良の視座は、異国神、あるいは異国という概念を無効化したといえよう。そのため『纂疏』では、それらと『日本書紀』とを地続きの世界として捉えたのである。同様のことは、延暦寺支配化に置かれ、宮寺的機能をもった祇園社の位置づけにもいえよう。異国神を祀り、仏教勢力下にある祇園社が、本朝の始原を示す『日本書紀』の内側にあることを示した兼良の言説は、祇園社認識を大きく変貌させたのである。

従来の日本紀秘説を塗り替えた『纂疏』は、三国世界観を前提とする中世・室町期にあって、いかに兼良が突出した存在であったかを如実に物語っている。また、兼良が若かりし頃に著わした『公事根源』も、成熟期に著わした『纂疏』も、従来の言説、知を乗り超えるという点では共通している。したがって、兼文以降の日本紀秘説が、その時代固有の日本紀解釈をあらわす「中世日本紀」であれば、『纂疏』もまた、兼良が生きた時代を象徴する日本紀解釈にほかならず、それは新たな「中世日本紀」だといえる。しかし、これまでの「中世日本紀」研究において、『纂疏』は位置づけられてこなかった。そこには、戦前から保守主義者・復古主義者という兼良像[87]への反発として、「実証的」「合理的」と評される兼良像が示されたことが影響しているのではないか(88)。しかし、兼良の生きた時代が中世における転換期たりえたことを考えれば、兼良の『纂疏』を「中世日本紀」として見ることの意義は少なくない。

さて、兼良の影響を強く受けたとされる吉田兼倶（一四三五—一五一一）は、文明一三年（一四八一）五月から翌六月に至るまで計一二回にわたる『日本書紀』神代巻の講義を行っている。その講義の参加者であった相国寺僧侶・景徐周麟《けいじょしゅうりん》（一四四〇—一五一八）の講義録が今に残っている。それが『神書聞塵《しんしょもんじん》』である。

（A）天地相去——、盤古ノ、仰作レ天、付作レ地トアルソ。天高一丈、地厚一丈、其中ニ有二盤古《ばんこ》一ト云ソ。（中略）其盤古ハ、素戔尊ノ事ソ。唐ニハ、牛頭天皇［ママ］トモ、無塔［ママ］ノ天神ト［モ脱カ］申ソ。素戔嗚尊ヲハ、コナタニハ不レ祭ソ。サルホトニ、唐ノ名ヲツケテ、祇園ニツケテマツルソ。唐ヲモコチヨリ開ソ。天竺ニハ、金毘羅《こんぴら》神トモ、——［マトラ］神トモマツルソ。皆素戔嗚尊ソ。

（B）曾無二——悪事重畳スルソ。万代マテ、日神ノ徳ヲ及ホサウトテ、素戔ノ悪ハアルソ。物ハ相克セイテハナラヌソ。変化ハ相告ソ。相告ハ善悪ソ。善神ハナウテハ、物ハナラヌソ。ツイニ善悪ハナイ物ソ。サルホトニ、素戔ノ悪ハ深イ慈悲ソ。（中略）素戔ノ悪ナクハ、四時運転スルコトハアルマイソ。日神ノ岩戸ニコモルコトナウテ、日神ノ徳マテ、叶マイソ。素戔ノ悪ニヨリテカラ開ソ。

（C）其後ニ数年ヲヘテ、此ヘ来テ蘇民アリヤト御尋アルニ、女一人蘇民子孫トテ出タソ。サラハテ〔衍〕茅草ヲトリテ輪ニシテ、腰ニツケヨトアルソ。今ハ袖ニツクルソ。サウテ備後ノ国ハ、タネヲタツホト死ソ。今ニ備後ニ疫具〔ヤクク〕ノ神トテアルソ。此時ニ我ハ北海無道《ママ》天神トナノラレタソ。無道天神ニ〔モ〕、牛頭天王モ外国ノ名ソ。其後ニアマリ疫病ノハヤルニ、外国ノツケタ名ヲトリテ、祇園テ〔ノ〕感神院テマツルソ。三ノ神輿アルハ、ハレ〔リ〕女ト少将殿ヲ申ソ。稲名田媛ソ。第三番メノ御輿ハ、蛇毒天神トマツルソ。南海ノヒメソ。中ハ素戔ソ。六月ニ粟飯ヲマイラスルハ、蘇民ノマイラシタニヨル事ソ。

（『神書聞塵』）

（A）は『日本書紀』巻第一第五段正文「天地相去ること未だ遠からず」、（B）は巻第一第七段一書第三「凡て此の悪事曾て息む時無し」、また（C）はその指すところが判然としないが、おそらくは（B）と同じ巻第一第七段一書第三「是の後に、素戔嗚尊の曰く、「諸神、我を逐へり。我、今し永に去りなむ。如何ぞ我が姉と相見えずして、擅に自ら径に去らむや」」に対する注釈と考えられる。まず（A）では中国における世界の創造主・盤古をしてスサノヲのことだといい、さらに牛頭天王や無（武）塔天神も唐におけるスサノヲの名だとする。このように、『纂疏』において成立していた牛頭天王とスサノヲとの同体関係を、兼倶はより明快なかたちで記している。加えて、天竺における金毘羅神や摩多羅神《またらじん》も「皆素戔嗚尊」だというのである。ここには、仏教や儒教は枝葉・果実であり、本朝における神道、それも「元本宗源神道《げんぽんそうげんしんとう》」こそが根だとする「根葉果実説《こんようかじつせつ》」を唱えた兼倶の考えが反映されている。(89) もちろん、それは三教一致、三国一致の書としての『日本書紀』という兼良の視点があったからこそ、成立しえたものであろう。

ところで、兼文は行疫神たるスサノヲは説くが、異国神であることは否定し、兼良は異国神という概念そのものを無効化した。この兼倶によるスサノヲと異国神との関係はどう考えるべきか。

異国神はすべからく行疫神であり、もちろんそれは除疫、防疫神と表裏の関係にあることは繰り返し述べてきた。しかし、異国神にはもう一つの側面がある。摩多羅神などに顕著に見られるように、人々の三毒（貪・瞋・癡）の当体ともいわれ、往生を妨げる「障礙神《しょうげしん》」としての側面である。(90) ただし、こうした障礙神は、一方で念仏者を守護し、往生へと導く存在でもあった。斎藤はその背景にあったものは、「煩悩則菩提《ぼんのうそくぼだい》、無明即法性《むみょうそくほっしょう》」という「本覚《ほんがく》」の理であった」と述べている。(91)

実は、このような本覚理論をもってスサノヲを捉えたのが実経であった。『釈日本紀』巻第七述義三には、

> 大仰せて云く、（中略）凡そ素戔嗚尊は、悪神に似ると雖も、日本の国事の濫觴《らんしょう》たり。大略、此の神によりて起きるか。善悪不二《ぜんあくふに》、邪正一如《じゃしょういちにょ》の謂れ、殊勝の事なり。
>
> （『釈日本紀』巻第七述義三）

という実経の認識が明示されている。ここで実経は、スサノヲは悪神に似ているとした上で、本朝における事物の起源がスサノヲに求められるため、「善悪不二邪正一如」であると述べる。この「善悪不二邪正一如」(善も悪も本来は区別なく、邪も正も本来は同一のものである)という論理の初発は、天台本覚思想に求められる。着目したいのは、悪神でありながら神祇の始祖神であるスサノヲという神を、実経は天台本覚思想の論理を用いて、矛盾のない存在として解釈していることである。こうして実経は、平安期の「日本紀講」とは異なるスサノヲ像を提示するのである。[92] 先の(B)を見ると、この実経によるスサノヲ認識は兼倶にも色濃く引き継がれていることがわかる。兼倶はスサノヲの悪を「深イ慈悲」だとし、スサノヲの悪行がなければ四季が巡ることも、またアマテラスが岩戸から出ることもない、というのである。先の盤古との同体視を鑑みても、兼倶にとってスサノヲという存在が、いかに重要なものであるかがここからわかるのである。

最後に、祇園社祭神が示される(C)だが、ここには『釈日本紀』「逸文」を改変した蘇民将来譚が記されている。すなわち、牛頭天王が数年を経て戻ってきたとき、蘇民将来はおらず、その娘一人が蘇民将来の子孫であることを名乗っている。この改変には、兼倶なりに『釈日本紀』「逸文」に整合性をもたせようとした可能性が考えられる。つまり、「逸文」では、茅輪をつけた蘇民の娘が助かったことは記されるが、肝心の蘇民将来がどうなったかは論じられていない。武塔神は蘇民将来に対し、「汝が子孫」はいるか、と尋ねていることを考えれば、救済の対象は蘇民の子孫たる娘一人だった可能性は十分に考えられよう。つまり、「逸文」では、蘇民将来自身は武塔神の災禍の犠牲となった、という側面が浮かび上がるのである。これに対して、兼良の『纂疏』では、スサノヲによって蘇民が自身を含む家の者に茅輪をつけさせ、「蘇民の家」を除き、疫病の災禍の犠牲となったことが記されている。しかし、この場合は茅輪をつけた蘇民の「子孫」こそがスサノヲによる利益を享受する対象であることを示す後半部とやや整合性がつかなくなる。一方、兼倶による改変した蘇民将来譚では、スサノヲが数年を経て蘇民将来を尋ねたときには、娘一人しかいなかった、としているため、その災禍に蘇民将来が巻き込まれることなく、蘇民将来の子孫救済とが整合性をもって示すことができるのである。

なお、この（C）の最後には、祇園社三座の神名が記されている。この兼倶が示した祭神認識は、兼文の言説に兼良の言説を融合させたものといえよう。たとえば、第二座の神については、南海の女子であり、クシナダヒメとした兼良の言説をとらず、牛頭天王の后である波利采女、少将井、そしてクシナダヒメであるとした。また兼良がヤマタノヲロチではないかとした第三座の神も、兼文言説に従い、南海の女子だとしている。ただし、これを今御前ではなく、兼良が指摘する蛇毒天神（蛇毒気神）だとする。こうした理解は、第一節で確認した『二十二社註式』にも共通している。

すなわち、兼倶には兼良のように『日本書紀』叙述の内側へと祇園社祭神を位置づけようという考えは見られない。むしろ、兼文のように『日本書紀』の世界を再度外延へと広げているともいえよう。ただし、それは兼文の営為とは明らかに異なる。兼良の三教一致・三国一致の書としての『日本書紀』を踏まえ、異国までもその外延として捉えたのである。

おわりに

はたしてこの兼倶による知の構築の背景には何があるのか。兼倶による講義より四年前の文明九年一一月に一一年におよぶ応仁・文明の乱が終焉した。戦火により荒廃した京において、兼倶が奉斎していた吉田神社も例外ではなかった。しかし兼倶は神社再建に先駆けて、文明一〇年に式内社すべてを祀る「日本最上神祇斎場《さいじょう》」——斎場所《さいじょうしょ》を吉田山麓へと移転させた。さらに同一六年には吉田山頂へと移し、その中心にはクニトコタチを祀る大元宮が造営され、左右に三千を超える神々が祀られることとなった。こうした斎場所ならびに大元宮の遷宮は、後《ご》土御《つちみ》門《かど》天皇をして「神国第一の霊場、本朝無双の斎庭《ゆにわ》」と称されるまでに至ったのである。[93]この兼倶の行動には、新たな規範、価値観を確立させようという意図が読み取れよう。すなわち、吉田神道の確立である。そのために必要だったのが、先学たちからの知の継承であり、さらに継承した知を塗り替えることであった。そして、それらは息子・清原宣賢《きよはらののぶかた》（一四七五—一五五〇）、孫の兼右《かねみぎ》（一五一六—七三）といった代々の吉田家の人間により継承されていくのである。兼文・兼良も取り組んだ、祇園社祭神認識も含まれていた。そして、この兼倶以降の吉田家の知は吉田神道の影響力の拡大という形で顕われていく。しかし、この吉田家の知も時代の経過とともに乗り超えられていく。その転換期こそ、徳川幕府の樹立であった。幕府に仕えた儒学者、林羅山《はやしらざん》（一五八三—一六五七）による神々の捉え直しは、兼倶同様に兼良の影響を受けたものだが、そこに見える言説は兼倶の構築した言説、知への強い反発であった。

時代区分でいえば、羅山は「近世」初期を代表する知識人である。それでは、羅山の言説と兼倶以前の言説には、本質的な違いが見られるのか。それとも、羅山の言説をもってもなお、「中世」をそこに見出すことができるのか。今、また大きな問いが投げかけられている。この点に関しては、兼倶以降の吉田家における祇園社祭神認識の検討をさらに深めた上で、比較検討する必要があるだろう。また別稿に譲りたい。

【引用文献】

・慶応四年三月二八日「神祇事務局達」
→内閣記録局編（石井良助・林修三監修）『法規分類大全　第二六巻　社寺門』（原書房、一九七九年）から該当部を私に書き下した。
・『二十二社註式』
→塙保己一編『群書類従　第二輯　神祇部』（続群書類従完成会、一九五九年）所収『二十二社註式』より該当部をそれぞれ私に書き下した。
・『日本書紀』
→小島憲之・直木孝次郎・西宮一民・蔵中進・毛利正守校注・訳『新編日本古典文学全集　2　日本書紀1』（小学館、一九九四年）より該当部の書き下しをそれぞれ引用した。
・『貞信公記』（『貞信公記抄』）延喜二〇年閏六月二三日条
→東京大学史料編纂所編『大日本古記録　第八　貞信公記』（岩波書店、一九五六年）より該当部を私に書き下した。

・『類聚符宣抄』巻三「疫癘事」所収天徳二年（九五八）五月一七日宣旨。

→黒板勝美編『新訂増補　国史大系　第二七巻　新抄格勅符抄・法曹類林・類聚符宣抄・続左丞抄・別聚符宣抄』（吉川弘文館、一九三三年）所収『類聚符宣抄』より該当部を私に書き下した。

・『扶桑略記』延久二年一〇月一四日条

→黒板勝美編『新訂増補　国史大系　第一二巻　扶桑略記・帝王編年記』（吉川弘文館、一九三二年）所収『扶桑略記』より該当部を私に書き下した。

・『中外抄』久安三年七月一九日条

→後藤昭雄・池上洵一・山根對助校注『新日本古典文学大系　三二　江談抄　中外抄　富家語』（岩波書店、一九九七年）より該当部を私に書き下した。

・『覚禅抄』巻一「薬師法」

→仏書刊行会編『大日本仏教全書　四五　覚禅抄　第一』（名著普及会、一九八七年）より該当部を私に書き下した。

・『本朝世記』久安四年三月二九日条

→黒板勝美編『新訂増補　国史大系　第九巻　本朝世紀』（吉川弘文館、一九三三年）より該当部を私に書き下した。

・『玉蕊』承久二年四月一四日条

→今川文雄翻刻・校訂『玉蘂』（思文閣出版、一九八四年）より該当部を私に書き下した。

・十巻本『伊呂波字類抄』「祇園」

→藤田經世編『校刊美術史料　寺院篇　上巻』（中央公論美術出版、一九七二年）所収『伊呂波字類』より該当部を私に書き下した。

・『日本三代実録』貞観一四年正月二〇日条

↓黒板勝美編『新訂増補　国史大系　第四巻　日本三代実録』（吉川弘文館、一九三四年）より該当部を私に書き下した。

・『釈日本紀』巻第七述義三（「備後国風土記逸文」を除く）
↓小野田光雄編『神道大系　古典註釈編五　釈日本紀』（神道大系編纂会、一九八六年）より該当部を私に書き下した。

↓「備後国風土記逸文」に関しては、植垣節也校注『新編日本古典文学全集　5　風土記』（小学館、一九九七年）より該当部の書き下しを引用した。

・『延喜式』巻八「六月晦大祓」祝詞・「道饗祭」祝詞
↓次田潤『新版　祝詞新講』（戎光祥出版、二〇〇八年）より該当部の書き下しを引用した。

・『中臣祓訓解』
↓大隅和夫校注『日本思想大系　一九　中世神道論』（岩波書店、一九七七年）より該当部を私に書き下した。

・「中臣祭文」
↓黒板勝美編『新訂増補国史大系　第二九巻上　朝野群載』（吉川弘文館、一九三八年）所収の「中臣祭文」より該当部を私に書き下した。

・『二十一社記』「祇園」
↓平田俊春・白山芳太郎編『神道大系　論説編一八　北畠親房（上）』（神道大系編纂会、一九九一年）所収『二十一社記』より該当部を私に書き下した。

・『建武年中行事』「祇園御霊会」
↓塙保己一編『群書類従　第六輯　律令部・公事部』（続群書類従完成会、一九三二年）所収『建武年中行事』より該当部を私に書き下した。

・『公事根源』「祇園御霊会」
↓神龍院梵瞬（別名・龍玄。吉田兼右の息子）による文禄三年（一五九四）書写本（天理大学附属天理図書館

吉田文庫蔵『公事根源抄』(吉二三―二一)を用いた(片仮名は平仮名表記に改めた)。ただし、一部脱落と思われる箇所があったため、武井和人が「事実上の流布本」とみなした関根正直の『修正公事根源新釈』を対校本として用い、脱落部を補った(〔 〕内が該当部)。注(65)参照。

・『日本紀神代巻秘抄』「乞宿於諸神」

↓天理大学附属天理図書館吉田文庫蔵(吉一二―一六〇)より該当部を私に書き下した。

・『日本書紀纂疏』巻第四

↓『天理図書館善本叢書和書之部 第二七巻 日本書紀纂疏・日本書紀抄』(天理大学出版部〈制作・八木書店〉一九七七年)に所収されている、清原宣賢による永正七年(一五一〇)書写『日本書紀纂疏』より該当部を私に書き下した。なお書き下しに際しては、真壁俊信編『神道大系 古典註釈編三 日本書紀註釈(中)』(神道大系編纂会、一九八五年)所収の享保六年(一七二一)版本に附されている返り点を参考とした。

・『神書聞塵』

↓秋山一実編『神道大系 古典註釈編四 日本書紀註釈(下)』(神道大系編纂会、一九八八年)所収『神書聞塵』より該当部を引用。

注

(1) 久保田収「八坂神社の社名」(同『八坂神社の研究』臨川書店、一九七四年)。

(2) 高原美忠「嘉永以後の八坂神社」(『神道史研究』第一〇巻第六号、一九六二年)。

(3) 久保田収「祇園社と本末関係」(同『八坂神社の研究』臨川書店、一九七四年)。

(4) なお、祇園社内における神仏分離の動きは近世中期にも、垂加神道の影響を受けた一部社家・社人らにより見られている(松本丘「近世祠職の思想的活動――祇園社を例として――」〔『明治聖徳記念学会紀要』第三一号、二〇〇〇年〕)。ただし、近世後期にはそのような動きを示す史料は見られない。

(5) これらの点については、安丸良夫『神々の明治維新――神仏分離と廃仏毀釈――』(岩波書店、一九七九年）に詳しい。
（6）久保田収「祇園社の創祀」（同『八坂神社の研究』臨川書店、一九七四年）。
（7）西田長男「祇園牛頭天王縁起の成立」（同『神社の歴史的研究』塙書房、一九六六年）。
（8）小野田光雄「釈日本紀の成立について（覚書）」（同『古事記・釈日本紀・風土記の文献学的研究』続群書類従完成会、一九九六年）。
（9）小野田前掲注（8）。
（10）祇園社がいつ創祀されたかについては、現状確認できるだけで、
1、斉明天皇二年（六五六）説……【典拠】建内繁継『八坂神社旧記集録』（明治二年［一八六七］）。
2、天智天皇五年（六六六）説……【典拠】松浦道輔『感神院牛頭天王考』（文久三年［一八六三］）。
3、貞観一一年（八六九）説……【典拠】一条兼良『公事根源』（応永二九年［一四二二］）、神宮文庫蔵『祇園社記』（貞享元年［一六八四］か）など。
4、貞観一八年（八七六）説……【典拠】十巻本『伊呂波字類抄』（鎌倉初期か）、『社家条々記録』（元亨三年［一三二四］）、『二十二社註式』「祇園社」所引の承平五年（九三六）官符など。
5、元慶年間（八七七—八八五）説……【典拠】『二十二社註式』「祇園社」（室町中期か）。
6、延長四年（九二六）説……【典拠】『日本紀略』（平安中期）。
7、承平四・五年（九三五・九三六）説……【典拠】『二代要記』（鎌倉後期）。
の七つの説がある（1・2、4〜7は久保田前掲注（6）、3は久保田収「祇園御霊会の成立」［同『八坂神社の研究』臨川書店、一九七四年］。また3については本章第六節でも詳述）。なお5の説が見られる『二十二社註式』「祇園社」だが、その中に承平五年（九三五）六月一三日の官符が引かれており、そこでは「去る貞観年中、建立為し奉るなり」、「或いは云く（中略）第五十六代清和天皇、貞観十八年に山城国愛宕郡八坂郷の樹下に移し奉る」と4の説が示されている。久保田はこの承平五年の官符を「とくに疑はねばならぬ理由は見当たらない」とし、この官符を信頼できるものと見なした上で貞観一八年説を有力視している。ただ、これが実際の官

符だとしても、貞観一八年から承平四年までは半世紀以上の開きがあり、そこに記されている情報が歴史的に正しいかはなお不明といえる。

（11） ただし、早くに『貞信公記』そのものは逸しているため、現在は、忠平の息子・実頼（九〇〇—九七〇）が抄出した『貞信公記抄』で確認することができる。

（12） もっとも、久保田前掲注（6）でも示されているように、式外社であった祇園社が、大社寺と肩を並べていることを考えれば、この時期には祇園社の影響力が急激に強まっていたと考えることができる。

（13） 久保田前掲（6）。なお祇園御霊会がいつ頃から始まったかについては、

①天徳元年（九七〇）……『二十二社註式』

②天延二年（九七四）……『社家条々記録』

③天延三年（九七五）……『日本紀略』（平安後期か）、『年中行事秘抄』（鎌倉初期か）

などやはり諸説あるが、平安中期（一〇世紀後半）という点は揺るがず、したがって祇園社における除疫、防疫の利益が抜きんでたものと認識され始めたのもこの時期からといえる。なお、柴田實は祇園社創祀より先に、祇園で御霊会が行われており、先に見た『二十二社註式』天徳元年開始説は、公祭としての祇園御霊会の開始を指すに過ぎないと述べている（柴田「祇園御霊会——その成立と意義——」（同『中世庶民信仰の研究』角川書店、一九六六））。

（14） 今堀太逸「牛頭天王と蘇民将来の子孫」（同『本地垂迹信仰と念仏——日本庶民仏教史の研究——』法藏館、一九九九年）。ただし、中井真孝は『国史大系』が底本とするものの頭注には「諸社宣」の付箋が貼られていたことから、そもそも「御霊堂」も「天神堂」も「寺」でありながら「社」とも見なしうる存在であったと述べている（中井「祇園社の創祀と牛頭天王——今堀太逸氏の所論に寄せて——」（同『法然上人絵伝の研究』思文閣出版、二〇一三年））。

（15） 今堀前掲注（14）。

（16） たとえば、今堀前掲注（14）では、天徳二年時の「祇薗天神堂」は寺院（「天神堂」は祇園「寺」の境内に

建立された堂舎)、治安元年時の「祇園」は神社であるとし、「「祇園」が神社として登場する」のは「十世紀後半以後のこと」だと論じている。一方、久保田前掲注(1)では、石清水八幡宮同様、祇園社も宮寺であり、「神社的性格と寺院的性格とが併存し」ていたと述べている。祇園社の創祀を一〇世紀初頭と見る中井も、久保田同様、祇園社宮寺説を説き、「境内全域が寺院(感神院)かつ神社(祇園社)」であると述べ(中井「疫病と御霊会」〔同『行基と古代仏教』永田文昌堂、一九九一年〕)、今堀説については「「寺」か「社」かの一方に断定する無意味さ」があると批判している(中井前掲注(14))。なお嵯峨井建は、祇園社が創祀当初より、天神を安置した天神堂と薬師・千手像などを安置した堂とが併置された場であったとして、前者が神殿に、後者が本堂であり、観慶寺と称されるようになったと説く(嵯峨井「祇園社の成立と観慶寺」〔同『神仏習合の歴史と儀礼空間』思文閣出版、二〇一三年〕)。ただし、嵯峨井自身も述べるように、「薬師を安置した堂宇と天神をまつる社檀」が祇園社創祀当初から「一体的関係にあった」とも考えることはできる。つまり、「一堂のうちに薬師と天神を併祀した可能性もある」のだが、この点について嵯峨井は、「詳しいことは不明」とした上で、「むしろここでは、当初より神と仏とを別個に、二つの堂社が並んでいたと考えておこう」と明確な論拠を出すことなく論じている。

(17) なお、この官符について、今堀前掲注(14)では、「観慶寺の境内に本堂よりも大きい神殿が建てられたとすること。この神殿が先学が指摘されるように一修行僧や法師によって再建できるものかということ。牛頭天王と婆利女、八王子は『祇園牛頭天王縁起』においてその関係が語られるのであり、『祇園牛頭天王縁起』の成立は鎌倉時代(十三世紀後半)ではないかと推察していること。したがって承平年間(九三一―九三八)にすでに仏教の「天神」と陰陽道の諸神とが同じ神殿に合祀されていたとは考えられないこと。またなぜこの官符が、吉田家において元亀年間(一五三二―七三)にかけて編纂された『二十二社註式』においてはじめて引用されているのか」といった諸々の疑問を呈し「信頼することに躊躇」すると述べている。これについては、門屋温も同様の見解を示している(門屋「御霊会と神仏習合」〔『国文学　解釈と鑑賞』第六三巻第三号、一九九八年〕)。一方、久保田前掲注(6)や中井前掲注(14)、井上一稔「平安時代の牛頭天王」(『日本宗教文化史研究』第一五巻第一号、二〇〇一年）などはこの官符を信頼できるものと位置づけている。とりわけ井上は、先の今堀の疑問に対し、「官符ではむしろ本堂が大きいと判断でき、少なくとも正面観においては共に五間の建築となる（中略）堂宇の空間としては、正面は同じでも奥行きは本堂を中心とする区画の方が大きいことになる」、「一修行僧や法師によって再建できないと断定することは出来ない」、「『祇園牛頭天王縁起』以降に初めて牛頭天王と婆利女と八王子の関係が説かれたとは断定できない」、「久保田収氏が述べられるように、編纂時に吉田家によって見出されたと考えるのが妥当だが、あるいは以前から知られた史料であったが偶々取り上げられる機会がなかった可能性もある」と反論し、さらに官符に見られる建築物の大きさに関する記載方法は、平安期から鎌倉期にかけて用いられたが、次第に使用されなくなっていったことを述べ、その信頼性を確認している。

（18）たとえば『園太暦』康永三年（一三四四）閏二月二一日条には、

今日、祇園一社幣を奉りて、宣命内々の談（中略）天皇が詔旨と掛けまくも畏き祇園天神の広前に恐みも申し給はくと申さく（以下略）

とある（岩橋小弥太・斎木一馬校訂『園太暦』［太洋社、一九三六年］より該当部を書き下した）。

（19）すでに前掲注（16）でも触れたように、今堀前掲注（14）では、祇園社は創祀当初は寺であり祭神は天神であったとしている。したがって、牛頭天王が祇園社の祭神となるのは、神社として機能し始めてからで、少なくとも一〇世紀までは見られないという立場をとり、牛頭天王と天神とが同体異名の関係として同一視されるようになったのは一一世紀以降と見ている。一方、中井前掲注（14）では、前掲注（16）で触れたように今堀の祇園社創祀を巡る見解を真っ向から否定した上で、『二十二社註式』承平五年官符に「天神婆利女。八王子」とあることから、（牛頭天王の妻である婆利女、その御子神である八王子と並べられていることから）当初から天神は牛頭天王を指していたとする。中井説は今堀説に対する有効な反論ではあるが、牛頭天王と婆利女・八王子との結びつきを大前提としてよいかは慎重にならざるをえない。たとえば、天神・婆利女・八王子という関係であったものが、牛頭天王が天神と同体視されることにより牛頭天王・婆利女・八王子となった、ということも完全に否定はできない。

(20) 十巻本『伊呂波字類抄』の成立年代はいまだ定かではないが、学習院大学図書館蔵の『伊呂波字類抄』(零本)については、土井洋一「学習院大学蔵　伊呂波字類抄　解題」(同編『古辞書音義集成　第一四巻　伊呂波字類抄』汲古書院、一九八六年)で鎌倉初期とされており、その時期には成立したと考えられる。

(21) 栄原永遠男「遣新羅使と疫瘡」(同編『日本古代の王権と社会』塙書房、二〇一〇年)によると、天平九年(七三七)の京における天然痘とみられる疫病の大流行は、新羅に渡った遣新羅使がもたらした可能性が高いことを指摘する。ただし、その疫病の発生源は新羅ではなく、すでに博多で流行していたものが新羅渡航前の遣新羅団の中へと紛れ、結果、むしろ新羅に疫病をもたらし、さらに帰朝に伴い京へと広めてしまったのではないか、と推察している。

(22) 斎藤英喜「中世神道の大成者、吉田兼倶」(同『荒ぶるスサノヲ、七変化――〈中世神話〉の世界――』吉川弘文館、二〇一二年)。

(23) なお、『日本書紀』正文は、出雲でのヤマタノヲロチ退治、「大己貴神」の誕生を経て、「根国」へと赴くスサノヲを描いている。また、斎藤英喜は、『古事記』のスサノヲが高天原から祓われることでその罪が浄化され、結果として、出雲ではヤマタノヲロチを退治する英雄となり、出雲で「須賀の宮」を建てる段階に至って、それまでの「速須佐之男命」から「大神」へと「成長」した指摘する(斎藤「スサノヲの章――荒ぶる英雄神の怪物退治――」〔同『古事記　成長する神々――新しい「日本神話」の読み方――』ビイング・ネット・プレス、二〇一〇年〕)。この斎藤の説をうけた権東祐は、根之堅洲国へ赴き、その支配者となった後も、祓によるスサノヲの成長は続き、最終的にはオホナムチに試練を与え葦原中国を総べる「大国主神」へと成長させる、「新たな秩序を決める力を持つ神」へと「成長」、変貌したと指摘する(権「『古事記』と成長するスサノヲ」〔同『スサノヲの変貌――古代から中世へ――』佛教大学〈制作・法藏館〉、二〇一三年〕)。

(24) 青木起元「六月晦大祓　解説」「道饗祭　解説」(同『祝詞全評釈　延喜式祝詞　中臣寿詞』右文書院、二〇〇〇年)。

(25) 神野志隆光『古事記と日本書紀――「天皇神話」の歴史――』(講談社、一九九九年)、同『複数の「古代』』(講談社、二〇〇七年)。
(26) 権東祐「『日本書紀』におけるスサノヲの変貌像」(同『スサノヲの変貌――古代から中世へ――』佛教大学〈制作・法藏館〉、二〇一三年)。
(27) 権東祐「『先代旧事本紀』におけるスサノヲの変貌」(同『スサノヲの変貌――古代から中世へ――』佛教大学〈制作・法藏館〉、二〇一三年)。
(28) 権東祐「『釈日本紀』におけるスサノヲ像(Ⅱ)」(同『スサノヲの変貌――古代から中世へ――』佛教大学〈制作・法藏館〉、二〇一三年)。
(29) 松村一男「神話とは何か」(同『神話学講義』角川書店、一九九九年)。
(30) 神話の本質を起源を語ることに求める視点は、ミルチア・エリアーデから始まるといえる(ミルチア・エリアーデ/久米博訳『エリアーデ著作集　第三巻　聖なる空間と時間』[せりか書房、一九七四年])。
(31) 『中臣祓訓解』の成立については、白江恒夫「『中臣祓訓解』から『中臣祓注抄』へ――その本文語句の変化――」(同『祭祀の言語』和泉書院、二〇一一年)に詳しい。
(32) なお、『古事記』における「根之堅洲国」については、スサノヲが「妣の国」とも言っていることから、イザナミのいる亡者の世界、すなわち黄泉国だと認識することができる。しかし、スサノヲが支配し、後にオホナムヂが訪れる「根之堅洲国」は、亡者の国とは異なる様相を見せている。この点について、西郷信綱は「黄泉の国、妣の国、根の堅洲国が一体のものであることは確か」としつつ、「黄泉の国と根の国とは出口は同じだけれど、地下の世界のそれぞれ違った側面をあらわしたもの」と説く。具体的には、オホナムヂがスサノヲからスセリビメと生太刀・生弓矢・天の詔琴を奪って根之堅洲国を去る様子から「地底の国に降ってゆき、そこで貴重な獲物を得て戻ってくる(中略)かつて地下の世界が地の豊穣の源とされていた記憶とかさなるはず」だという(西郷『古事記注釈　第一巻』[平凡社、一九七五年]、同『古事記注釈　第二巻』[平凡社、一九七六年])。また斎藤英喜は「根の堅州国と黄泉つ国とは「黄泉つひら坂」という境界を介して、通じていることだ。地上への出口は「黄泉つひら坂」と同じだが、中に入っていくと、ふたつの「国」は別々の世界へと分かれていく、というイメージである（中略）黄泉つ国と根の堅州国。そのふたつの異界には、『古事記』に表現された「死」にたいするふたつの観念がこめられていると考えられる。黄泉つ国は、死んで肉体は腐っていく、再生不能の穢れた死の国。それにたいして、根の堅州国は、死んで、あらたな力を授かって再生できる場所、であった」と、西郷説をさらに整理したかたちで説明している（斎藤「オホクニヌシの章――葦原の中つ国の「王」と国譲り――」［同『古事記　成長する神々――新しい「日本神話」の読み方――』ビイング・ネット・プレス、二〇一〇年］）。

(33) 権前掲注(28)。なお、スサノヲの「変貌」に関しては、検討する時代は異なるものの、権に先立って近世の吉川惟足と中世の一条兼良、吉田兼倶らによるスサノヲの捉え方を比較し、検討した田尻祐一郎の論考も見過ごせない（田尻「スサノヲの変貌――中世神道から吉川神道へ――」［『季刊日本思想史』第四七号、一九九六年］）。

(34) 岡田荘司「卜部氏の日本紀研究――兼文から兼倶まで――」（『国文学　解釈と鑑賞』第六四巻第三号、一九九九年）。

(35) 中尾瑞樹「祓のテオロジー――卜部家の『日本書紀』研究と祓神学――」（『日本文学』第四七巻第五号、一九九八年）。

(36) 岡田前掲注(34)。

(37) 三田武繁「摂関家九条家の確立」（同『鎌倉幕府体制成立史の研究』吉川弘文館、二〇〇七年）。

(38) 岡田前掲注(34)。

(39) 岡田前掲注(34)。

(40) 岡田前掲注(34)。

(41) 家永三郎「解説　四、研究・受容の沿革」（坂本太郎・家永三郎・井上光貞・大野晋校注『日本書紀　上』岩波書店、一九六七年）。

(42) 久保田収「釈日本紀について」（同『神道史の研究　遺芳編』皇學館大学出版部、二〇〇六年）。

(43) 小野田光雄「釈日本紀撰述の意図について」（同『古事記・釈日本紀・風土記の文献学的研究』続群書類従完成会、一九九六年）。

(44) 家永前掲注(41)。

(45) 伊藤正義「中世日本紀の輪郭——太平記におけるト部兼員説をめぐって——」（『文学』第四〇巻第一〇号、一九七二年）。

(46) 原克昭「『日本書紀』註釈・研究史」（同『中世日本紀論考——註釈の思想史——』法藏館、二〇一二年）。

(47) 斎藤英喜「「中世日本紀」と神話研究の現在」（『国文学　解釈と鑑賞』第七六巻第五号、二〇一一年）、同「日本紀講から中世日本紀へ——アマテラス、スサノヲを中心に——」（伊藤聡編『中世神話と神祇・神道世界』竹林舎、二〇一一年）。

(48) 山本ひろ子『中世神話』（岩波書店、一九九八年）。

(49) なお、兼方自筆『日本書紀』神代巻裏書には、この下に「疫隅云故者」（疫隅と云ふ故は）の五字が入る。

(50) 省略した箇所は「逸文」の末尾にあたる箇所で、「因斯迎国之人以茅輪著腰其将来之家地者今母〻止乃原止云自社小鳥在」の三十一文字が入る（小野田光雄「釈日本紀と風土記」〔同『古事記・釈日本紀・風土記の文献学的研究』続群書類従完成会、一九九六年〕）。

(51) 水野祐『入門・古風土記　下』（雄山閣出版、一九八七年）では、「蘇民将来の一家の者たちをのぞいて、他の茅草の輪をつけていない者は皆殺されてしまった」としている。しかし、関和彦「『風土記』社会の諸様相——その5　蘇民将来考——」（『風土記研究』第一〇号、一九九〇年）や影山尚之「蘇民将来」（上代文献を読む会編『風土記逸文注釈』翰林書房、二〇〇一年）など多くの先行研究では、生き残ったのは蘇民将来の娘一人で、蘇民将来ならびにその妻は武塔神による災禍の犠牲となった、としている。なお、こうした「逸文」をめぐる先行研究史を整理したものとしては、水口幹記「蘇民将来伝承の成立——『備後国風土記』逸文考——」（小峯和明監修・原克明編『シリーズ日本文学の展望を拓く　第三巻　宗教文芸の言説と環境』笠間書院、二〇一七年）がある。

(52) 古風土記説を主張するのは武田祐吉『風土記』(岩波書店、一九三七年)、秋本吉郎『日本古典文学大系 二 風土記』(岩波書店、一九五八年)など。延長再撰風土記説を主張するのは、村山修一「祇園社の御霊神的発展」(同『本地垂迹』吉川弘文館、一九七四年)や馬場治「蘇民将来説話の一考察――縁起と奏宣――」(『皇學館論集』第三一巻第六号、一九九八年)など。後代偽作説は井上通泰『上代歴史地理新考』(三省堂、一九四一年)など。ただし、西田前掲注(7)のように、多くは古風土記以外の可能性を述べるに留まっている。

(53) 斎藤英喜「異国神となるスサノヲ」(同『荒ぶるスサノヲ、七変化――〈中世神話〉の世界――』吉川弘文館、二〇一二年)。なお、祇園社殿下の龍穴については『続古事談』巻第四の六に、

祇園の宝殿の中には、龍穴ありとなん云。延久の焼亡の時、梨本の座主そのふかさをはからんとせられければ、五十丈にをよびて、なをそこなし、とぞ。保安四年、山法師追補せられけるに、おほく宝殿の中ににげ入たりける、その中にみぞあり。それに落入たりつる、とぞいひける。

とある(川端善明・荒木浩校注『新日本古典文学大系 四一 古事談 続古事談』[岩波書店、二〇〇五年])。

(54) 斎藤前掲注(22)。

(55) 岡田前掲注(34)。

(56) 小野田光雄「釈日本紀の成立と流転」(同『古事記・釈日本紀・風土記の文献学的研究』続群書類従完成会、一九九六年)。

(57) 岡田前掲注(34)。なお、六代・房経の代で一時断絶するが、二条良基の三男を七代に据えることで家として継続することとなった。その七代が経嗣(兼良の父)となる。

(58) この兼熙の頃より平野卜部の勢力を吉田卜部が上回り、摂政・二条良基に接近した兼熙が卜部氏で初めて従三位に任じられ、家名も吉田と称するようになったとされている(平沢卓也「吉田家と日本書紀――吉田兼倶の神代巻講釈を中心に――」[遠藤慶太・河内春人・関根淳・細井浩志編『日本書紀の誕生――編纂と受容の歴史――』八木書店、二〇一八年])。

(59) 吉田兼右自筆本『日本書紀』巻第三〇奥書参照(『天理図書館善本叢書和書之部 第五六巻 日本書紀兼右

本　三』天理大学出版部〈制作・八木書店〉、一九八三年）。

(60)　兼良の生涯については、武井和人「一条兼良略年譜」（同『一条兼良の書誌的研究』桜楓社、一九八七年）を参照した。

(61)　乾元本『日本書紀』巻第一奥書参照（『新天理図書館善本叢書　第三巻　日本書紀乾元本　一』天理大学出版部［制作・八木書店］、二〇一五年）。ただし、この「返伝授」については疑問視する見方もあるという（平沢前掲注(58)）。

(62)　田村航「一条兼良の生涯と室町文化」（同『一条兼良の学問と室町文化』勉誠出版、二〇一三年）。

(63)　斎藤万古刀「公事根源の著者」（『國學院雑誌』第一五巻第一一号、一九〇九年）、木藤才蔵「年中行事歌合と公事根源」（同『二条良基の研究』桜楓社、一九八七年）など。

(64)　徳満澄雄「花鳥余情における「今案」説について――花鳥余情の成立事情――」（『北九州工業高等専門学校研究報告』第六号、一九七三年）。

(65)　なお、すでに武井和人らが指摘するように、現状では『公事根源』の信頼に足るテキストを確定することは困難である（武井「公事根源諸本解題考」［同『中世古典籍学序説』和泉書院、二〇〇九年］）。

(66)　岡田前掲注(34)。

(67)　祇園社創祀の問題については、久保田前掲注(6)に詳しいが、久保田は貞観一一年創祀説について「祇園御霊会のはじまりを貞観十一年としたのは（中略）遥か後のことであり、いつのころか、貞観十一年創祀説に発展したのであって、それは恐らく近世中期のことといはねばならない」と述べており、『公事根源』の記述を見落としている。

(68)　たとえば、稲賀敬二は『公事根源』について「必ずしも彼（筆者注・兼良）の創見を示すものではない」いとして、「諸成果を要領よく集大成したもの」だと評価する。さらに兼良を「独創の才と云うよりは博覧強記のタイプ」だと評している（稲賀『源氏物語の研究――成立と伝統――』笠間書院、一九六七年）。

(69)　徳満前掲注(64)や田村前掲注(62)など。

(70) たとえば東北大学附属図書館蔵、文明一二年書写『牛頭天王御縁起』などは、従来、「祇園牛頭天王縁起」として一括りにされ、かつそれらは祇園社社僧の関与が疑われていた(たとえば、山本ひろ子「行疫神・牛頭天王――祭文と送却儀礼をめぐって――」〔同『異神――中世日本の秘教的世界――』平凡社、一九九八年〕)。しかし、それら各テキストを見ると、決して祇園社社僧の関与は断定できず、むしろ京から離れた地で作成された可能性が高い(第四章参照)。なお、元徳二年(一三三〇)作成の祇園社絵図には蘇民将来社が確認できるため、祇園社と蘇民将来とが何らかの関わりをもっていたことは明らかである(竹内理三編『増補続史料大成 八坂神社記録 一』臨川書店、一九七八年)。

(71) 神野志隆光「神話の思想史・覚書――「天皇神話」から「日本神話」へ――」(小島憲之監修『万葉集研究』第二二集、塙書房、一九九八年)や二藤京「『日本書紀纂疏』の〈日本書紀〉――はじまりの物語――」(『国語と国文学』第七七巻第一号、二〇〇〇年)など。

(72) 久保田収「吉田神道の成立」(『中世神道の研究』神道史学会、一九五九年)や岡田荘司「日本書紀神代巻抄 解題」(同 校訂『「兼倶本」「清賢本」日本書紀神代巻抄』続群書類従完成会、一九八四年)、金沢英之「吉田兼倶による『日本書紀』研究の基礎的考察(一)――兼倶書写系『日本書紀纂疏』の性格――」(『北海道大学文学研究科紀要』第一四八号、二〇一六年)など。

(73) なお、『日本書紀纂疏』はその成立が二段階にわかれていることが明らかとなっており(中村啓信「解題」〔『天理図書館善本叢書和書之部 第二七巻 日本書紀纂疏・日本書紀抄』天理大学出版部〈制作・八木書店〉一九七七年〕など)、先にあげた享保六年版本は康正年間(一四五五―五七)成立の第一次本、清賢書写本は文明六年(一四七四)成立の第二次本と異なる系統となる(神野志隆光「『日本書紀纂疏』の基礎的研究」〔同『変奏される日本書紀』東京大学出版会、二〇〇九年〕)。ただし、該当箇所については大きな異同は確認できない。なお、第二次本が文明六年であることは近年、金沢英之「『日本書紀纂疏』の成立・続貂」(『上代文学』第一一六号、二〇一六年)で明らかとなった。

(74) 徳盛誠「清原宣賢『日本書紀抄』試論――『日本書紀纂疏』との連関から――」(新川登亀男・早川万年編

『史料としての『日本書紀』――津田左右吉を読みなおす――』勉誠出版、二〇一一年）。

(75) なお、三崎良周は、『覚禅鈔』不動本において「除二疫癘一事」や「除二悪事一事」とならび「治二蛇毒一事」とあることから、「牛頭天王の疫毒にも隣せる蛇毒の神が共に祀られることになったのではあるまいか」と推察している（三崎「中世神祇思想の一側面」〔同『密教と神祇思想』創文社、一九九二年〕）。

(76) 徳盛前掲注(74)。

(77) 大津有一「序説」（同『伊勢物語古註釈の研究』石川国文学会、一九五四年）。

(78) 青木賜鶴子「伊勢物語旧注論序説――一条兼良と宗祇と――」（『女子大文学　国文篇』第三七号、一九八六年）や片桐洋一・鈴木隆司「（『伊勢物語愚見抄』）解題」（片桐洋一・山本登朗編『伊勢物語古注釈大成　第三巻』笠間書院、二〇〇八年）など。

(79) 片桐・鈴木前掲注(78)。

(80) 赤瀬信吾「一条兼良の古今集注釈」（『国語国文』第五〇巻第一一号、一九八一年）。ただし、赤瀬は兼良の秘事口伝、宗匠家に対する批判は徐々に後退していくことも論じており、それは秘事口伝に対する無理解を兼良が自覚したからではないか、と論じている。

(81) 以上、即位灌頂については、小川剛生「室町期の即位灌頂」（同『二条良基研究』笠間書院、二〇〇五年）。

(82) 宮川葉子「一条兼良の「日本書紀纂疏」成立前後――成仁親王（後土御門院）元服との関連を中心に――」（『季刊ぐんしょ』第一二巻第二号、一九九九年）。

(83) 田村航「一条兼良の注釈の深化」（同『一条兼良の学問と室町文化』勉誠出版、二〇一三年）。

(84) 神野志前掲注(73)。

(85) たとえば、原勝郎「東山時代に於ける一縉紳の生活」（同『日本中世史之研究』同文館、一九二九年）や内藤湖南「応仁の乱に就て」（『内藤湖南全集　第九巻』筑摩書房、一九六九年）などは、兼良を保守主義者・復古主義者と位置づけている。

(86) 神野志前掲注(71)。

(87) 神野志前掲注(71)。
(88) たとえば、青木前掲注(78)や片桐・鈴木前掲注(78)など。
(89) 斎藤前掲注(22)。
(90) 山本ひろ子「摩多羅神の姿態変換――修行・芸能・秘儀――」(同『異神――中世日本の秘教的世界――』平凡社、一九九八年)。
(91) 斎藤英喜「「善悪不二」をめぐる神話言説」(同『荒ぶるスサノヲ、七変化――〈中世神話〉の世界――』吉川弘文館、二〇一二年)。
(92) 権東祐「『釈日本紀』におけるスサノヲ像(Ⅰ)」(同『スサノヲの変貌――古代から中世へ――』佛教大学〔制作・法藏館〕、二〇一三年)。
(93) 井上智勝「吉田山斎場所――本朝無双のパワースポット――」(同『吉田神道の四百年――神と葵の近世史――』講談社、二〇一三年)。

附記　本章執筆にあたり、貴重な史料の閲覧ならびに翻刻、公開を許可してくださった天理大学附属図書館には厚く御礼申し上げたい。

第三章　「感応」する牛頭天王

——『阿娑縛抄』所収「感応寺縁起」を読む

はじめに

前章では、祇園社祭神としての牛頭天王、そしてスサノヲについて、卜部《うらべ》兼文《かねふみ》・兼方《かねかた》、一条《いちじょう》兼良《かねよし》、そして吉田《よしだ》兼倶《かねとも》という「知識人」たちの言説から迫った。なぜ祇園社祭神である牛頭天王／スサノヲが、行疫《ぎょうやく》神であり、かつ除疫《じょえき》・防疫《ぼうえき》神であるのかについても、「知識人」たちの言説を中心に、さまざまな史料も用いて明らかにしたつもりである。

ところで、第一章でも触れたように、牛頭天王といえば、祇園社（現・八坂神社〔京都市東山区〕）祭神＝行疫神／除疫・防疫神である、といった理解は研究者の間でも広く受容されている。もちろん、前章で論じたように、そうした理解は歴史的に形成されてきたものだ。しかし、牛頭天王＝祇園社祭神であり行疫神かつ除疫・防疫神といった側面のみがクローズアップされて、それ以外の牛頭天王信仰については、ほぼ顧みられてこなかったことも忘れてはならない。

こうした牛頭天王信仰の一面的な理解は、これまで検討対象とされてきた牛頭天王信仰に関するテキストの問題とも直結する。というのも、先行研究で触れられてきたものの多くは、前章でも触れた「蘇民将来譚《そみんしょうらいたん》」――妻問いの旅に出た牛頭天王が宿を求めた際に、拒絶をした長者は滅ぼされ、歓待した貧者の蘇民将来は子孫代々の庇護が確約される、という物語——を基軸に置いたものであった。もちろん、牛頭天王信仰に関する縁起や祭文類の中に、蘇民将来譚を基軸に置いたものが数多く残されていることは紛れもない事実である。その背景には、応仁・文明の乱を経て、近世期に至るまで、祇園社や津島天王社といった牛頭天王信仰の拠点とも称せる社の各地への勧請があった(1)。こうして、蘇民将来譚に基づく行疫神かつ除疫・防疫神としての牛頭天王が各地で信仰の対象となり、やがてその信仰に即したかたちでさまざまなテキストが作成されていったのである。

そうしたなかには蘇民将来譚を基盤に置きながらも、祇園社や尾張の津島天王社（現・津島神社〔愛知県津島市〕）とは異なる信仰の場を顕わにするもの、また行疫神かつ除疫・防疫神とは異なる牛頭天王を顕わにするものなども作成されていった（第四章・第五章）。あるいは、山本ひろ子が検討した奥三河の「牛頭天王島渡り祭文」のように(2)、蘇民将来譚を基盤に置きながらも、最終的には大きく逸脱をし、独自の信仰世界を全面に押し出してくるテキストも創られていった。しかし、そうしたテキストの検討は、これまで山本含めごく限られており、さらには、蘇民将来譚を基軸に置かない牛頭天王信仰に関する縁起や祭文に関しては、先行研究においてもほぼ等閑視されてきたといえよう。しかし、牛頭天王信仰の多様性を考える上では、祇園社祭神や津島社祭神とは異なる信仰を、それらのテキストの読解から明確に示していくことが必要となる。

そこで本章では、祇園社や津島天王社とは直接の関わりがないある寺院の縁起——それも、蘇民将来譚とは異なる物語をもって牛頭天王信仰の起源を語る縁起を(3)、山本が提起した「中世神話《ちゅうせいしんわ》」の視座から読解していきたい。(4) こうした本章の問題意識や基盤とすべき方法論についてより明らかにするためにも、第一章と重なるところも多々あるが、次節ではこれまでの先行研究について再度整理をし、研究史上、本章がどのような役割を負い、またどのように位置づけられるかを提示した上で、第二節以降から具体的な読解へと入ることとする。

さて、本章が検討対象とするのは、室町後期まで京の一条通《いちじょうどおり》東、鴨川《かもがわ》との交錯点ともいえる河崎《かわさき》(川前)の地にあった感応寺《かんのうじ》という寺院の縁起である(以下、「感応寺縁起」)。なお、本章では鎌倉中期(一三世紀)に成立したとされる天台密教の事相書『阿娑縛抄《あさばしょう》』所収の「感応寺縁起」を検討の中心に据えるが、鎌倉末期にあたる元亨《げんこう》二年(一三二二)に臨済宗の僧・虎関師錬《こかんしれん》が編纂した『元亨釈書《げんこうしゃくしょ》』や室町中期に成立したとされる類書《るいしょ》(今でいう百科事典)『壒嚢鈔《あいのうしょう》』などにも感応寺建立の起源を語る縁起が収載されている。(5) ただし、この『元亨釈書』や『壒嚢鈔』所収のものと、『阿娑縛抄』所収のものとでは、そこから顕われてくる信仰世界は大きく異なる。まさに「感応寺縁起」の変貌とい

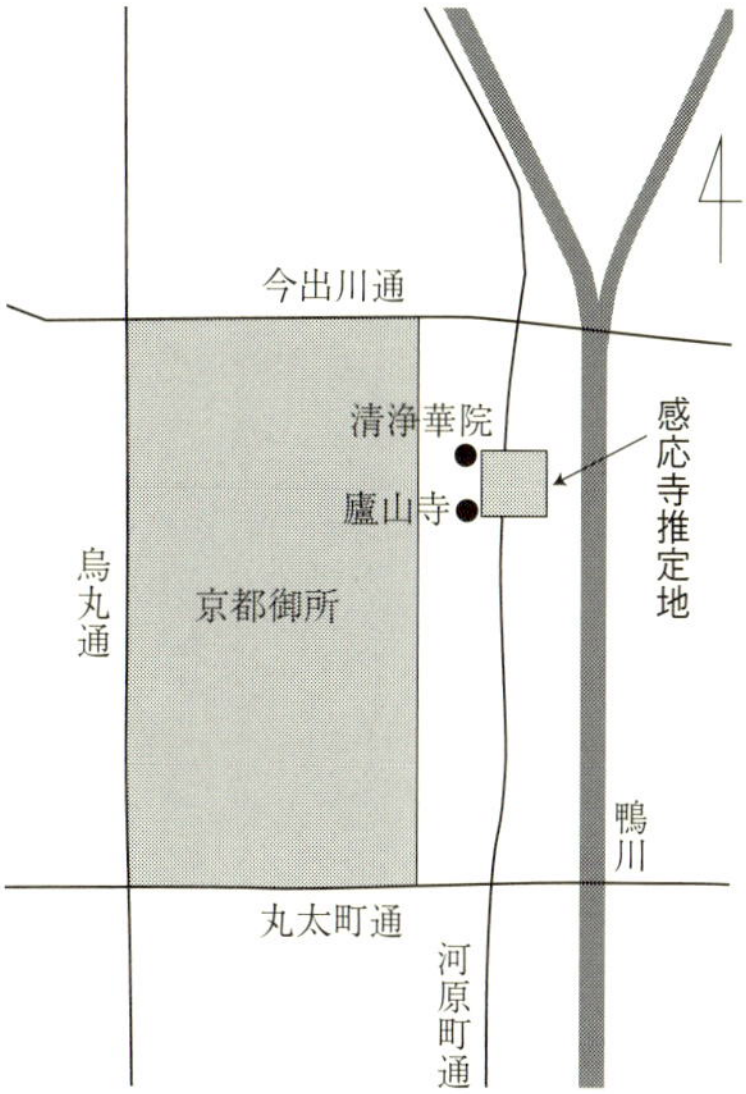

感応寺推定地(ただし伽藍の大きさは不明)

えるが、この点については、本章後半部で論じたい。

さて、先にも示したように、本章の検討の中心は『阿娑縛抄』所収の「感応寺縁起」である。この「感応寺縁起」がいつ頃作成されたかは不明だが、『阿娑縛抄』自体の成立は、卜部兼方の『釈日本紀』とほぼ同時期だとされている。[6]そのため「感応寺縁起」が作成された時期は、まだ牛頭天王信仰と蘇民将来譚とが結びついていない時期の、すなわち兼文の言説が広く受容される前の段階と推定される。こうした鎌倉前・中期における牛頭天王信仰に関する史料はごく僅かしか残存しておらず、したがって当該期の牛頭天王信仰に関する研究も少ない。[7]この「感応寺縁起」が成立したであろう期間は、まさに研究史上「空白」の期間でもあった。その「空白」を埋める意味でも、本章における「感応寺縁起」の検討は大きな意義がある。それでは以下、具体的な考察へと移りたい。

第一節　テキストから顕われる牛頭天王

中世から近世にかけて、牛頭天王が各地で信仰の対象とされてきた背景には、先に記した信仰拠点の勧請とともに、いわゆる修験《しゆげん》者や非官人陰陽師などの宗教者の活動による、信仰圏の拡大があった。[8]そのようななかで、牛頭天王に対するさまざまな習合関係が説かれていき、とりわけ、祇園社に薬師仏が安置されていたこともあって、牛頭天王の本地は薬師如来であるとする説は広く受容されていった。加えて前章で確認した日本神話の神・スサノヲとの習合や、鎌倉末から室町初期にかけて成立した陰陽道の暦注書『三国相伝《さんごくそうでん》陰陽《いんよう》輨轄《かんかつ》簠簋《ほき》内伝《ないでん》金烏《きんう》玉兎《ぎょくと》集』（以下、『簠簋内伝』）では、暦の神として最上の力をほこる天道神《てんどうしん》とも同体関係とされ、[9]近世期以降も広く受容されていった。こうして、西田《にしだ》長男《ながお》が牛頭天王信仰を日本における「習合（syncretism）という現象」の「顕著な一例」だと位置づけたように、牛頭天王およびその信仰は、習合関係を中心に、多様な側面を見せていったのである。[10]

　そのことを如実に示すものが、縁起や祭文といったテキストであろう。第一章でも取り上げたように、こうしたテキスト類については、先の西田による論考を端緒に、それらを検討対象とする研究がなされるようになってきた。西田の研究を承けた松本隆信《まつもとりゅうしん》による検討も、その一つである。[11]本地《ほんじ》物語の研究者である松本は、「祇園牛頭天王縁起」（西田・松本らが用いた、牛頭天王信仰に関する縁起や祭文などの総称）と本地物語との関係性について迫った。その結果、それらが本地物語の型には当てはまらないものの、「神仏習合、本地《ほんじ》垂迹《すいじゃく》の教説を敷衍《ふえん》するための偽経」と密接に関わっていることから、「本地物との交渉が密接」であると結論づけた。

　その検討は、あくまで本地物語の検討がその基軸であるため、個々の縁起や祭文が持つ牛頭天王の信仰世界まで踏み込むものではなかったが（そうした問題は先の西田の論考にも見られるが）、「本地物との交渉が密接」という指摘は西田による牛頭天王信仰＝習合の顕著な一例、という見方にも繋がるものといえよう。西田や松本の研究は、個別テキストの踏み込んだ読解はせず、各テキストの信仰世界に無自覚ではあったが、牛頭天王信仰に関するテキストを研究対象として位置づけ、また牛頭天王信仰とは「神仏習合」あるいは「本地垂迹」を顕著に示すものとの見方を定着させるものだった。

ただし、今日、神仏習合や本地垂迹といった二元的枠組みでは、中世における神仏信仰を捉えることは困難といえよう。この間の研究において、「神」あるいは「仏」といった区分そのものが流動的であり、時代ごとに異なること、さらに中世を中心に「神」や「仏」の枠組みから逸脱するような存在がしばしば信仰対象となることなどが明らかにされてきている。(12) 神仏習合、本地垂迹の顕著な一例であるはずの牛頭天王もまた、実際には「神仏」の枠組みでは捉えきれない存在だったのである。そのことを明確に示したのが山本ひろ子であった。

第一章でも触れたように、山本は秘儀や行法《ぎょうぼう》といった中世の儀礼世界に、日本の古代神話の神とも仏菩薩とも異なる、異国を出自とする「第三の尊格《そんかく》」があらわれていることを明らかにした。これら第三の尊格を山本は「異神《いしん》」と名づけ、またそれらを「異神」として見ることで中世の信仰世界を捉えようとしたのである。(13)

では、山本はどのようにして「異神」を捉えたのか。それは残存するテキストの精緻な読解から、「異神」に関する言説を丹念に拾い上げ、検討し、整理することにあった。ただし、そこでの山本は、決して「作品論」のように、一つのテキストの内部に留まり、そのテキストを解そうとするものではなかった。多くの場合、テキストの中から読み取ることのできる「異神」とは、断片的な言説でしかない（あるいは、テキストそのものが断片的にしか残存していない）。そのため、山本は複数のテキストを用いて、そこから明らかとなった情報を時代状況や思想状況を踏まえた上で繋ぎ合わせ、時に矛盾、相反するような言説をも論理化することで、信仰世界を浮かび上がらせたのである。山本はこうした

「異神」の視座をもって牛頭天王信仰に迫った。

いわゆる奥三河《おくみかわ》と称される地域の中でも愛知県北設楽郡《きたしたらぐん》には、「花祭《はなまつり》」という祭礼が今も伝えられている。(14) 神楽を中心とするそれら祭礼は、花太夫《はなだゆう》と呼ばれる民間の宗教者によって執行されるのだが、それら花太夫の家には多くの文献が伝えられている。この文献群の中には花祭、あるいは安政《あんせい》三年（一八五六）に廃絶してしまった大神楽《おおかぐら》に関する口伝書、さらには土着の修験者（里修験）より相伝された祭文や儀礼の修法次第、病気治癒のための祈禱の詞章、あるいはまじないや占いの書付などさまざまなテキストが含まれている。これらを保有しているということは、つまり花太夫たちが花祭神事以外にも宗教者としてその地に根づいて活動していたことを意味する。(15)

これらの花太夫たちが所蔵する文献の中に、大神楽で用いたであろう「牛頭天王島渡《しまわた》り祭文」（以下、「島渡り祭文」）がある。ただし、先にも示したように大神楽はすでに廃絶しており、当然この「島渡り祭文」を用いた儀礼についても、その儀礼次第を伝える書物や口伝も含め現在には伝えられていない。ただ、祭文だけが多くの花太夫の家に残されている状況にあるため、まさに山本がいうところの「孤独な祭文」となっている。

そこで山本は、この「島渡り祭文」の読解をさまざまな史料を用いて行い、失われた儀礼がどのようなものであったかを明らかにした。それと同時に、「島渡り祭文」の牛頭天王が、釈尊までをも死に至らしめ、天竺から龍宮、そして本朝、さらに天竺、本朝、大梵天《だいぼんてん》、本朝といったダイナミックな「島渡り」を行う遊行神であることも示したのである。さらに山本は奥三河の牛頭天王信仰の背景に、尾張・津島天王社における牛頭天王信仰があることを明らかにした上で、津島神社に蔵される「牛頭天王講式」の読解を行い、その信仰世界を明らかにした。その検討までも詳細に触れることは避けるが、先行する研究とはまったく異なるアプローチから牛頭天王信仰に迫ったという点で、この研究の意義は非常に大きい。[16] つまり、山本の研究は、テキストからその信仰の由緒や由来に留まらず、失われた儀礼をも「復元」することが可能であること、またテキストを精緻に読解することで、一言で牛頭天王信仰といっても、その世界は多種多様であることを示すものであった。このように、テキストから信仰世界を顕わにするという山本のアプローチは、さらに新たな方法概念を生み出すこととなる。それが「中世神話」であった。[17]

この山本による中世神話の提起以前に、伊藤正義《いとうまさよし》により提起された「中世日本紀《ちゅうせいにほんぎ》」という方法概念は、それまで荒唐無稽、牽強付会とも評されてきた中世の『日本書紀』注釈、あるいは日本紀に起因するとする言説こそが、中世固有の知のあり方を如実に顕わすものであることを明らかにした。[18] また、中世における神話と歴史叙述との構造に着目した桜井好朗《さくらいよしろう》は、古代神話（王権神話）が、次第に解体、変貌し、再構築されていくことを示し、またそのような時代こそ神々にとっての「中世」であるとした。[19] これらの伊藤や桜井の研究をうけて、山本は「異神」の概念を提示し、そして、中世日本紀と見なせるテキスト、あるいは寺社縁起や本地物語、中世神道書など、古代の神話とは異質のテキスト群を中世神話として提示したのである。この山本や、高知物部のいざなぎ流における祭文、暦注書である『簠簋内伝』、あるいは古代神話である『古事記』を中世神話の視座から検討した斎藤英喜《さいとうひでき》らが注視したのは、テキスト読解を通して神がいかに「変貌」するかという問題であり、またそこに関わる担い手（宗教者）ならびに彼らが執り行う儀礼の問題であった[20]。

本章は、こうした山本による異神や中世神話の視座をうけて、「感応寺縁起」を丹念に読解し、そこから牛頭天王信仰を明らかにするものである。蘇民将来譚とは異なるこの「感応寺縁起」から浮かび上がる牛頭天王は、従来の研究では論じられてこなかった「異神」としての牛頭天王のイメージをさらに拡大させるものといえよう。また、山本や斎藤らが、中世神話の視座から祭文の読解を通じて儀礼のあり方を明らかにしたのと同様に、「感応寺縁起」という一寺院の縁起から牛頭天王を祀る儀礼をも明らかにするものである。

この「感応寺縁起」については、これまで簡単に触れられる程度で十分に検討されてこなかったが[21]、本章では「感応寺縁起」の読解を進めることで、これまで検討の素地にあがってこなかった新たな牛頭天王、およびその信仰のあり方を詳らかにしていきたい。

第二節　「地主神」としての牛頭天王

改めて、感応寺とはどのような場であったのか、その概略を記したい。感応寺（別称・河崎［河前／川崎／川前］観音堂）は、平安前期に、真言僧である壱演《いちえん》によって京の一条通末、鴨川西岸に建立された寺院である。本尊は聖観音で、後に西国三十三所観音[22]、あるいは京中七観音[23]の一つに数えられ、篤く信仰されていたようだ。この寺は享禄四年（一五三一）に、戦火により焼失、廃寺となったが、本尊は清和院へと移され、現在は九州国立博物館に蔵されている。

この寺院の建立を物語る縁起として現状確認できる最古のものが、前節でも示した「感応寺縁起」である。はたして、なぜこの寺院の縁起が天台密教の事相書『阿娑縛抄』の「諸寺略記上」に収められているのか、その点については定かではないが[24]、いずれにせよ鎌倉中期の段階における、祇園社外の牛頭天王信仰がこの縁起から明らかになるのである。

それでは、このテキストから顕われる牛頭天王の信仰世界とはどのようなものか。蘇民将来譚に見る牛頭天王とは異なる点に着目して、以下、「感応寺縁起」本文を読んでいこう。なお、いくつかの箇所で書き下しでは意味が通り難い箇所があるため、書き下しのあとに、「感応寺縁起」の原文を併記しておく[25]。

書き下し

感応寺は宇川前寺陽成天皇の御宇。

本尊は請観世音菩薩《しょうかんぜおんぼさつ》。又牛頭天皇《ママ》像。権僧正慈済《じさい》建立す。僧正、誓を致して願を発し、勝地《しょうち》を択《えら》ぶと雖も、洛陽《らくよう》の側に於て異相《いそう》を見ず。栖鳳《せいほう》の外に於て未だ曾て之を得ず。適《たまたま》川前《かわさき》を運歩するに、眇々として孤り志西岸に躋攀《せいはん》するに似たり。荒々たるを歎じて之に暫く憩ふ。時に紫雲《しうん》忽ち聳《そび》き蓮花《れんげ》暴雨《ぼうう》となる。異香芬四《いこうふんし》し、大地大道す声香留めず、落花函蓄《かんちく》す 此土《しど》の相を視て歓喜して悦ぶ。天地相応し、感応道交《かんのうどうこう》す。故に精舎を以て感応と号す是天地和合の故なり。観音を以て本尊と為す是蓮華王の故なり。加へて津利佐課《保カ》を提《さ》ぐる翁を以て淼《びょう》の濤《とう》上より出で来たりて云く、我は是れ此の図《ず》の本主なり、清原《きよはらの》真人《まひと》惟任《これとう》と諾《こた》ふる。你《なんじ》是何所《いずこ》より来る。何の法を邀《もと》めるや。報《こた》へて云く、即ち是れ権僧正法印大和尚、諱《いみな》慈済《じさい》和尚と名づくなり。宣す、勅を奉るに請に依れ、てへり、伽藍を為す勝地を邀め、以て此くの如し。翁課云く我が輩《ともがら》此の側に甚だ多し。我、伽藍の守神と為るに我が子孫、清原氏を以て別当《べっとう》と為すや否や。你の門徒《もんと》の中《うち》に在り。予め承諾す。翁逶迤《いい》として云く、

我は伽藍の守神と為りて　天魔の障礙《しょうげ》を抜出せむ。
我は清原の守護と為りて　疫癘《えきれい》の患難《かんなん》を除却せむ。
我は保々《ほほ》の諸神と為りて　庶類《しょるい》の求むる所を成弁《じょうべん》せむ。
我は夫婦の結神《けちがみ》と為りて　便《すなわ》ち男女の子息を生《な》さむ。

（A）

川前天神の御前《おまえ》には七宝《しっぽう》蓮花の花開く　現世は安楽、後生《ごせ》は弥勒《みろく》浄土の其の世まで

翁云く、吾《われ》は是れ、牛頭天王なりと云々。天魔波旬《はじゅん》荒乱疾病悪瘡《あくそう》発する時、清原氏を以

（B）

て此の歌を唱ふべし。

我は是れ一切の神の祖《おや》なり。我は是れ一切の鬼魅《きみ》の主なり。能《よ》く課《か》し能く誨《おし》ふるのみ。

（C）

忽然として冥［めにもみえず］道。

七月七日、仍つて之を安置す。即時奏上するのみ。即時勅《ちょく》を使牒す。中納言従二位《じゅにい》藤原《ふじわらの》朝臣《あそん》長良《ながら》、右大臣宣す、勅を奉りて請に依れ、てへり、寺の承知宜しく宣に依りて之を行ふ。牒到らば状

（筆者注・「に准えよ」脱落か）。故に牒す。

元慶《がんぎょう》元年七月七日　外従五位下　左大史　小槻宿禰《おづきのすくね》

而して懸雲、雨花の樹の本に届き、七日七夜行道念誦《ぎょうどうねんじゅ》す。件の槻木《つきのき》切りて御衣木《みそぎ》と為し、三七日《さんしち》加持《かじ》香水《こうずい》す。而して本尊を作る（仏師何人か。之を知らず）。観音像二体刻み奉り並びに余尊は群仏師之を作る。但し本尊においては（口伝輙《たやす》く云はず）。仍りて天神堂一宇建立す。牛頭天王像を安置し奉る。

原文

感応寺者（字川前寺）、陽成天皇御宇。本尊請観世音菩薩、又牛頭天皇像。権僧正慈済建立。僧正致誓発取（〔ママ〕願カ）、雖択勝地、於洛陽之側不見異相、於栖鳳之外未曾得之。而適運歩於川前、眇〻似孤跰（躋カ）攀志於西岸。荒〻暫歎之甜。於時紫雲忽聳、蓮花暴雨。異香芬四、大地大動（声香不留、落花蓄函）。視此土相歓喜悦与、天地相応、感応道交、故以精舎号感応（是天地和合故也）。以観音為本尊（是蓮花王故也）。加以提津利佐課（ママ）翁、従淼濤上出来而云、我是此図之本主也。諾清原真人惟任矣。你是従何所来、邀何法耶。報云、即是権僧正法印大和尚位諱名慈済和尚也。宣奉勅依請者、為伽藍邀勝地以如此矣。翁課云、我輩此側甚多。我為伽藍之守神。以我子孫清原氏為別当否。在你門徒中矣。予承諾。翁透逅（迺カ）云、我為伽藍之守神、拔出天魔之障礙。」我為清原之守護、除却疫癘之難患。（A）

我為保〻之諸神、成弁庶類之所求。」

我為夫婦之結神、便生男女之子息。」

川前天神乃御前尓波七宝蓮花乃波奈開久、現世波安穏〔楽〕、後生波弥勒浄土乃其世末天。」

翁云、吾是牛頭天王也〻（云の字脱カ）。天魔波旬荒乱疾病悪瘡発時、以清原氏可唱此歌。」（B）

我是一切神祖也。我是一切鬼魅主也。能課能海（〔ママ〕誨カ）而已。忽然而冥〔メニモミエス〕道矣。」（C）

七月七日、仍安置之、即時奏状称、即時勅使牒。

中納言従二位藤原朝臣長良。

右大臣宣奉勅依請者、寺宜承知、依宣行云（之カ）。牒到状（ママ）。故牒。

元慶元年七月七日　外従五位下左大史小槻宿禰。

而屆於懸雲雨花之樹本、而七日七夜行道念誦了。切件槻木為御昰（衣カ）木、三七日加持香水。而作本尊仏師何人不知之、奉刻観音像二体並余尊者群、仏師作之。但於本尊者、口伝不云軌（輙カ）。仍天神堂一宇建立、奉安置牛頭天王像。


鴨川西岸の川前の地で寺院建立に相応しい勝地《しょうち》を見つけた僧・壱演の前に、水面（波の上）から老翁が顕われる。「此の図（川前）」の「本主」であり、「清原《きよはらのま》 真人惟任《ひとこれとう》」を名乗るこの老翁は、壱演に対して、建立される寺院（感応寺）の伽藍神《がらんじん》となることを告げ、その代わりに自らの子孫である清原氏を寺の代表権者である別当職《べっとうしき》につけるよう求める。これを壱演が受け入れると、老翁は自らの神格と利益を述べ、「吾は是れ、牛頭天王なり」とその正体を明らかにする――、以上がこの「感応寺縁起」の概略となる。前節で確認したように、ここには蘇民将来譚に見られる牛頭天王の要素は見られない。それは牛頭天王の出自の描き方に顕著である。

前章でも触れたように、蘇民将来譚の場合、牛頭天王は異国の出自であること明示される。たとえば、「島渡り祭文」では牛頭天王は「須弥山《しゅみせん》」の半腹にある「豊饒国《ふにょうこく》」の王であり、また『簠簋内伝』では、「北天竺《きたてんじく》」にある「王舎城《おうしゃ》」の王だとしている。このように異国の出自と語られることで、蘇民将来譚では、外界、異国から疫病をもたらす行疫神、かつ疫病を防ぐ除疫、防疫神として、牛頭天王は位置づけられるのである(26)。

一方、「感応寺縁起」では、老翁（牛頭天王）は「此の図の本主」、つまり往古より川前の地を治めてきた地主神《じしゅしん》として描かれ(27)、異国出自という側面は一切見られない。もっとも、中世の寺院縁起には異国神が地主神として描かれることは珍しくない。それらの場合、多くはその異国神が往古より治めていたとする「神地」を仏法の場として高僧などに委譲し、自らは仏法守護の伽藍神、護法神《ごほうしん》となる(28)。「感応寺縁起」はまさにその一例であり、川前の地主神から感応寺伽藍神となった牛頭天王の由来を説くものである。そのため、この「感応寺縁起」の牛頭天王は、「祇園縁起」型とは異なる神格や利益を持つ存在として顕われてくるのだ。それでは、「感応寺縁起」における牛頭天王の神格や利益はどのようなものであるのか。次節で詳しく検討したい。

第三節　観音信仰と牛頭天王

前節では、「感応寺縁起」に顕われる牛頭天王が、蘇民将来譚におけるそれとは異なる存在であることを述べた。しかし、「感応寺縁起」の中にも、一見すると蘇民将来譚と共通しているようにも見える牛頭天王の姿が確認できる。原文（A）にある「疫癘《えきれい》の患難《かんなん》を除却せむ」という一文がそれである。この点について、今堀太《いまほりた》逸《いつ》は、「『請観音経《しょうかんのんきょう》』や十一面観音と疫病の関係よりして、牛頭天王は観音信仰の寺の鎮守として注目されねばならない」と述べている(29)。牛頭天王と「観音信仰」との繋がりについて言及している点は極めて重要（本節にて詳細後述）だが、はたして「疫病の関係」だけに焦点を当てるべきだろうか。

問題となる箇所は、老翁が壱演に対して感応寺の伽藍神となることを伝え、ただし、自らの子孫である清原氏を別当職につけることを求めた後の場面となる。壱演がその求めに応じると、老翁は自らの神格と利益を壱演に明らかにする。以下、「感応寺縁起」の（A）の場面である。

我は伽藍の守神と為りて、天魔の障礙を抜出せむ。
我は清原の守護と為りて、疫癘の患難を除却せむ。
我は保々の諸神と為りて、庶類の求むる所を成弁せむ。

我は夫婦の結神と為りて、便ち男女の子息を生さむ。

偈《げ》のようにも見えるこの箇所では、老翁が複数の神格、利益を持つ存在であることがわかる。つまり、先に見た「疫癘の患難」の「除却」——防疫の利益は、あくまで複数ある利益のうちの一つに過ぎず、蘇民将来譚に見られる牛頭天王のように、それに特化しているわけではない。それよりも注意すべきは、防疫の利益を含め複数の利益を持つ老翁が、万能神的な存在となっていることである。実はここに、今堀が言及した観音信仰との繋がりが見えてくるのである。

この点を検討する上で、（A）の末文「我は夫婦の結神と為りて、便ち男女の子息を生させむ」という一文に注目しよう。これは、

若し女人有りて、設《しつら》ひ男を求めんと欲して、観世音菩薩を礼拝《らいはい》し供養《くよう》せば、便《すなわ》ち福徳智慧《ふくとくちえ》の男を生まん。設ひ女を求めんと欲せば、便ち端正有相《たんせいうそう》の女、宿《むかし》、徳本《とくほん》を殖ゑて衆人《しゅうじん》に愛敬《あいぎょう》せらるるを生まん。〈『観音経』〈『法華経』普門品第二五〉〉

という『観音経』（『法華経』普門品《ふもんぽん》第二五）の内容と重なっていることがわかる。「男女の子息」を産ませるという、他の諸テキストには見られないこの利益は、観音信仰との関係を想起させるものといえよう。

もちろん、「感応寺縁起」を読んでも、本尊の請観音[30]と牛頭天王との習合関係を直接説くような記述は見られない。しかし、同時代の史料には、牛頭天王と観音との習合関係をうかがわせる記述が見られる。ここで平安中期の台密《たいみつ》(天台密教)僧・永範《えいはん》(生没年不詳)が撰じたという『成菩提集《じょうぼだいしゅう》』から第四之一「兜跋事《とばつ》」の記述を見てみよう[31]。

大梵如意《だいぼんにょい》兜《と》跋《ばつ》蔵《ざ》王《おう》呪経《じゅきょう》 上に云く。(中略)是、如意《にょい》蔵《ざ》王《おう》の能変万像《のうへんまんぞう》、諸の衆生を度《ど》す。○即ち十《じっ》種《しゅ》の降魔《ごうま》の身と現ず。○云く何をか十身十号と為す。一は無畏《むい》観世《かんぜ》音《おん》自在《じざい》菩《ぼ》薩《さつ》と云々。二は大梵《だいぼん》天王と云々。三は帝釈《たいしゃく》天王と云々。四は大自在天と云々。五は摩《ま》醯首羅《けいしゅら》天と云々。六は毘沙門天王と云々。七は兜跋蔵王。(中略)八は多婆天王と云々。九は北道尊星《ほくどうそんしょう》と云々。十は牛頭天王と云々。

(『成菩提集』第四之一「兜跋事」)

『大梵如意兜跋蔵王呪経』(上)では、「如意蔵王」の十種の変化の中に、観音と牛頭天王とが含まれているという。しかし、井上一稔は、同じ『成菩提集』「毘沙門事」の次の記述に着目し、永範の理解はそこに留まってはいないことを明らかにした[32]。

大梵如意兜跋蔵王呪経上に云く。毘沙門天王、忿怒《ふんぬ》の降魔《ごうま》相《そう》と示《じ》現《げん》す。威徳自在にして、能変万像、諸の衆生を度す。(中略)衆生の念願速やかに随ひて、一切の所願、満足せしむ説く。観音十身中第六身なり

（『成菩提集』第四之一「毘沙門事」）

着目すべきは、末尾にある永範の自注（傍線部）である。毘沙門天は「観音十身」のうちの「第六身」であることが、「大梵如意兜跋蔵王呪経」（上）からわかる。ここで如意蔵王の十種の降魔身を再度確認すると「六は毘沙門天王と云々」と記されている。つまり、如意蔵王の十種の降魔身は、観音の十身の変化でもある、という理解を永範はしていたことになる。そのように考えると、永範は、牛頭天王も観音の変化とみなしていたことがわかる。(33)

実は先に見た『成菩提集』「兜跋事」については、『阿娑縛抄』巻一三六「毘沙門天王」の中に収載されている。そして、『阿娑縛抄』の中で『成菩提集』「兜跋事」を引く直前には次のような記述が見られるのである。

双身八曼荼羅抄《そうしんはちまんだらしょう》 六に云く、昔、都鉢羅《とばつら》国と名づく国在り。其の国〇大疫癘発するに人民皆、悉《ことごと》く病死す。時に国王、発願《ほつがん》念仏し、観音に帰依《きえ》す。時に十一面観自在菩薩、十一牛頭毘沙門《じゅういちごずびしゃもん》と変化し、毘沙門亦、十一頭牛頭摩訶天王《じゅういちずごずまかてんのう》と現ず。三身共に相語らひて言く、上根《じょうこん》の病は、我観自在と為りて利益《りやく》を下し、中根《ちゅうこん》の受苦は、我多聞と為りて彼《ひ》に抜き、下根《げこん》の辛苦は、我嚩折羅《ばさら》と為りて之を度す。

（『阿娑縛抄』巻一三六「毘沙門天王」）

「双身八曼荼羅抄」（六）によれば、都鉢羅国で「大疫癘」が発生したとき、国王が観音に帰依し発願すると、「十一面観自在菩薩」（観自在）、そしてその変化である「十一牛頭毘沙門」（多門）、また毘沙門の変化である「十一頭牛頭魔訶天王」（嚩折羅）の「三身」それぞれが上根、中根、下根の衆生を病苦から救ったという。まずここから、「感応寺縁起」における「疫癘の患難を除却」するという老翁の利益が、やはり観音の利益と重なっていることがわかる。次に、観音の変化体として十一牛頭毘沙門、十一頭牛頭魔訶天王なる尊格の名が見られる点に着目したい。第一章でも示したが、三崎良周によれば「双身八曼荼羅抄」は、九・十世紀の天台僧、法性房尊意《ほっしょうぼうそんい》が記した『吽迦《うんか》陀野《だの》儀軌《ぎき》』を尊意自身が抄出したものだという(34)。しかし、この『吽迦陀野儀軌』には、多聞天（毘沙門天）の眷属である十一面の牛頭の尊格は見られるが、観音との繋がりは記されていない。この点について、井上は「双身八曼荼羅抄」の記述は、先に見た『成菩提集』「兜跋事」に引かれている「大梵如意兜跋蔵王呪経」の影響を受けていると指摘している(35)。この井上の見解によれば、尊意の時代には観音との習合関係にある牛頭天王が認識されていたことになり、当然、観音の変化体である十一牛頭毘沙門、十一頭牛頭魔訶天王とは、すなわち観音の変化体としての牛頭天王を念頭に置いた可能性が高いといえよう。

繰り返すが、「感応寺縁起」では、牛頭天王と観音との直接の習合は説かれていない。しかし、老翁こと牛頭天王と観音の利益が重なる背景には、平安末期から鎌倉初期の台密における牛頭天王と観音との習合を説く言説が深く関係していたと考えられる。つまり、（A）の「天魔の障礙を抜出せむ」、「庶類の求むる所を成弁せむ」といった、いわば普遍的な利益も、観音の利益と重なることでつくられたものといえよう。ゆえに、「感応寺縁起」の牛頭天王は観音と同等以上の万能神的な存在として高く位置づけられているのである。

そのことを端的に示すのが、「感応寺縁起」の冒頭部にある「本尊、請観世音菩薩。又、牛頭天王像」の一文であろう。観音と牛頭天王との習合関係が縁起の背景にあり、また縁起本文における牛頭天王の利益が観音と重なっていることを考えれば、「又」という言葉で請観音像と牛頭天王像とが並列関係となることも頷けよう。テキストから顕われる伽藍神たる牛頭天王は、その実は本尊と同等の力を持っていた――まさに中世神話としての「感応寺縁起」をここに見ることができる。

ところで、この牛頭天王像については、縁起末文に「仍って天神堂一宇建立し、牛頭天王像を安置し奉る」と記されている。すなわち、本尊とは別に、牛頭天王像を安置する堂舎「天神堂」が建立されたというのである。

実は「感応寺縁起」を読解すると、この天神堂が非常に重要な場であることがわかる。それはこの縁起が示す儀礼ともかかわっている。次節は天神堂という場に着目して、この縁起が示す儀礼について検討していきたい。

第四節　「感応寺縁起」における川前天神堂

「感応寺縁起」における天神堂を考える上で、原文（B）の表現に着目したい。

川前天神の御前には七宝蓮花の波奈開く、現世は安楽、後生は弥勒浄土の其世まで。翁云く、吾は是れ牛頭天王なりと云々。天魔波旬荒乱疾病悪瘡発する時、清原氏を以て此の歌を唱ふべし。

ここでの「川前天神」とは、天神堂に祀られる存在、すなわち牛頭天王を指している。「感応寺縁起」より時代は降るが、室町期の貴族で内大臣も務めた万里小路時房《までのこうじときふさ》（一三九四―一四五七）の日記、『建内記《けんないき》』の嘉吉《かきつ》三年（一四四三）七月八日条にも、

八日、辛酉、天晴

（前略）東北院荒神・弁財天・千手観音・川崎天神・観音・阿弥陀二尊・清和院地蔵地蔵・毘沙門・阿弥陀三尊

（『建内記』嘉吉三年七月八日条）

とあり、確かに「天神」が祀られていたことがわかる。

しかし、牛頭天王が「天神堂」に祀られ、また天神と称されたのは、感応寺に限ったことではない。前章でも確認したように、祇園社にも「祇園天神堂」なる堂舎が存在し、その祭神は「天神」と称されていたのである。(36)「感応寺縁起」は、祇園社以外でも、牛頭天王が天神とも称されていたことを示すテキストといえる。ただ、この縁起での「川前天神」とは単純に牛頭天王の異称と捉えるだけでよ

いのだろうか。実は、縁起を読み込むと、牛頭天王が「川前天神」という神名で祀られること自体が大きな意味を持つことがわかる。どういうことか。ここで着目したいのが、（B）の「天魔波旬荒乱疾病悪瘡発する時、清原氏を以て此の歌を唱ふべし」という一文である。

「天魔波旬荒乱疾病悪瘡発する時」、感応寺別当職にある「清原氏」をして、「此の歌」を唱えさせよ——牛頭天王が壱演に告げたこの言葉は、「感応寺縁起」がつくり出す儀礼をそのまま表わしているのだ。つまり、「川前天神の御前には七宝蓮花の波奈開く、現世は安楽、後生は弥勒浄土の其世まで」という「歌」を感応寺別当職に就いている清原氏に唱えさせることが、「感応寺縁起」が示す儀礼なのである。そして、「此の歌」の内容に目を向けると、「川前天神」の前には七宝の蓮花が開く、そのため現世は安楽に過ごすことができ、後世は弥勒の浄土、すなわち歓楽に満たされた兜率天《とそつてん》へと導かれる、と解釈できる。

つまり、牛頭天王が壱演に告げた儀礼の作法とは、感応寺伽藍神として祀られた「川前天神」を言祝《ことほ》ぐ「歌」を唱えねば成立しないものであった。当然、儀礼の場として想定されるのは「川前天神堂」になろう。現世のみならず、後世までも保障する「川前天神」には、まさに個人の救済という中世的な信仰のあり方を見ることができる。

なお、この儀礼を執り行うのが別当職にある清原氏に限られている点は注意したい。次節で詳しく見るが、この清原氏と牛頭天王とは子孫と祖先神の関係であることが、縁起の中で明らかとなっている。つまり、清原氏は牛頭天王に連なる氏族であり、だからこそ、儀礼を執り行う力が保証されているのである。

さらに、原文（C）の後には、「七月七日、仍つて之を安置す」とある。もちろん、「之」とは牛頭天王像であろう。つまり、七月七日に、牛頭天王像を安置する天神堂が建立されたということになる。この「七月七日」に着目すると、たとえば藤原定家《ふじわらのさだいえ》の日記である『明月記《めいげつき》』嘉禄《かろく》三年（後に安貞《あんてい》元年に改元／一二二七）七月七日条には、

七月七日。遥漢、行雲無し。川崎惣社祭と称す。（『明月記』嘉禄三年七月七日条）

と記されている。また、先にも確認した『建内記』の文安《ぶんあん》四年（一四四七）七月七日条にも、

七月（中略）七日（中略）河崎天神の祭礼なり。（『建内記』文安四年七月七日条）

とある。つまり、七月七日は川前天神堂の祭礼日だったのである。こうした記録は、先に見た「感応寺縁起」における川前天神堂建立の記述と符号する。このように考えると、「感応寺縁起」は、感応寺の由緒を語るだけでなく、境内社である川前天神堂の由緒も説く縁起だといえる。そしてまた、この縁起が語る儀礼は、川前天神堂という場がいかに重要であるかを如実に示している。それは、感応寺の伽藍神たる牛頭天王が「川前天神」である理由ともいえよう。ここに「感応寺縁起」の語る信仰

世界が明らかになる。

さて、(B)の箇所が示すように、この縁起の信仰世界は、牛頭天王といういわば神の言葉を介して浮き彫りとなった。この神の言葉は、老翁と壱演との対峙により導き出されたものである。ここにはどのような意味があるのか。次節では、「感応寺縁起」における壱演に焦点を当て、いかなる役割を負っているのか検討したい。

第五節　宗教者・壱演の力

壱演(八〇三―八六七)は俗名・大中臣《おおなかとみの》正棟といい、内舎人《うどねり》を務めた後に出家し、薬師寺の真如《しんにょ》親王から真言密教を学んだという。その後、山城国乙訓郡の山崎(現・京都府乙訓郡大山崎町)の地で相《そう》応寺《おうじ》を建立し、晩年は権僧正に任ぜられたと伝えられている。

この壱演に関してはさまざまな逸話、説話が残されている。たとえば、病に倒れていた太政大臣、藤原良房《ふじわらのよしふさ》(八〇四―八七二)が壱演による『金剛経』の読誦で平癒した説話や、同様に時の皇太后の病が壱演の験力により平癒した説話などがある(37)。

これらの説話は、壱演がいかに優れた僧として認識されていたかを物語っているといえよう。それでは「感応寺縁起」の壱演はどのように描かれているのか。

今、改めて「感応寺縁起」を確認すると、壱演が、祀られる側の神・牛頭天王と緊張感をもって対峙している様子が見えてくる。ただし、牛頭天王と対峙する前から、壱演は宗教者として高い力量を備えていた。「感応寺縁起」の冒頭は、壱演が寺院建立に相応しい勝地を求めていたことが記されている。そうしたなかで、壱演は川前の地で奇瑞を体験し、その地に寺院を建立することとなる。ただ、この奇瑞は、壱演が寺院建立のための勝地を求めていたからこそ現われたのであり、後の老翁（牛頭天王）の出現も含め、すべて壱演に引き寄せられたと解せる。要は、奇瑞も老翁（牛頭天王）の出現も、すべて壱演の高い能力が発揮されることで起きた現象だといえるのである。

そして、その壱演の前に老翁（牛頭天王）が姿を見せる。第二節でも触れたように、神地委譲を行う神が宗教者の前に姿を顕わすことは中世の寺社縁起ではよく見られる。問題は「感応寺縁起」における壱演と老翁（牛頭天王）との対峙が何を生み出し、また縁起全体を通してどのような意味があるかだろう。

まず老翁は、壱演に、「此の図の本主」であり「清原真人惟任」であると名乗り、自らの素性を明かす。そして老翁は、「你《なんじ》是れ何所《いずこ》より来る。何の法を邀《もと》めるや」と問い、壱演もまた自らの素性を明かし、寺院建立の勝地を求め、ついに感応寺を建立した旨を伝えている。このように、神と宗教者とが互いに名乗るところから始まる両者のやり取りは、次第に深化していく。

壱演の返答を受けた老翁は、次に「我、伽藍の守神と為る」と壱演に対して申し出る。川前の地主神であり清原氏を名乗る老翁が、なぜここで寺の伽藍神という仏法守護の役割を担おうとしたのか。その契機はやはり壱演による返答だろう。互いに名乗る段階で、老翁は壱演という宗教者の実力を見定め、自ら感応寺伽藍神に名乗りをあげたと考えられる。つまり、壱演と対峙することによって、老翁は自らの持つ神性（神としての力や利益）を変えたといえ、見方を変えれば壱演がそうした老翁の新たな神性を引き出したといえよう。

しかし、壱演は一方的に利益（伽藍神の獲得）を得るだけではなかった。老翁もまた、壱演に対して自らの要求を突きつけるのである。その最初が「我が子孫、清原氏を以て別当と為すや否や。你の門徒の中に在り」というものだ。壱演はこの要求に応じている。ただ、それは単に承諾するという意味に留まらない。むしろ、神の要求に対し宗教者たる壱演は、必ず応じねばならなかったのである。万が一、その要求に応じられなかった場合は、壱演と老翁との「交渉」はそこで終わりを迎え、伽藍神の獲得も、さらには川前という地の委譲も白紙に戻っていたであろう。あるいは、壱演は神からの要求を拒絶したとして、自らの生命にも危険が及んだ可能性すら考えられる。こうしたなかで、老翁もいうように清原氏を出自とする者が壱演の「門徒の中」にいたことにより、壱演はこの要求に応じることができた。清原氏が門徒の中にいたことも偶然ではなく、神の意思を感知し、応える力を壱演が備えていたからと考えることができよう。

老翁が壱演に働きかけ、壱演はそれに応じる、あるいは、壱演が欲するものを、老翁が応じて与える――この両者の交渉は、まさに神と宗教者との「感応」関係によって成立しているのである。こうした感応関係は、神と対峙する宗教者の能力が高いからこそ成立する。

ところで、この老翁の要求と壱演の承諾までの流れは、寺を統括する別当職が清原氏であることの起源となっている。「我が子孫」という老翁の言葉から、清原氏が感応寺伽藍神に連なる氏族であること、その上で清原氏が別当職に就くのは、神である老翁と寺院開基たる壱演との間で約束が交わされたためであることが、ここで強調されているのだ。したがって、この一連の流れは別当職・清原氏による感応寺支配を正当化するものだといえよう。

こうした壱演の力を老翁が認めた結果、（A）の神格や利益の開示、（B）の儀礼作法の提示へと繋がっていくのである。そして、この段階になると、老翁が当初、壱演の前に顕われたときとまるで異なる神へと変わっていることがわかる。まず老翁は（B）で「吾は是れ、牛頭天王なり」と名乗り、さらに（C）において、

> 吾は是れ一切の神の祖《おや》なり。我は是れ一切の鬼魅《きみ》の主なり。能《よ》く課《か》し能《よ》く誨《おし》ふるのみ。

と語る。傍線部を見る通り、この段階の牛頭天王は、正（＝神）邪（＝鬼魅）双方を総べる強大な存在として壱演と対峙していることとなる。このような牛頭天王は、「感応寺縁起」のみに顕われる、異質なものといえよう。

はじめ壱演の前に顕われた神は、清原姓を名乗る川前の地主神であった。しかし、壱演との感応関係を通じて、仏法守護の伽藍神、清原氏の祖先神へと変わった。これらの変化を、単に老翁が名乗りを変えただけと捉えてはならない。開基である壱演という宗教者の力を見定めた上で、老翁は川前の

地主神から、感応寺の伽藍神へとその性質を変えたのである。そして、この壱演であればと要求したのが、自らの子孫・清原氏を感応寺別当職に就かせることだった。神の名乗りの変化には、それだけの理由があるのだ。

とはいえ、この地主神から伽藍神という変化は、多くの「異神」にも見られるものである。しかし、「感応寺縁起」の場合、そこからさらに神の力は拡大していく。まず、老翁がどれだけの力を備えた神であるかを壱演に伝えている。それが（A）の箇所であり、感応寺本尊の観音と同等の利益を持つ、まさに万能神的な神であることが明らかになる。こうした神格・利益の開示も、感応関係にある壱演が神からの要求に応じられるだけの力を持っていたからにほかならない。さらにいえば、壱演と対峙しなければ、この老翁は川前の地主神のままであった。つまり、壱演と対峙したからこそ、この老翁は万能神としての姿を顕わすことができたともいえるのである。そして、最終的には牛頭天王として正邪双方を総べる存在にまで変わったのである。このように一連の変化は、壱演という宗教者と対峙し、感応関係にならなければ顕わにならなかった。これこそまさに、神の変貌であり、また壱演という宗教者を通じて老翁が「成長」した過程と考えることもできよう(38)。

一方の壱演にも目を向けてみよう。次々に変わりゆく神を前にしてもなお、壱演は感応関係を継続させ、交渉を続けた。その結果、まずは寺院建立地が委譲され、次に老翁を寺院の伽藍神へと迎え入れることに成功し、その神の利益を教示された後、強大な力を持つ牛頭天王から儀礼を授かることとなったのである。当然、こうしたことは老翁こと牛頭天王に出会わなければ、つまり壱演ひとりでは得ることはできなかった。牛頭天王の変化を「成長」というのであれば、宗教者としての壱演もまた、感応関係を通じて「成長」したといえる。まさに神人合一といえる関係をここから確認することができよう。このような変貌、成長の描写をテキストから見ることができるのも、まさに中世神話の特徴といえる。

その後、(C)にあるように、牛頭天王は「能く課し能く誨ふるのみ」と言い残し、壱演の前から姿を消している。「課し」とは清原氏を別当職につけよ、という牛頭天王の要求を指し、「誨ふる」とは(B)の儀礼作法の提示を指す。牛頭天王が壱演だからこそ「能く課し」また「能く誨」えたと述べるのは、それだけ壱演という宗教者が牛頭天王にとって特別な存在であったことを意味している。だからこそ、牛頭天王と壱演との交渉は円満に終わり、感応関係が解かれたことで牛頭天王は姿を消すのである。

前節でも触れた天神堂は、壱演が感応したことで「誨」えられた儀礼を行う場として建立された。つまり、川前天神堂、そこに祀られる川前天神への信仰もまた、老翁・牛頭天王と「宗教者」壱演とが交渉し、感応した結果にほかならない。

第六節 「感応寺縁起」の変貌

以上、「感応寺縁起」を読むことで、この縁起に顕われる牛頭天王と、その信仰世界を見てきた。

蘇民将来譚とはまったく異なる牛頭天王は、感応寺伽藍神、さらにいえば川前天神堂に祀られた「川前天神」であり、それは観音の利益を内包する、普遍的かつ万能神的存在として確認できる。そしてこの「川前天神」を言祝ぐ「歌」を唱えることこそ、「感応寺縁起」が示す儀礼であった。

しかし、こうした儀礼や川前天神堂という場、さらに万能神的な姿もまた、牛頭天王と壱演とが「交渉」し、「感応」した結果だったのである。

第一節でも示したように、牛頭天王に関するテキスト研究において、鎌倉期はほぼ「空白」ともいえる状態にあった。しかし、今回遅くとも鎌倉中期の段階で、このような牛頭天王信仰のあり方を確認できたことは、その「空白」を埋めることにもなろう。そしてまた、「感応寺縁起」における牛頭天王は、これまでの牛頭天王信仰研究に新たな疑問を投げかけることにもなる。それは、一方に「感応寺縁起」のような牛頭天王信仰がありながら、なぜ蘇民将来譚型の牛頭天王信仰、すなわち、異国を出自とする行疫および除疫、防疫に特化した牛頭天王だけが広く受容されたのかという疑問である。

実は、この問題と深く関わることとして、「感応寺縁起」の変貌があげられる。『阿娑縛抄』成立から一世紀ほどを経た元亨二年（一三二二）に、臨済僧である虎《こ》関師《かんし》錬《れん》によって『元亨釈書《げんこうしゃくしょ》』が編まれた。この中の巻第二八「寺像志」に感応寺の縁起を確認することができるのだが、それは以下に見るように『阿娑縛抄』所収のものとはまったく異なるものであった。

【一】　感応寺は、一演《いちえん》法師、嘗《かつ》て観世音の像を持《じ》す。勝地を得て之れを安《お》かんと欲し、広く霊区を求む。貞観《じょうがん》中、平安城の東北、鴨河《かもがわ》の西岸に到る。時に此の地、揺震《ようしん》して紫雲《しうん》降り垂れ、蓮花《れんげ》紛《ふん》乱《らん》して、奇香薫郁《きこうくんいく》たり。演、喜んで伽藍《がらん》を搆《かま》ふ。故を以て感応寺と号す。一日、老翁、釣竿を持して河中より出づ。演に語りて曰く、我は此の地の主なり。今より応に護伽藍神《ごがらんじん》と為るべし。

【二】我に神力有り。能《よ》く魔障《ましょう》を除き疫癘《えきれい》を去《のぞ》く。又、好《よしみ》を夫婦に結び、産育を調適《ちょうてき》す。

【三】所謂《いわゆる》、牛頭天王といふ者なり。我、眠りを好む。一歳三百六十日、只だ五月五日にのみ醒め、余日は皆な臥す。端午《たんご》の朝、初めて起きて天に向かひて気を吐く。其の気、或いは雲霞《うんか》と為り、或いは雨露《うろ》と為り、万《よろず》に触れて同じからず。其の触るる所、或いは薬と為り、或いは毒と為り、或いは悪瘡《あくそう》と為り、或いは疾疫《しつえき》と為る。皆是れ有情《うじょう》の業感《ごうかん》なり。我が強ひて為すには非ず。言ひ已はりて形隠る。演、神の言を録して朝《ちょう》に奏す。黄門侍郎《こうもんじろう》藤 長良《とうのながら》に勅して、其の地に就いて、七日夜、行道念誦《ぎょうどうねんじゅ》して、以て神徳《しんとく》に報ぜしむ。

一演（壱演。以下『元亨釈書』表記に従い、一演とする）が勝地を求め、鴨川西岸で奇瑞を体験する。そこに川の中から釣竿を持った翁が登場し、自分はこの地の主であり、今から感応寺の伽藍神となる――前半部【一】の流れは一見すると、『阿娑縛抄』所収縁起と大きく変わらないように見える。しかし、前節で見た老翁が清原氏との祖先神であることが、ここでは一切語られていない。したがって、別当職に清原氏を就けよ、という神からの要求も示されない。ここでの老翁は、一方的に一演に対し語るだけの存在となっている。

次の【二】は、『阿娑縛抄』より引き継いで、観音の利益を包含する神が描かれる。しかし、前後の展開を見ても、ここでの牛頭天王の利益の提示は浮いてしまっている。その要因はとりわけ、後に続く【三】に見られる記述にある。

【三】には『阿娑縛抄』所収縁起には記されていた儀礼の提示も、天神堂に関する記述も、ここでは確認できない。その代わりに『阿娑縛抄』所収縁起には一切見られない新たな牛頭天王に関する言説が記されている。曰く、一年中眠りについている牛頭天王は、端午の日にだけ起き上がり、気を吐く。その気は雲霞《うんか》、雨露《うろ》になり、万物が触れるところとなる。しかし、それは人によっては薬となり、人によっては毒となり、また悪瘡、疾疫となる。これは皆、それに触れた人々の業感《ごうかん》次第であって、自分がそのようにさせているのではない。こう一演に告げると牛頭天王は姿を消す――以上が、【三】における新たな牛頭天王言説である。ここでも牛頭天王は独り語りに終始しており、ここからは牛頭天王、そして一演が、前節で見たような「成長」している様子も見られない。つまり、万能神的な牛頭天王の姿は縁起の中に見出すことはできないのである。ここで語られるのは一貫して行疫と除疫、防疫に関する神としての牛頭天王である。【二】の部分、すなわち観音の利益を包含する牛頭天王に関する記述が浮いているのは、そこで記されているような万能神的牛頭天王を前後の文脈から確認することができないからである。

『後漢書《ごかんじょ》』礼儀志や『荊楚歳時記《けいそさいじき》』に見られるように、端午の節日とは、元来、悪気や陰気、毒気が立ち込めるとされる凶日であった。それは本朝においても薬玉や菖蒲湯の慣習がその対策として取られていたことからも、広く認知されていたことである。つまり、この『元亨釈書』所収縁起は、端午における悪気や毒気の発生源が牛頭天王であることを示しているのだ。

ただし、ここで示される牛頭天王は、前章で見た祇園社祭神ともまた異なる様相を見せる。たとえば、異国神たる祇園社祭神は、明確な意思をもって疫病の災禍をもたらし、だからこそ、その神自身がもたらした疫病対策が有効な手立てとなった。また、祇園御霊会などを通して祇園社祭神を積極的に祀ることは、行疫神の慰撫となり、やはり疫病対策へと繋がった。これに対して、【三】では、『阿娑縛抄』所収縁起と同様に、異国神としての牛頭天王は描かれず、あくまでも川前の地主神として示されている。また確かに疫病の発生源ではあるが、それは牛頭天王の意思とは無関係であることが強調されている。つまり、疫病の発生に対し、神は悉く無力であるともいえよう。

それでは、何をして疫病の対策となるのか。ここで牛頭天王は、疫病の被害にあうかどうかは、「有情《うじょう》の業感」次第だという。ここから、疫病を免れるには善行や徳を積む、つまり仏教に深く帰依し、信心することとこそが、疫病対策になると示されるのである。このとき牛頭天王は、疫病発生のメカニズムを一演へと伝えるだけで、衆生を直接救済する存在とはなっていない。そのため、『阿娑縛抄』所収縁起のように牛頭天王／川前天神を言祝ぐ儀礼を行う必要もなければ、天神堂の祭礼を位置づける必要もないのである。祭祀対象としての牛頭天王は、『阿娑縛抄』所収縁起と比べ、明らかに後退している。その代わりに、『元亨釈書』所収縁起は仏教そのものへの帰依を求めるテキストへと変わるのである。

しかし、『阿娑縛抄』所収縁起から『元亨釈書』所収縁起に至るまでに、なぜ縁起はここまで変貌したのか。前節を踏まえるならば、川前天神堂における儀礼には欠かせないある要素が、『元亨釈書』所収縁起には見られないことに大きな要因があると考えられる。すなわち、別当職・清原氏の不在である。では、なぜ『元亨釈書』所収縁起で清原氏の存在が語られないのか。史料もない現状においてその点を実証することは、極めて厳しい。ただ、推察できることとしては、『阿娑縛抄』から『元亨釈書』までの間に、何らかの理由で感応寺と清原氏との関係が途切れてしまったということだろう。清原氏の不在は、そのまま川前天神堂にて行われていた儀礼の執行が不可能となることを意味し、必然的に、儀礼の場としての川前天神の意義も失われることになる。先にも確認したように、室町中期以降も七月七日に川前天神堂の祭礼は行われていた。しかし、その時代に祀られていた川前天神は、現世と後世を保障する『阿娑縛抄』所収縁起の川前天神とは異なっていた可能性も考えられる。まさに中世神話における、担い手と神の変貌の連関性が如実に示されているのだ。

こうして、『阿娑縛抄』所収縁起に顕われる信仰世界は、『元亨釈書』の段階において崩れたと考えることができるのである。また、『元亨釈書』所収縁起が、祇園社祭神のような行疫神かつ除疫、防疫神としての牛頭天王として描かれていない点にも着目したい。ところで、第二節で確認したように、鎌倉末期から南北朝期成立と考えられる『拾芥抄』には、西国三十三所観音の一つに感応寺の本尊が数えられるようになった。以後、感応寺における観音信仰は篤く信仰を集めることとなる。それは、感応寺が廃寺となった後の、近世期においてもその観音の利益を説く縁起が作成されていることからもわかる。[39] つまり、時代を経るごとに感応寺は観音信仰の場として受容されていったのだ。一方、牛頭天王信仰の場としての感応寺、川前天神堂は徐々にその存在意義が縮小していったと考えられる。本尊である観音そのものへの信仰が重要視されるに至って、もはや観音の利益を包含するような牛頭天王、または祇園社祭神のような牛頭天王への信仰の意義そのものが薄らいだといえよう。

おわりに

前節では、『阿娑縛抄』所収縁起とも、また蘇民将来譚とも異なる、『元亨釈書』所収縁起が示す新たな感応寺縁起の信仰世界を明らかにした。しかし、感応寺の縁起はさらなる展開を迎える。それを示すのが、文安《ぶんあん》二—三年（一四四五—四六）に真言寺院・観勝寺の住僧である行誉（生没年不詳）が編んだとされる『壒嚢鈔《あいのうしょう》』巻一二「七観音事」に収載されている感応寺の縁起であろう。以下に確認していこう。

七　観音《〔クワンヲン〕》ハ誰人ノ草創《〔サウ〳〵〕》ソ。

河崎ノ号㆓スルハ感応寺ト㆒一演《〔エン〕》僧正ノ草創《〔サウ〳〵〕》也。彼僧正元ヨリ観音ノ霊像《〔レイザウ〕》ヲ所持セリ。仍テ勝地ヲ得テ此尊ヲ欲㆓テ安置セント㆒広ク霊区《〔レイク〕》ヲ尋ルニ、清和天皇ノ御宇、貞観年中ニ此ノ平安城ノ東北鴨河《〔カモカハ〕》ノ西岸《〔セイガン〕》ニ至ル処ニ此地揺動《ヨウドウ》シテ紫雲《シウン》降リ垂レ蓮華ヲ雨フラシ異香薫ゼリ。其時一演喜テ伽藍《ガラン》ヲ建立ス。故ニ感応寺ト名ケテ練《レン》行セラレケリ。其後或時、奇異《キイ》ノ老翁鉤竿《ツリザホ》ヲ持シテ河水ノ中ニ立テ告テ云ク、我ハ此地ノ地主也。今ヨリ後永ク伽藍《カラン》ヲ鎮護《チンゴ》セン。我ニ而モ神力アリ。能ク魔障《マシヤウ》ヲ除《ノゾ》キ、疫癘《エキレイ》ヲ去《シリゾ》ク。又夫婦フノ好《ヨシ》ミヲ結ヒ、産生令レ易ネラ我カ力ラ也。名ケテ牛頭《ゴヅ》天王ト云。我レ眠《ネムリ》ヲ好テ一歳伏ス。三百六十日ノ中チ。只五月五日ニ醒《サ》ム。其余ハ皆伏ス。端午《タンゴ》ノ朝初テ起キテ天ニ向テ気《キ》ヲ吐《ハ》ク其気。或ハ雲霞《ウンカ》ト成リ。或ハ雨露《ウロ》ト成。万物ニ触《フレ》テ不レ同。其ノ触ル、所。或ハ為レ薬ト。或ハ為レル毒ト。又ハ悪瘡ト成リ。又ハ疾疫《シツエキ》ト成ル。皆是有情ノ業感ニ依テ也。強《ア》チ我ガ為《シワザ》ニ非スト云テ。忽ニ形隠ル則一演神言ヲ録シテ。朝家ニ奏聞ス。時ニ権中納言藤原ノ長良《ナカヨシ》ノ卿ニ勅シテ。此神ヲ令レ領セ給ヘリ。仍テ其地於テ、七日七夜行道念誦シテ、神徳ヲ報スト云云。河崎ノ鎮守《チンジユ》ハ是祇園。

全編にわたって『元亨釈書』所収縁起を踏襲しているといえるのだが、着目すべきは末文であろう。「河崎ノ鎮守ハ是祇園」、つまり感応寺の鎮守社たる川前天神の神は、祇園社祭神だというのである。つまり、この室町中期にあっては、もはや牛頭天王とは祇園社祭神を指す、との認識が浸透していたことを示している。つまり、感応寺における伽藍神・牛頭天王も、時代が降るにつれて祇園社祭神としての牛頭天王へと収斂されていったといえよう。

ただし、『元亨釈書』所収縁起以降、新たな牛頭天王像が提示されたことは確かである。浅井《あさい》了意《りょうい》（?—一六九一）により近世初期に記された『東海道名所記』には、「津島の天王」の由来について記された箇所がある。そこに記されているのは蘇民将来譚なのだが、以下のような記述を確認できる。

ある時、牛頭天王御たくせんありけるハ。五月五日、天にむかひて息をふくに。雲となり、雨となり。風となり。露となる。衆生の心だてにまかせて。毒となり。薬となると、のたまへり、よく〳〵、つゝしみ給ふべし

（『東海道名所記』四）

このように『元亨釈書』所収縁起に見られる牛頭天王の姿は、感応寺という場を離れても語られていったのである。

【引用文献】

・『阿娑縛抄』所収「感応寺縁起」

↓叡山文庫・毘沙門堂蔵『阿娑縛抄』（毘沙門堂本）「諸寺略記」より「感応寺縁起」該当部を用いて、私に書き下した（なお、文中の（A）・（B）・（C）は筆者による）。ただし、本文中でも断ったように、一部に書き下しの意味が通じない箇所もあるため、念のため原文も附している。原文については、明らかな誤写や意味の通らない箇所については、『続群書類従　第二六輯下　釈家部』（続群書類従完成会、一九二三年）を参考にして傍注を施し、また読みやすいように改行も施した。

・『阿娑縛抄』所収「毘沙門天王事」

↓『大正新脩大蔵経　図像部　第九巻』（大蔵出版、一九七七年）に所収されている『阿娑縛抄』巻一三六「毘沙門天王事」より該当部を私に書き下した。

・『成善提集』「兜跋事」「毘沙門事」
↓『大正新脩大蔵経　図像部　第八巻』（大蔵出版、一九七七年）に所収されている『成善提修』第四之一より該当部をそれぞれ私に書き下した。
・『観音経』（『法華経』普門品第二五）
↓『大正新脩大蔵経　第九巻　法華部・華厳部』（大蔵出版、一九六〇年）より該当部を書き下した。
・『建内記』嘉吉三年七月八日条・文安四年七月七日条
↓嘉吉三年七月八日条は、東京大学史料編纂所編『大日本古記録　第一四　建内記　六』（岩波書店、一九七四年）より、また文安四年七月七日条は東京大学史料編纂所編『大日本古記録　第一四　建内記　九』（岩波書店、一九八二年）より該当部を私に書き下した。
・『明月記』嘉禄三年七月七日条
↓冷泉家時雨亭文庫編『冷泉家時雨亭叢書　別巻四　翻刻明月記　三』（朝日新聞出版、二〇一八年）より該当部を私に書き下した。
・『元亨釈書』所収「感応寺縁起」
↓藤田琢司編『訓読　元亨釈書』（禅文化研究所、二〇一一年）の該当部書き下しをもとにして、一部、表現を私に改めた。
・『壒嚢鈔』所収「感応寺縁起」
↓浜田敦・佐竹昭広編『塵添壒嚢鈔　壒嚢鈔』（臨川書店、一九六八年）より引用した。
・『東海道名所記』四
↓朝倉治彦校注『東海道名所記　2』（平凡社、一九七九年）より引用した。

注

（1）大塚活美「中世における祇園祭の地方伝播」（『京都文化博物館研究紀要　朱雀』第一三集、二〇〇一年）。

(2) 山本ひろ子「行疫神・牛頭天王――祭文と送却儀礼をめぐって――」(同『異神――中世日本の秘教的世界――』平凡社、一九九八年)。

(3) 「蘇民将来譚」ではない牛頭天王信仰に関するテキストは、第二章でも確認した十巻本『伊呂波字類抄』「祇園」があげられる。また、南北朝期ごろの成立といわれる『峯相記』所収「第四六 広峯山縁起」では、「古丹」「蘇民」の名は確認できるが「蘇民将来譚」とはなり得ておらず、むしろ「蘇民将来譚」後の牛頭天王が示されているという点で興味深いテキストといえる。

(4) 山本ひろ子『中世神話』(岩波書店、一九九八年)。

(5) 改めて『阿娑縛抄』以外に収められている、感応寺建立の起源を語る縁起としては、

①『元亨釈書』巻二八「寺像志」所収縁起

②『観音利益集』所収縁起

③『壒嚢鈔』「七観音事」所収縁起(『塵添壒嚢鈔』にも同文所収)

④国会図書館蔵『河崎感応寺正観音縁起』(寛永一七年[一六四〇]写本)

⑤国会図書館蔵『河崎感応寺聖観音縁起』(明暦四年[一六五六]写本)

がある。本稿では便宜上、「感応寺縁起」は『阿娑縛抄』所収縁起を指す。

(6) なお、『阿娑縛抄』の成立の検討を含む、先行研究史については、岡田健太「『阿娑縛抄』研究史稿」(『國文學』[関西大学国文学会]第九一号、二〇〇七年)に簡潔にまとめられている。

(7) たとえば、平安期から鎌倉期の牛頭天王信仰については、「感応寺縁起」にも触れている今堀太逸「牛頭天王と蘇民将来の子孫」(同『本地垂迹信仰と念仏――日本庶民仏教史の研究――』法藏館、一九九九年)ならびに、その今堀説を批判した中井真孝「祇園社の創祀と牛頭天王」(同『法然上人絵伝の研究』思文閣出版、二〇一三年)による祇園社祭神の検討がある(後掲注(36)参照)。その他、八田達男「牛頭天王信仰の初期段階における展開」(同『霊験寺院と神仏習合――古代寺院の中世的展開――』岩田書院、二〇〇三年)や井上一稔「平安時代の牛頭天王」(『日本宗教文化史研究』第一五巻第一号、二〇一一年)などがある。

（8）たとえば、西田長男「祇園牛頭天王縁起の成立」（同『神社の歴史的研究』塙書房、一九六六年）では、天文一九年（一五五〇）の奥書を持つ「灌頂（勧請カ）祭文」を取り上げ、民間宗教者が実際に使用していた祭文であることを分析している。
（9）『簠簋内伝』における牛頭天王については、谷口勝紀「『簠簋内伝』の宗教世界」（『佛教大学大学院紀要』第三三号、二〇〇五年）や斎藤英喜「暦と方位の神話世界」（同『増補　陰陽道の神々』佛教大学生涯学習機構〈制作・思文閣出版〉、二〇一二年）に詳しい。
（10）西田前掲注(8)。
（11）松本隆信「祇園牛頭天王縁起について」（同『中世における本地物の研究』汲古書院、一九九六年）。
（12）代表的なものとして佐藤弘夫の研究があげられる（佐藤「怒る神と救う神」〔同『神・仏・王権の中世』法藏館、一九九八年〕、同「「神仏習合」論の形成の史的背景」〔『宗教研究』第八一巻第二輯、二〇〇七年〕）。
（13）山本前掲注(2)。なお、同書で山本はほかに、新羅明神、赤山明神、摩多羅神、宇賀神を「異神」として取り上げている。
（14）花祭については、早くに早川孝太郎『花祭』（岡書房、一九三〇年）が本格的な研究を始め、以後、本田安次『霜月神楽の研究』（明善堂、一九五四年）や武井正弘「花祭の世界」（岩崎敏夫・三隅治雄編『日本祭祀研究集成　第四巻　祭りの諸形態二　中部・近畿篇』名著出版、一九七七年）、同「奥三河の神楽・花祭考」（五来重編『修験道の美術・芸能・文学　Ⅰ』名著出版、一九八〇年）などがある。
（15）松山由布子「奥三河の宗教文化と祭文」（斎藤英喜・井上隆弘編『神楽と祭文の中世――変容する信仰のかたち――』思文閣出版、二〇一六年）。
（16）以上、山本前掲注(2)。
（17）山本前掲注(4)。
（18）伊藤正義「中世日本紀の輪郭――太平記におけるト部兼員説をめぐって――」（『文学』第四〇巻第一〇号、一九七二年）。

(19) 桜井好朗「神話と歴史についての問題提起」(同『中世日本文化の形成――神話と歴史叙述――』東京大学出版会、一九八一年)など。

(20) 山本前掲注(4)、同「至高者たち――中世神学へ向けて――」(山折哲雄編『日本の神1 神の始原』平凡社、一九九五年)、同「祭儀と祭文　花祭」(『岩波講座　日本文学史　第一六巻　口承文学I』岩波書店、一九九七年)、斎藤英喜『アマテラスの深みへ――古代神話を読み直す――』(新曜社、一九九六年)、同『いざなぎ流　祭文と儀礼』(法藏館、二〇〇二年)、同『読み替えられた日本神話』(講談社、二〇〇六年)、同『増補陰陽道の神々』(佛教大学生涯学習機構〈思文閣出版・制作〉、二〇一二年)など。

(21) 今堀前掲注(7)や八田前掲注(7)。なお、『元亨釈書』所収の感応寺建立の起源を語る縁起に関しては、西田前掲注(8)や松本前掲注(11)などでも触れている。

(22)『拾芥抄』では「三十三所観音」の一つに「河崎正観音」とある。

(23)『二水記』享禄四年(一五三一)正月五日条に「五日(中略)川崎観音、為軍兵焼失、言語道断之事也、京中七観音之内也、(中略)後聞、於本尊奉取出之」とあり、戦乱で焼失したことがわかる。

(24)『阿娑縛抄』「諸寺略記　上」は他に三〇を超える寺院の縁起が収められている(なお、「諸寺略記　下」は延暦寺について記されている)。ただ、感応寺を含め、比叡山の支配下にはなかった寺院の縁起も多数収められており、相互の関連性もわからないため、これらの寺院の縁起が収載されるに至った経緯は不明である。

(25) 今回使用した叡山文庫蔵・毘沙門堂本『阿娑縛抄』に関して、諸寺略記の箇所のみ既に翻刻がなされている(藤田經世編『校刊美術史料　寺院篇　上巻』〔中央公論美術出版、一九七二年〕)。しかし、「感応寺縁起」に限ると脱字などが見られるため、底本から新たに翻刻し直した。また、藤田はこの毘沙門堂本「諸寺略記上」を「弘安二年(一二七九)正月廿三日以諸要書入―前僧正〻〻承―」の本奥書(書写奥書は宝永八年〔一七一一〕)があるため、「諸本の基準」になると述べているが、この本奥書、書写奥書は、叡山文庫に蔵されている他の二本の写本(法曼院蔵本、生源院蔵本)にもまったくの同文が確認でき、さらに写本二本と毘沙門堂本とでは本文に異同があるため、「諸本の基準」と言い切れるかは慎重な検討が必要である(なお、『阿娑縛抄』

の刊本には『大正新脩大蔵経図像』第九巻、『大日本佛教全書』第四一巻があり、また「諸寺略記　上」のみの翻刻は、『続群書類従』第二六輯下　釈家部と先に見た『校刊美術史料』がある。ただし『校刊美術史料』［毘沙門堂本］以外の刊本三本は諸本校合を行っている形跡が確認できる）。

(26) たとえば、『日本三代実録』貞観一四年（八七二）正月二〇日条には「是月。京邑　咳造病発。死亡者衆。人間言。渤海客来。異土毒気之令然焉。（略）」とあり、流行病が渤海使入朝に伴う「異土毒気」によるものとしている。ここから疫病が外界、異国からもたらされるといった認識が確認できる（前章参照）。

(27) 地主神が老翁姿であるのは、往古よりその地を治めてきたことの象徴であり、中世の寺社縁起では一つの定型ともいえる。この点は、山折哲雄「神から翁へ」（同『神と翁の民俗学』講談社、一九九一年）に詳しい。

(28) 岡田荘司「渡来神と地主神——神地の移譲をめぐって——」（『神道学』第七九号、一九七三年）。なお、元々その地で祀られていた地主神は、さらにその末社祭神として扱われるという。

(29) 今堀前掲注(7)。

(30) 感応寺本尊は「聖（正）観音」として篤く信仰されており（前掲注(22)）、それは清和院に移った後も同じであった。現在確認できる観音像の中でも「請観音像」と称するものは見られない。しかし、『阿娑縛抄』巻八四「請観音」（別名・楊枝浄水法。観音の利益による防疫、除疫を目的とした修法）には、

請観世音菩薩像

弘決三云観世音

・左手把二楊枝一。右手持二澡瓶一。是故請者須レ備二一物一。若作二所表一者。楊枝払レ動以表レ慧。浄水澄停以表レ定。

と記されており、「請観音」像が存在したことをうかがわせる。なお、現存する清和院旧蔵の観音像は、元々は十一面観音であったらしく、この記述に見られるような特徴は見られない。

(31) なお『成菩提集』の底本とした『大正新脩大蔵経　図像部　第八巻』（大蔵出版、一九七七年）では撰者を永範とするが、永範と同じく皇慶の弟子であり、永範の師筋にあたる勝範（第三三代天台座主）撰述のものを抄出したとの説もある（榎本榮一「『成菩提集』についての一試論——構成と引用文献を中心にして——」なら

びに同「『成菩提集』についての一試論（二）」（『東洋学研究』第二〇号・第二三号、一九八五・一九八八年）、井上前掲注（7）。
(32) 井上前掲注（7）。
(33) 井上前掲注（7）。
(34) 三崎良周「中世神祇思想の一側面」（同『密教と神祇思想』創文社、一九九二年）。この論考中では、『阿娑縛抄』の記述から『吽迦陀野儀軌』を抄出したものが「双身八曼荼羅抄」であり、それを担ったのが尊意であるとは示すが、『吽迦陀野儀軌』そのものは尊意作とは明言していない（「吽迦陀野儀軌は（中略）中国撰述か日本撰述かも不明であるが……」）。しかし、三崎の別稿となる「薬師信仰と牛頭天王」（『天台学報』第二九号、一九八七年）では『吽迦陀野儀軌』に関わる一連の記述で「唐伝来の経軌は無かったらしい。そこで「法性房の御作」とか「法性房之を称す」という記が注目されてくる」と記している。
(35) 井上前掲注（7）。なお、この点における井上の主張をまとめると、
一、「大梵如意兜跋蔵王呪経」は中国で成立したものであり、牛頭天王もまた中国由来である。
二、「双身八曼荼羅抄」の原典ともいえる『吽迦陀野儀軌』には、牛頭天王と観音との習合は説かれていない。一方、「双身八曼荼羅抄」には毘沙門天、牛頭天王と観音との習合が説かれている。
三、したがって、「双身八曼荼羅抄」は観音と牛頭天王との繋がりが示されている「大梵如意兜跋蔵王呪経」の影響を受けている。
四、「大梵如意兜跋蔵王呪経」は「双身八曼荼羅抄」ならびに『吽迦陀野儀軌』よりも先行して成立している。
というものである。一〜三については、実証することも難しいが、今はそれに従うとして、四については『吽迦陀野儀軌』よりも先行といえるか、なお慎重な判断が必要となる。『吽迦陀野儀軌』・「双身八曼荼羅抄」が共に尊意の手によることを考えると、おそらく井上の想定は、『吽迦陀野儀軌』を著わした後に、尊意が渡来してきた（あるいはすでに渡来していたが眼に触れていなかった）「大梵如意兜跋蔵王呪経」を見て、「双身八曼荼羅抄」を抄出する際の参考にした、ということなのだろうが、『吽迦陀野儀軌』成立から「双身八曼荼羅抄」成

立までどれくらいの期間が空いていたかによって、その成立の前後関係は変わってくる。そのため、現状ではその可能性がある、という程度にとどめねばならない。

(36) たとえば、『類聚符宣抄』巻三「疾病事」所引、天徳二年(九五八)五月一七日宣旨や『日本紀略』永祚元年(九八九)八月一三日条などに「祇園天神堂」の記述が見られる。また『社家条々記録』や『扶桑略記』延久二年(一〇七〇)一〇月一四日条には、「天神」の表記が見える。なお、前掲注(7)でも触れたが、今堀は、祇園社祭神としての天神が、時代が降るにつれ牛頭天王と同体視されるようになったと説き、中井は祇園天神堂建立当初から祇園天神と牛頭天王とは同体視されていたと説いている。

(37) 良房の病を平癒させた説話は『今昔物語集』巻一四第三四「壱演僧正、誦金剛般若施霊験語」や『拾遺往生伝』巻上に見え、皇太后の病を平癒させた説話は『拾遺往生伝』巻上、『元亨釈書』巻一四、『本朝高僧伝』巻六四、『東国高僧伝』巻四などに見える。その他、居住を定めず川辺で過ごしていた壱演に対し、老媼が土地を寄進し、その土地から仏像が出て来たという、相応寺建立の奇縁譚(『拾遺往生伝』巻上など)がある。

(38) テキストの中において神が「成長」を遂げる、という視点はすでに斎藤英喜により提示されている(斎藤『古事記　成長する神々——新しい「日本神話」の読み方——』(ビイング・ネット・プレス、二〇一〇年)。

(39) 前掲注(5)における国会図書館蔵『河崎感応寺正観音縁起』(寛永一七年[一六四〇]写本)と国会図書館蔵『河崎感応寺聖観音縁起』(明暦四年[一六五六]写本)の二本。

附記　本章執筆にあたり、貴重な史料の閲覧ならびに翻刻、公開を許可してくださった叡山文庫には厚く御礼申し上げたい。

第四章　陰陽道における牛頭天王信仰——中世神話としての『簠簋内伝』

はじめに

前章では、「感応寺縁起《かんのうじえんぎ》」の読解から、祇園社祭神――すなわち、異国神であり、行疫神《ぎょうやくじん》かつ除《じょ》疫《えき》・防疫神《ぼうえきじん》とは異なる、万能神的な利益を持つ牛頭天王を浮かび上がらせた。この検討を通して、祇園社（あるいは津島天王《つしまてんのう》社、広峯《ひろみね》社）祭神への信仰という枠で牛頭天王信仰を括ってしまっては、その多様性は見えなくなることを述べた。本章もまた、牛頭天王信仰に関するテキストを、中世神話の視座から読解することで、祇園社祭神とは一線を画す牛頭天王信仰を明らかにしていきたい。

本章で扱うテキストは、平安期の高名な陰陽師である安倍晴明《あべのせいめい》（九二一―一〇〇五）の作として中世に作成された暦注《れきちゅう》書で、全五巻からなる『三国相伝陰陽輨轄簠簋内伝金烏玉兎集《さんごくそうでんいんようかんかつほきないでんきんうぎょくと》』（以下『簠簋内《ほきない》伝《でん》』）の巻一である。この巻一は、牛頭天王を祀る意義とその起源を語る前半部（以下、前半部を「起源部」）と、「起源部」をうける形で暦の由来や吉凶、禁忌を示す暦注が記されている後半部（以下、後半部を「暦注部」）とに分けることができる。

その詳細は後述するが、「起源部」の内容は、第二章でも触れた「蘇民将来譚《そみんしょうらいたん》」となっている。すなわち、龍王の娘と結婚し、八柱の王子を設けた牛頭天王が、結婚前の妻問いの旅の最中に自分を拒絶した長者を滅ぼし、逆に歓待した貧者・蘇民将来には子孫代々の利益を保証する、というものである。一方、後半部は前半部で登場した神々を暦に関わる神々と同体視した上で、それらの神々が司る吉方ないし禁忌などを暦注として明示するものである。なお暦注書でありながら、「起源部」では仏教的な世界観に基づき牛頭天王に関する物語が展開している点は特徴といえよう。

ところで『簠簋内伝』の作者については、すでに近世初期の段階で晴明は仮託であって、実際の作者は別であると論じられてきた。(1)なかでも、幕末の国学者・松浦道輔《まつうらみちすけ》が著わした『感神院牛頭天王考』巻之四の説は後世にも影響を与え、(2)西田長男《にしだながお》や村山修一《むらやましゅういち》らも従うこととなる。曰く、祇園社社僧の中に法師陰陽師でもあった一流があり、彼らの手によって『簠簋内伝』は成立した、というのだ。

この『簠簋内伝』成立を含めたこれまでの先行研究については、次節に詳しく述べるが、その成立に関して結論からいえば、いまだ不明な点が多く断言することは難しい。ただし、その内容を見るに、安倍や賀茂といった官人《かんじん》陰陽師の説とは異なることは明らかである。そのため、現状では非官人陰陽師の手によるものと考えられ、その成立も鎌倉末期から室町初期までの間とするよりほかない。(3)また、傍証となる史料も乏しいため、このテキストの信仰世界を明らかにするには、テキストの丹念な読解が必要となる。そのため、「起源部」と「暦注部」とを連関させて、巻一全体があらわす信仰世界を明らかにするとともに、中世神話としての『簠簋内伝』巻一が果たした役割についても明示していきたい。

第一節　暦注書としての『簠簋内伝』

　さて、先行研究の中でも、早くに『簠簋内伝』、それも巻一の「起源部」に着目したのが西田長男(4)、そして村山修一(5)であった。西田は、先に示した松浦の『感神院《かんじんいん》牛頭天王考』をもとにして、祇園社の社僧の中で「晴」の字を代々受け継ぐ一流こそが法師陰陽師であると説いた。当然、「晴」とは安倍「晴」明を念頭に置いている、ということになろう。そこから『簠簋内伝』作者を、鎌倉末期の祇園社法眼《ほうげん》・晴朝ではないかと推定するのである。村山も西田同様、松浦説に従い、やはり作者を晴朝だと推定している。さらに村山は「起源部」の終わりに見られる「長保《ちょうほ》元年六月一日、祇園精舎に於《お》て、三十日の間、巨旦《こたん》を調伏《ちょうぶく》したまふ」という一文に着目する。この「長保元年」（九九九年）とは晴明がまだ存命中であったため、この一文は晴明が祇園社において調伏の儀を行ったことを示すものと述べている。もちろん、それは史実ではなく、祇園社の牛頭天王信仰を晴明の名で権威づけるためのものというのが村山の主張であった。

　このように松浦に端を発する祇園社社僧（晴朝）作者説だが、中村璋八《なかむらしょうはち》も指摘しているように、そもそも松浦が何を典拠にしているかが詳らかではなく(6)、容易には首肯し難い。確かに祇園社には早くから陰陽道の神・大将軍《だいしょうぐん》の神像が祀られていたことは史料からも確認できるが、それだけで祇園社と安倍家流の陰陽師とを結びつけるのは早計だろう(7)。加えて西田や村山のごとく、祇園社祭神としての牛頭天王を、この『簠簋内伝』巻一に登場する牛頭天王にそのまま直結させてよいのかという疑問もある。というのも、このテキストがことさらに祇園社への信仰を喧伝しているとは想定できないからである。仮に祇園社社僧の手により『簠簋内伝』が成立したのであれば、村山の指摘する「長保元年六月一日、祇園精舎に於て……」という一文も、祇園社ではなく、わざわざ祇園「精舎」と記す意図が不明確である。もちろん、この記述から「祇園社」が想起されることは否めないが、むしろ、当時、京において広く信仰されていた祇園社を想起させる記述を入れ込むことで、『簠簋内伝』が示す信仰を権威づけようとした可能性もあろう。つまり祇園社とは関係のない非官人陰陽師が、広く知られている祇園社祭神としての牛頭天王を、自らの信仰体系の中に取り込み、陰陽道の神として利用したとも考えられるのである。

いずれにせよ、松浦に端を発する祇園社社僧を作り手とする説は、明確な典拠がわからず、現状では従うことはできない。(8) ところで、西田や村山に顕著に見られるように、『簠簋内伝』をめぐる先行研究は、これまで「起源部」ばかりが着目され、祇園社祭神、すなわち行疫神かつ除疫・防疫神である牛頭天王が長く前提視されてきた。しかし、林淳《はやしまこと》も指摘するように、『簠簋内伝』はあくまで暦注書であり、巻一の中では「暦注部」こそ、その本質といえる。(9)

谷口勝紀《たにぐちかつのり》は、林の指摘をうけて「起源部」よりも「暦注部」を注視した上で、『簠簋内伝』において牛頭天王が方位・方角に関して吉凶や禁忌を司る暦の神、すなわち「暦神《れきしん》」としてどのように語られているかを論じている。(10) この試みは、『簠簋内伝』の牛頭天王が、決して祇園社祭神＝行疫神かつ除疫・防疫神という側面では捉え切れないことを示すものでもあった。さらに谷口は、暦や方位の吉凶や禁忌に関して、官人陰陽師たちにより作成された暦注書と『簠簋内伝』とを比較したとき、項目や一部の表記は官人陰陽師たちの暦注を継承しているにもかかわらず、その典拠の示し方が決定的に異なっていることを明らかにした。すなわち、従来の暦注書は先行文献や先学の説を典拠とするのに対し、「暦注部」の典拠は直前に記されている「起源部」にあるというのである。(11)

斎藤英喜《さいとうひでき》はこの谷口の説を踏まえ、「起源部」を「暦注部」と連関させて読解を進めた上で、暦注書たる『簠簋内伝』巻一は、「牛頭天王の物語は、天道神《てんどうしん》・歳徳神《としとくじん》・天徳神《てんとくしん》、そして金神《こんじん》などの方位の神へと読み替えられ、あらたな暦と方位の神話世界へと変貌していった」と指摘した。(12)つまり、『簠簋内伝』によって牛頭天王は、祇園社祭神＝行疫神かつ除疫・防疫神から暦神という新たな神へと変貌したというのである。この神あるいは神話の変貌という視座は、山本ひろ子により提唱された「中世神話」という方法論に立脚している。(13)

一般的に神話というと、どうしても『古事記』や『日本書紀』といった古代に創作されるものと捉えがちである。しかし、神話が現実を意味づけ、またあらゆる事物の起源を語るものならば、そうした言説は時代を問わず、常に創作されることになる。なぜなら、時の経過とともに現実は変化しつづけ、新たな事物も生まれてくるからだ。つまり、新たな神話によって現実を意味づけ、新たな事物の起源を創っていく必要が出てくる。たとえば中世に見られる神や仏に関するさまざまな言説や物語(具体的には縁起や祭文、本地《ほんじ》物語、神道書、注釈書など)も、変わりつつある現実に即応しながら、信仰の始まりや神・仏の利益の由来を説いている。こうした言説は、のちに新たな知や思想、信仰が生まれる源となり、目の前の現実を意味づけるばかりか、さらに新たな現実を形成していくようになる。そしてまた、新たな現実に応じた神や仏の言説が創造されていくことになるのだ。山本は、こうした中世における神・仏に関する言説や物語を、中世特有の神話――中世神話として位置づけた。この中世神話の視座をもって、神・仏に関する言説や物語を捉えたとき、新たな神・仏の言説の創造は、神や仏の変貌であり、神話そのものの変貌であると捉えることができるようになるのだ(14)。

本章では、『簠簋内伝』巻一を中世神話として読解することで、谷口や斎藤の研究をうけつつも、それ以上に暦神・牛頭天王ならびに関係する諸暦神の信仰を明らかにするものである。とりわけ、「暦注部」が「起源部」にどのような典拠を求め、またその結果どのような暦神として顕われているかを次節以降で明示していこう。

第二節　牛頭天王と暦神・天道神

さて、以下具体的考察に入るのだが、その前に『簠簋内伝』巻一とは一体どのような内容なのかを確認したい。やや紙幅を割くことになるが、左記にあげたものは、『続群書類従《ぞくぐんしょるいじゅう》』に収載されている『簠簋内伝』巻一を私に書き下したものである。なお、「起源部」は内容に沿って【A】～【K】の場面ごとに適宜わけている。

三国相伝陰陽輨轄簠簋内伝金烏玉兎集　巻第一

天文司《てんもんし》郎《ろう》安倍博士吉備后胤《きびのこういん》清明朝臣　撰

起源部

【A】倩《つらつら》以《おもんみ》るに、中天竺摩訶陀国《なかてんじくまかだこく》、霊鷲山《りょうじゅせん》の艮《うしとら》、波戸那《はしな》城の西に、吉祥天の源、王舎城《おうしゃじょう》の大王を名づけて商貴帝《しょうきのみかど》と号す。曽《かつて》、帝釈天《たいしゃくてん》に仕へ善現天《ぜんげんてん》に居す。三界《さんがい》の内に遊戯《ゆうげ》す。諸星の探題《たんだい》を蒙りて、名づけて天刑星《てんぎょうしょう》と号す。信敬の志深きに依りて、今、娑婆《しゃば》世界に下生《げしょう》して、改めて牛頭天王と号す。頭《かしら》には黄牛《あめうし》の面を戴きて、両角尖《するど》にして猶《なお》し夜叉《やしゃ》の如し。厥《そ》の勢ひ長大にして一由繕那《いちゆぜんな》なり。厥の相顔《そうがん》他に異なり。故に更に后宮有ること罔《な》し。四姓《ししょう》、咸《みな》悲歎す。君は未だ朝政《ちょうせい》を解《おこた》らず。故に国家、寔《まこと》に豊饒《ぶにょう》なり。公は嬉戯《きぎ》の床に遊び、民は栄楽の室に嘲《あざわら》ふ。境界、已に奸《かしま》しからず。千百等しく譁《かまびす》しきこと罔し。五日の風は枝を叩かず、十日の雨は塼《つちくれ》を犯さず。五穀は蒔かざるに生じ、七珍《しっちん》は求めざるに来る。更に后宮無くんば、豈《あ》に後生《ごしょう》の楽しみ有らんや。

【B】時に虚空《こくう》界より青色の鳥来たる。瑠璃鳥《るりちょう》と名づく。形は翡翠《ひすい》の如し。声は鳩鴿《きゅうごう》に似たり。来たりて帝王の檻前《かんぜん》に居り、等しく天王に哢《さえず》りて曰く、我は是天帝の使者たり。汝も元同朋《どうほう》たらくのみ。汝を名づけて天刑星と号し、我を名づけて毘首羅天子《びしゅらてんし》と曰ふ。士と我親昵《しんじつ》にして、尚し共命《ぐみょう》鳥《ちょう》の如し。口言《こうげん》は替ると雖も大旨違ふこと無し。故に天帝に事《つか》ふること一鳥の双翼の如し。大轍《だいてつ》の両輪に似たり。爾りと雖も士信敬の志深きに因りて、今に閻浮提《えんぶだい》に下生して、転輪聖王《てんりんじょうおう》の位を預る。爾れども御宮の采女《うねめ》罔し。故に天帝我をして教へ告げしむ。是より南海に娑竭羅《しゃがら》龍宮有り。是に三人の明妃有り。第一を金毘羅女《こんぴらにょ》と名づく。第二を婦命女《ふみようにょ》と名づく。北海の龍宮に嫁請《かしょう》して難陀跋難陀《なんだばつなんだ》城に収む。爰に第三を頗梨采女《はりさいにょ》と号す。紫磨黄金《しまおうごん》の美膚《びふ》、八十種好の花の粧《よそおい》を備へ、閻浮檀金《えんぶだごん》の麗容に、三十二相の月の桂を写す。汝、彼の宮に至りて須らく嫁請すべし。斯くの如く哢り終りて虚空界に帰す。

【C】然して后、天王歓んで、三日斎《ものいみ》して宜しく車馬を企て、甚だ眷属《けんぞく》を率して、南海に趣かんと欲す。厥の道遼遠《りょうえん》にして八万里程なり。君未だ三万里に遷《およ》ばず。人馬労驤《ろうじょう》す。爰に南天竺の傍に一の国有り。夜叉《やしゃ》国と曰ふ。彼の花洛に望む。厥の国の鬼王を名づけて巨旦大王《こたんだいおう》と号す。厥の国の四姓、魑魅魍魎《ちみもうりょう》の類たり。天王安然として彼の鬼関に望む。鬼王弾呵《だんか》して戸を閉ざし天王を通さず。宿乏しうして舌を弾じて空しく去る。爰に千里の松園有り。彼の林中に陰る。爰に一の賤女《せんじょ》有り。手には筝笊《ふそう》を持ち、肩に篇竿《へんかん》を担ぎて、松の翠葉を拾ふ。天王問ひて曰く、汝に室宅有りや。暫く体留を為さん。女曰く、我は則ち巨旦が奴婢《ぬひ》たり。宿は少くして局の内なり。是より東方一里程を去りて浅芽《あさじ》生ふる原有り。彼の曠野の中に莓買《むぐら》の生ひ掛かりたる庵有り。貧賤にして禄乏し。彼を蘇民将来《そみんしょうらい》と曰ふ。外には慈哀《じあい》の志を抱き、内には悲敬《ひけい》の計らひを含む。彼に往きて宿を求めよ。

【D】天王歓喜し、決然として東に向かひ、車の轍を攀《よ》ぢ駒の轡《くつわ》を磊《からめ》かし、急ぎ彼の野中に至る。爰《ここ》に柴門《さいもん》有り。同じく藁屋の扉有り。彼の庵主を見るに齢長《よわいた》けたる老翁にて、手には柴の箒を抱き、室内の塵を掃き、足には藁履《わらぐつ》を沓きて庭前の草を竭《つく》す。爰に天王、車を羚羊《れいよう》の陌《あぜ》に轟かし、馬を兎《と》狢《かく》の径《みち》に驫《はしら》せて、速かに往きて旅宿を問ひたまふ。将来微笑して曰く、我は貧賤の主たり。家は尫《わず》かにして三間に過ぎず。豈に若干の眷属を収留せんや。天王曰く、我一り宿留せん。正に愍《みん》念《ねん》すべし。時に将来、粱粟《りょうぞく》の茎を抱き、上閣の席と為す。天王歓喜して、彼の席上に座したまふ。然して后、将来、宮を中閣に収め、夫を下閣に属す。室内狭しと雖も独《ひとり》も宿せずといふこと罔し。天王曰く、我、若干の長途を凌ぎて人馬共に疲労す。汝に糧食《りょうしょく》有りや。翁曰く、我は是、貧賤にして禄乏し。更に一升の米無し。併《しか》し爰に一の瓢《ふくべ》有り。瓢の中に粟米《ぞくべい》を収む。幽《わずか》にして半器に過ぎず。是を瓦釜《がふ》の中に収め、煮熱すること刹那の程なり。是を梛《なぎ》の葉上に置きて天王を餉《しょう》饗《きょう》し、等しく眷属に配補す。天王曰く、汝が志足るかな大かな。禄は鰥寡孤独《かんかこどく》の人にも劣れり。心は富能貴徳《ふのうきとく》の君にも勝れり。汝が其の志を謝すと、千金を抱きて亭主に報ず。天王、終夜厥の志を感じて、漸く五更《ごこう》に到る。

【E】鳳凰《ほうおう》の唱《となえ》を聴き、急ぎ車馬を企て南海に至らんとす。将来曰く、君何方《いずかた》より奈処《いずく》へ往かせたまふ。天王詫《つ》げて曰く、我中天の主たり。未だ后宮《こうきゅう》罔し。故に南海に明妃有り。彼の女を嫁娶せんと欲す。是れより娑竭羅城へは幾ばくの長途を凌がんや。将来曰く、中天より南海に至ること、厥の道八万里なり。君未だ三万里程に逮《およ》ばず。玆《これ》より彼に到ること巨海深遠にして、車馬の行路《こうろ》少なり。何を以て南海に到り、何に依りて龍女《りゅうめ》に合はん。辰《とき》に天王愁然《しゅうねん》として已に中天に帰らんと欲す。将来重ねて曰く、我に一つの宝船有り。名づけて隼鶴《はやたか》と曰ふ。両端高大にして龍頭鷁首《りゅうずげきしゅ》を学び、脚早く行くこと速やかにして刹那に数万里程を過ぐ。辰に天王歓喜踊躍《ゆやく》の思ひに住して、咸《ことごと》く車馬を擲《なげう》つて彼の船中に移り、忽然として須臾《しゅゆ》に龍宮城に到る。

【F】爰に天王、我が大旨《だいし》を龍王に奏す。龍王、快然として天王を周章《しゅうしょう》し奉る。急ぎ不老門《ふろうもん》を開き、長生殿《ちょうせいでん》に移し、頗梨采女に合歓《ごうかん》す。縁《ママ》亀丹鶴に賀祥《がしょう》せり。然して龍王山海の珍物を尽くし、国土の美食を調《ととの》へ、餉饗すること日久し。已に三《み》七《しち》余歳を経るも、天王と女御と別るる無きこと浅からず。故に夜は鴛鴦《えんおう》の襟の下に偕老同穴《かいろうどうけつ》の妹世《いもせ》を学び、昼は連理《れんり》の花の陰に比翼《ひよく》の相思の契裳を翻し、糸竹《しちく》の声休まず、金石暇《きんせきいとま》有ること少《まれ》なり。四声《しせい》は遠遠として宮外に叩き、三唱《さんしょう》は幽幽として広天《こうてん》に通ず。故に契盟《けいめい》に暇罔く、宜しく八王子を得る。一は総光天王《そうこうてんのう》。二は魔王天王《まおうてんのう》。三は倶摩羅天王《くまらてんのう》。四は得達神天王《とくだつしんてんのう》。五は良侍天王《らじてんのう》。六は侍神相天王《じしんそうてんのう》。七は宅神相天王《たくしんそうてんのう》。八は蛇毒気《じゃどつけ》神《しん》なり。

【G】然して后、天王、中天に帰らんと欲す。或る時、八王子に命じて曰く、我中天の主たり。往昔南海に趣きし時、中間に国有り。広達国と曰ふ。彼の国の主を巨旦大王と名づく。咸是、魑魅魍魍の類なり。已に彼の鬼門を望みて、一宿を求めんと欲す。巨旦、恚怒《いど》して我をして弾呵せしむ。我、已に斎せん故に恐然として退去す。今彼の国に到りて鬼王の城郭を破却せんと欲す。時に八王子等 各《おのおの》四《し》衆《しゅ》八龍等百千若干《そこばく》の眷属を相率ゐて、上には瞋恚《しんに》の鎧を著し、手には降伏《ごうぶく》の剣を抱き、神通《じんつう》の弓に飛行の矢を括げ、刀杖《とうじょう》限り罔し。干戈《ちほこ》色を交へ、已に彼の国に蜂起せしむ。

【H】辰に鬼王、忽然として阿羅監鬼《あらかんき》の相有り。寔に不思議の想ひを成して、博士《はかせ》に命じて卜を問ふて曰く、何の妖孽《ようげつ》か有らんや。深く阿羅監鬼の相を受け、精気貞まらず。胸躍りて動揺す。汝以て深く察せよ。士《はかせ》が謹んで天地陰陽《いんよう》の員数《いんすう》を勘《かぞ》へ、亀甲八郭《きっこうはっかく》の経旨《けいし》を閲《けみ》するに、昔中天に王有り。牛頭天王と号す。将に婦を求めん為に南海に趣く。頭に牛角の相有り。関門に望むと雖も戸を閉ぢて弾呵す。王、斎せし故に妨碍《ぼうがい》を為すこと罔し。早く廿一年を経。宜しく南海に至りて頗梨采女を嫁請して八王子を生ず。今、厥の八王子等、四衆八龍等百千若干の眷属を相具して、此の城郭を破却せんと欲す。豈に以て此の禍《わざわい》を遁《のが》るべけんや。鬼王曰く、何《いか》なる祭祀《さいし》を以て解除せしめん。士が曰く、一千人の苾蒭《びす》を供養して、正に退散することを得べし。鬼王が曰く、奈なる法を勤修《ごんしゅ》せん。士が曰く、太山府君王《たいざんぶくんおう》の法を行《ぎょう》じて頗《すこぶ》る解除《げじょ》すべし。辰に鬼王歓喜して、天に鉄網を張り、地に盤石《ばんじゃく》を敷く。四方を長鉄の築地《ついじ》を構へ、同じく外には大沢《だいたく》の溝堰《こうせき》を堅め、内には玉の宝殿を造り、同じく清浄《しょうじょう》の床を飾り、嬉慢歌舞《きまんかぶ》の八句の大衆《だいしゅ》は四維《しい》に安座す。鉤索鏁鈴《こうさくされい》の四衆の薩埵《さった》は四方に侍立《じりゅう》す。同じく宝の高座の上に羅綾《らりょう》の打敷《うちしき》を掛け、并びに天蓋《てんがい》の瓔珞幢幡《ようらくどうばん》の花慢《けまん》は四維の風中に翻覆《ほんぷく》す。清浄の明僧《めいそう》有り。諸《もろもろ》の大陀羅尼《だいだらに》を唱満す。

【I】爰に天王、安然《あんねん》として彼の鬼館に望み、鉄城高大にして神力方便の術意更に叶ひ難き者なり。辰に天王、阿你羅《あにら》、摩你羅《まにら》の両鬼を以て鑑見せしむ。爰に懈怠《けたい》の比丘有り。深く睡眠に沈み偈句《げく》を諳《そら》んず。故に真言《しんごん》詳ならず。已に牖窓《ようそう》と成りて大穴を生ず。爰に天王便りを得て、神力の翮《はね》を刷《つくろ》ひ、彼の鬼館に入りたまふ。諸の眷属、共に乱入し、彼の一族を没敵すること、沙揣《しゃせん》を蒔くが如し。爰に天王の曰く、我昔此の国に到る時、此の松の園の中に一の賤女有り。巨旦が奴婢女たりと雖も、我が為には恩徳の人なり。彼の女を助けんと欲す。桃の木の札を削りて、急急如律《きゅうきゅうにょりつ》令《りょう》の文を書写し弾指《だんし》せしむ。彼の牒、賤女が袂の中に収まる。然して此の禍災《かさい》を退く。

【J】然して后、彼の巨旦が屍骸《しがい》を切断す。各五節《ごせち》に配当し、調伏の威儀《いぎ》を行ふ。後に蘇民将来が所に至る。変じて祐《ゆゆ》しき長者たり。久しく天王の帰国を期す。五宮《ごぐう》を造り八殿を構へ、八王子を請じ入れて三日車を停め、諸の珍菓を尽くす。故に天王喜快して、彼の夜叉国を蘇民将来に報ず。然して誓願して曰く、我末代に行疫神《ぎょうやくじん》と成りて、八王子眷属等、国に乱入す。汝が子孫と曰へば妨礙すべからず。汝に一の守護を定む。所以に二六《にろく》の秘文《ひもん》を授く。然して濁世末代《じょくせまつだい》の衆生《しゅじょう》は必ず三毒《さんどく》に耽《ふけ》りて煩悩増長《ぼんのうぞうちょう》し、四大《しだい》不調にして甚だ寒熱の二病を受くるは、牛頭天王部類眷属の所行なり。若し此の病痛を退失せんと欲さば、外には五節《ごせち》の祭礼を違へず、内には二六の秘文を収め、須らく信敬すべし。

【K】厥の五節の祭礼とは、正月一日の赤白の鏡餅は巨旦が骨肉なり。三月三日の蓬莱《よもぎ》の草餅は巨旦が皮膚なり。五月五日の菖蒲《しょうぶ》の結粽《ちまき》は巨旦が鬢髪《びんぱつ》なり。七月七日の小麦の索麺《そうめん》は巨旦が継なり。九月九日の黄菊の酒水は巨旦が血脈なり。総じて蹴鞠は頭、的は眼なり。門松は墓験《はかじるし》なり。修《しゅ》正《じょう》の導師は葬礼の威儀、咸、是巨旦調伏の儀式なり。然して牛頭天王、龍宮界より閻浮提に帰還したまふ。長保《ちょうほ》元年六月一日、祇園精舎に於て、三十日の間、巨旦を調伏したまふ。今の世に至りて此の威儀を学ぶ。六月一日の歯堅肝要《はがためかんよう》なり。悪《にく》みても悪むべきは巨旦が邪気、残族、魑魅魍魎の類なり。信じても信ずべきは牛頭天王八王子等なり。其の八王子は、大歳《たいさい》、大将軍《だいしょうぐん》、大陰《たいおん》、歳刑《さいぎょう》、歳破《さいは》、歳殺《さいせつ》、黄幡《おうばん》、豹尾《ひょうび》等なり。

暦注部

一　天道神《てんどうしん》の方

自寅五日 正月南行 午方	卯 二月西南行 未申角	辰 三月北行 子方
巳 四月西行 酉方	午 五月西北行 戌亥角	未 六月東行 卯方
申 七月北行 子方	酉 八月東北行 丑寅角	戌 九月南行 午方
亥 十月東行 卯方	子 霜月東南行 辰巳角	丑 雪月西方 酉方

右、天道神は牛頭天王なり。万事に大吉。此の方に向きて胞衣《えな》を蔵す、鞍《くら》置き始め、一切の求むる所、成就の所なり。

二　歳徳神《としとくじん》の方

九甲乙年は東宮甲に在り寅卯間
八乙庚年は西宮庚に在り申酉間
五戊癸年は中宮戊に在り丑未辰戌間或は巳午間
七丙辛年は南宮丙に在り巳午間
六丁壬年は北宮壬に在り亥子間

右、此の方は頗梨采女の方なり。八将神《はっしょうしん》の母なり。容顔美麗にして忍辱《にんにく》慈悲の体なり。故に尢も諸事に之を用ふべきなり。

三　八将神の方年　子年子方乃至亥年亥方也

太歳神方　子丑寅卯辰巳午未申酉戌亥
大将軍方　酉酉子子子卯卯卯午午午酉
大陰神方　戌亥子丑寅卯辰巳午未申酉
歳刑神方　卯戌巳子辰申午丑寅申未亥

歳破神方　午未申酉戌亥子丑寅卯辰巳
歳殺神方　未辰丑戌未辰丑戌未辰丑戌
黄幡神方　辰丑戌未辰丑戌未辰丑戌未
豹尾神方　戌未辰丑戌未辰丑戌未辰丑

右、八将神は牛頭天王の王子なり。春夏秋冬四土用の行疫神なり。太歳神の方は厥の歳其の方なり。此の一の神の方を以て諸余の七神の方、之を知るべき者なり。

第一太歳神は総光天王　本地は薬師如来なり

此の方に向きて造作に大吉。敢へて木を截らず。

第二大将軍は魔王天王　本地は他化自在天《たけじざいてん》なり

此の方に向きては万事に凶。故に世の人、三年塞と号す。

第三大陰神は倶摩羅天王　本地は聖《しょう》　観自在尊《かんじざいそん》なり

此の方に向きては万事に凶。殊に嫁娶結婚等は凶。

第四歳刑神は得達神天王　本地は堅牢地神《けんろうちじん》なり

此の方に向きては犯土に凶。爾りと雖も兵具を収むるは大吉。

第五歳破神は良侍天王　本地は河泊大水神《かはくだいすいじん》なり

此の方に向かひて海河を渡らず。造作は則ち牛馬死す。

第六歳殺神は侍神相天王　本地は大威徳《だいいとく》なり

此の方に向きては弓箭を取らず。嫁娶結婚等は凶。
第七黄幡神は宅神相天王　本地は摩利支天《まりしてん》なり
此の方に向きて開軍、陳幡は吉。財宝を収むるは尤も凶。
第八豹尾神は蛇毒気神　本地は三宝大荒神《さんぼうだいこうじん》なり
此の方に向きて大小便するは凶。宜しく六畜を収めず。

四　天徳神《てんとくしん》の方　蘇民将来なり

正月丁に在り巳方　二月坤に在り未申
三月壬に在り子方　四月辛に在り酉方
五月乾に在り戌方　六月甲に在り寅方
七月癸に在り亥方　八月艮に在り丑寅
九月丙に在り午方　十月丙に在り卯方
霜月巽に在り辰巳　雪月庚に在り申方

右、天徳神は蘇民将来の方なり。或は武答《むとう》天神と曰ふ。宜しく此の方に向はば病を避くべし。舟に乗るは吉。剛猛、造舎、出行は吉。

此の神、広遠国の主なり。牛頭天王の大檀那なり。八万四千の行疫神流行するも此の方を犯さず。大吉の方と識《し》るべきなり。

五　金神七殺《こんじんしちさつ》の方

甲己歳午未申酉の方　乙庚歳辰巳戌亥の方

戊癸歳子牛申酉の方

丙辛歳子丑寅卯の方　丁壬歳寅卯戌亥の方

右、此れ金神は巨旦大王が精魂《しょうこん》、七魂金ハ七ツナル故也遊行して南閻浮提《みなみえんぶだい》の諸《もろもろ》衆生を殺戮するなり。故に尤も厭《いと》ふべき者なり。

六　金神七殺異説の事　此の説暦に出づ

甲己歳午未申酉　乙庚歳寅卯辰巳

丙辛歳子丑午未　丁壬歳寅卯戌亥

戊癸歳申酉子丑

七　金神遊行の事

甲寅の日より　五日間南方に在り巳午

丙寅の日より　五日間西方に在り申酉

戊寅の日より　五日間中央に在り丑未辰戌

庚寅の日より　五日間北方に在り亥子

壬寅の日より　五日間東方に在り寅卯

八　金神四季遊行の事

春乙卯　五日東に在り卯方

夏丙午　五日南に在り午方

秋辛酉　五日西に在り酉方

冬壬子　五日北に在り子方

九　金神四季の間の日の事　又は月金神と云ふ

春は丑の日　夏は申の日　秋は未の日　冬は酉の日

十　月塞方の事

正丑五子九亥　北に在り〈亥子丑〉

二辰六卯十寅　東に在り〈寅卯辰〉

三未七午霜未　南に在り〈巳午未〉

四戌八酉雪申　西に在り〈申酉戌〉

十一　日塞の方の事

朔日卯 一東 十一日 廿一日	二日 二巽 十二日 廿二日	三日午 三南 十三日 廿三日	四日 四坤 十四日 廿四日
五日酉 五西 十五日 廿五日	六日 六乾 十六日 廿六日	七日子 七北 十七日 廿七日	八日 八艮 十八日 廿八日
九日 九天 十九日 廿九日	十日 十地 廿日 卅日		

右、此の方は日の大将軍なり。深く之を凶ふ。

十二　時塞の方の事

子の時は子の方。何れも其の時、其の方と覚ゆべきなり。

十三　三鏡

正七 乙辛乾 坤巽艮	二八 甲丙庚 壬乾巽	三九 乙丙丁 乾壬癸
四十 丁癸乾 坤巽艮	五霜 甲丙庚 壬坤艮	六雪 甲乙丁 庚辛癸

右、此れ三鏡は日月星《じつげつしょう》の三光なり。天人地の三才なり。法報応《ほっぽうおう》の三身なり。阿鑁吽《あばうん》の三字なり。仏部蓮華部金剛部の三部なり。理智事の三点なり。弥陀釈迦薬師の三尊なり。吒枳《だき》尼聖天弁財《にしょうてんべんざい》天《てん》の三天なり。春は大円鏡智の故に三弁宝珠形を以て礼拝す。三鏡は三玉女是なり。

三国相伝宣命暦経注巻第一終

以上が『簠簋内伝』巻一の全文となる。

さて、本節では『簠簋内伝』巻一の中で、牛頭天王がどのような神として顕われているかを検討する。ただし、牛頭天王が登場する「起源部」よりも、まずは「暦注部」に着目したい。この「暦注部」では、暦の由来ならびに吉凶や禁忌について暦神と結び付けられ語られている。そしてまた、これらの暦神はすべて、牛頭天王以下、「起源部」に登場する神々と同体関係であることが説かれているのである。

それでは、牛頭天王と同体関係となる暦神とはどのような神なのか。「暦注部」の最初の項目となる「天道神の方」を見てみよう。

一　天道神の方

（略）右、天道神は牛頭天王なり。万事に大吉。此の方に向きて胞衣を蔵す、鞍置き始め、一切の求むる所、成就の所なり。

牛頭天王と同体関係にある暦神とは天道神である、その神の方位・方角は「万事に大吉」、「一切の求むる所、成就」するという。なお、「暦注部」では、他にもこうした吉方を司る暦神の注として「歳徳神の方」や「天徳神の方」（次節詳細）がある。しかし、「万事に大吉」、「一切の求むる所、成就」のような強い表現は、「天道神の方」以外には確認できない。つまり、「暦注部」における天道神とは、暦神として最上の力を持つ万能神的な存在だといえる。

では、同体関係にある牛頭天王も、最上の力を持つ神として示されているのだろうか。以下、「起源部」を詳しく読解していこう。次に見るのは、龍宮から戻った牛頭天王が巨旦大王一族を滅ぼした後の場面である。

【J】（略）然して誓願して曰く、A我末代に行疫神と成りて、八王子眷属等国に乱入す。B汝が子孫と曰へば妨礙すべからず。汝に一の守護を定む。所以に二六の秘文を授く。然して濁世末代の衆生は必ず三毒に耽りて煩悩増長し、四大不調にして甚だ寒熱の二病を受くるは、牛頭天王部類眷属の所行なり。若し此の病痛を退失せんと欲さば、外には五節の祭礼を違へず、内には二六の秘文を収め、須らく信敬すべし。

ここで牛頭天王は、自分を歓待した蘇民将来に対して、破線部A「我末代に行疫神と成りて（中略）国に乱入す」と述べると同時に、破線部B「汝が子孫と曰へば妨礙すべからず」とその子孫を守護することを誓願している。こうした流れは他のテキストに見られる蘇民将来譚と共通しており、一見すると、行疫神たる牛頭天王が明示されているかのようにも見える。ところが、傍線部ならびに二重傍線部を読んでいくと、他の蘇民将来譚とは異なっていることがわかってくる。どういうことか。

まず、行疫神たる牛頭天王が、どのような災厄をもたらすのかを見ていこう。傍線部には、「濁世末代の衆生」は「必ず三毒に耽りて煩悩増長」し、「四大不調にして甚だ寒熱の二病を受くる」とある。そして、それらの原因は明確に「牛頭天王部類眷属の所行」だというのだ。つまり、破線部A「我末代に行疫神と成りて、八王子眷属等国に乱入す」が指す具体的な内容とは、濁世において三毒（貪欲《どんよく》・瞋恚《しんに》・愚痴《ぐち》の三種の煩悩）や煩悩にまみれた人々の身体を不調にさせ、寒病そして熱病の苦痛を与えるのだとわかる。この一連の話は、病がどのようにして起こるかを示す起源譚になっているわけだが、注意したいのは、牛頭天王が引き起こす病の流行は、人々の三毒、煩悩に呼応するかたちで引き起こされていることだ。ここから、病と三毒、煩悩とは相関関係にあるといえるのである。

その上で二重傍線部には、この病痛を避ける方法が示されている。それが「五節の祭礼」と「二六の秘文」である。これらによって病痛が避けられるという。つまり、破線部B「汝が子孫と曰へば妨礙すべからず」は、牛頭天王から授けられた「五節の祭礼」と「二六の秘文」が伝えられていくことで、濁世末代であっても蘇民将来の子孫だけは病痛で苦しむことはない、ということを意味している。ここから「五節の祭礼」と「二六の秘文」が、牛頭天王による病痛を避ける効果を持っていることが明らかとなるのだ。

ただし、病と三毒、煩悩とが相関関係にあることを踏まえるならば、「五節の祭礼」と「二六の秘文」が果たす役割は、単に病痛を避けるということばでは片付けられなくなる。つまり、「五節の祭礼」と「二六の秘文」は、病の根源となる三毒や煩悩を人々から消し去る役割を負っているともいえるのである。さらに踏み込んで、三毒や煩悩の消除とは何かと考えると、人々を悟りの境地へと導き、菩提を得た状態へと誘うということになるのではないか。
そのように考えると、「五節の祭礼」「二六の秘文」を蘇民将来へと授けた牛頭天王もまた、単なる行疫神とはいえなくなる。以下に見るのは、「起源部」の冒頭部である。

【A】（略）曾、帝釈天に仕へ善現天に居す。三界の内に遊戯す。諸星の探題を蒙りて、名づけて天刑星と号す。信敬の志深きに依りて、今娑婆世界に下生して、改めて牛頭天王と号す。

帝釈天に仕え三界（欲界・色界・無色界）を行き来し、星々を統括していた「天刑星」は、「信敬の志」が深いゆえに下生、すなわち人々を救い導くために人間界へと出現し、牛頭天王と名乗ったという。牛頭天王と名乗る前の天刑星が、星々を統括する立場にあったとする記述は、看過できない。当然、陰陽道において星の動きは非常に重要であり、星そのものが神格化されることもある。天刑星はそのような星々を統括する、非常に強大な力を持つ神であったことがわかる。その天刑星が人々を救い導くために、娑婆へと顕われた。その姿が牛頭天王なのである。つまり、起源部における牛頭天王とは、そもそも人々を救済するために人間界に顕われた存在ということになる。そして、こうした牛頭天王が端的に顕われているのが、先の【J】の記述といえよう。つまり蘇民将来に「五節の祭礼」「二六の秘文」を授け、その子孫を自らの災厄から護る——さらにいえば、悟りや菩提といった仏教的世界観の中にあって、最大の利益かつ救済を保障する牛頭天王の姿が見えるといっては言い過ぎだろうか。

いずれにせよ、人々を救済するために人間界へと出現した牛頭天王だが、自分を拒絶した夜叉国の鬼王・巨旦大王は一族郎党、容赦なく滅ぼしている。同じように三毒、煩悩にまみれた人々には容赦ない病痛を与えることで、巨旦大王のような存在を許さない牛頭天王の姿が見えてくる。(15)そのように考えれば、行疫神・牛頭天王による災厄は、鬼王・巨旦大王一族の退治と同等の意味を持つこととなり、むしろ正しい行いとして評価できるのだ。

つまり「五節の祭礼」「二六の秘文」で人々を護るにせよ、三毒、煩悩にまみれた人々に病痛を与えるにせよ、すべて肯定的に評価できる牛頭天王だからこそ、暦神として万能の力を誇る天道神と同体視されるのである。(16)

ところで、この天道神は『簠簋内伝』以前の暦注書にあってはどのような存在として記されていたのか。たとえば賀茂家榮《かものいえよし》（一〇六六―一一三六）が撰した『陰陽雑書《おんようざつしょ》』（保延《ほえん》二年［一一三六］以前成立）では、

胞衣を蔵する吉日
（略）吉方は、天徳、月徳、天道の方吉なり。（『陰陽雑書』）

とだけしか記されていない。あるいは安倍家に伝えられたとする『陰陽略書《おんようりゃくしょ》』（元暦《げんりゃく》元年（一一八

四）以前成立か）でも、

胞衣を蔵すること

（略）已上天徳の方の件、胞衣を蔵す。必ず天徳の方に埋むなり。若し禁忌に当たらば天道に埋むべきなり。

（『陰陽略書』）

と記されるに留まっている。これらの記述と『簠簋内伝』の「天道神の方」とを比べると、確かに『簠簋内伝』でも「此の方に向きて胞衣を蔵す」とあって、既存の暦注書を踏襲していることがわかる。(17)ただ、「万事に大吉」「一切の求むる所、成就の所」という、万能神的な天道神は、この『簠簋内伝』が創造したといえよう。まさに天道神の変貌、また陰陽道そのものの変貌であり、中世神話としての『簠簋内伝』巻一を見ることができる。

ただ、『簠簋内伝』巻一が示す新たな陰陽道のかたちは、天道神＝牛頭天王への信仰だけで片付くものではない。次節では、牛頭天王から利益を保証された蘇民将来が、「暦注部」においては暦神と同体視され、信仰の対象となっていることについて検討していきたい。

第三節　蘇民将来と暦神・天徳神

「暦注部」における「天徳神の方」は、以下のように記されている。

> 四　天徳神の方　蘇民将来なり
>
> （略）右、天徳神は蘇民将来の方なり。或は武答天神と曰ふ。宜しく此の方に向はば病を避くべし。舟に乗るは吉。剛猛、造舎、出行は吉。
>
> 此の神、広遠国の主なり。牛頭天王の大檀那なり。八万四千の行疫神流行するも此の方を犯さず。大吉の方と識るべきなり。

天徳神は病を避け、また行疫神の災厄からも免れる「大吉」の方角の暦神だが、傍線部からもわかるように、蘇民将来と同体視されている。

この天徳神に関しては、たとえば永久《えいきゅう》三年（一一一五）の具注暦（『永久三年暦』）に、

> 三月小建土府は在（ママ）に在り。天道は北行。宜しく北に向かひて行くべし。天徳は壬に在り。壬上に土を取ること及び宜しく病を避くべし。（略）
>
> （『永久三年暦』）

とあり、除疫・防疫神としての側面もあったようだ。しかし、この「暦注部」のように防疫・除疫の利益を全面に押し出すような暦注は他に見られない。天徳神もまた、この『簠簋内伝』の中で大きく変貌を遂げているのである。

ところで、先の「天道神の方」にはもう一点、注意すべき表記がある。波線部の「或は武答天神と曰ふ」という一文である。ここでは、天徳神＝蘇民将来は「武答天神」だと記されている。この武答天神（武塔神、武塔天神）の名は、鎌倉初期成立と考えられる十巻本『伊呂波字類抄《いろはじるいしょう》』の「祇園」や、南北朝期ごろ成立と考えられる『神道集《しんとうしゅう》』所収の「祇園大明神事《だいみょうじんのこと》」などで、祇園社祭神たる牛頭天王の異名として確認できる。(18) つまり、鎌倉期から武答天神も、行疫神かつ除疫・防疫神として認識されていたことになる。その武答天神を「暦注部」では、蘇民将来＝天徳神の異名とするのである。一体、この習合関係は何を意味するのか。また、そもそもなぜ蘇民将来が除疫・防疫の神として見なされているのか。ここでも問題となるのは、この暦注の典拠となる「起源部」の解釈であろう。

前節で見た【J】には、「我末代に行疫神と成りて、八王子眷属等国に乱入す。汝が子孫と曰へば妨礙すべからず」とあり、蘇民将来の子孫は牛頭天王とその眷属らが起こす病痛から逃れられるとしている。これは『簠簋内伝』に限らず、他の牛頭天王信仰に関するテキストに見られる蘇民将来譚にも共通している。つまり、この箇所だけを見れば除疫・防疫の利益は牛頭天王によりもたらされるものであって、蘇民将来はその利益を享受する側に過ぎない。ただし、【J】のその後の記述を見ると、単純に利益を享受する側とはいえないことがわかる。

【J】汝に一の守護を定む。所以に二六の秘文を授く。然して濁世末代の衆生は必ず三毒に耽りて煩悩増長し、四大不調にして甚だ寒熱の二病を受くるは、牛頭天王部類眷属の所行なり。若し此の病痛を退失せんと欲さば、外には五節の祭礼を違へず、内には二六の秘文を収め、須らく信敬すべし。

牛頭天王は蘇民将来に対して「一の守護」すなわち、蘇民将来およびその子孫を最優先に護ることを確約する。その上で、「所以に……」つまり蘇民将来だからこそ「二六の秘文」を授ける、というのである。

はたして、この「二六の秘文」が何を意味し、またどのようなものかについてはわからない[19]。ただ、蘇民将来に「一の守護」を確約した「所以に」授けていることから、「二六の秘文」は蘇民将来とその子孫であることを示す「証」のようなものと考えられる。さらに「若し此の病痛を退失せんと欲さば、外には五節の祭礼を違へず、内には二六の秘文を収め」とあり、この「二六の秘文」が牛頭天王とその眷属が起こす病痛から免れる手段にもなっていることがわかる。

この「二六の秘文」とともに除疫・防疫の手段として示されるのが「五節の祭礼」である。「祭礼」とあることから、「濁世末代の衆生」が病痛を免れるために執り行う儀礼であることが想定できよう。当然、そこで祀られる主体は牛頭天王となるが、重要なのはこの「五節の祭礼」も、牛頭天王から蘇民将来へと伝えられている点である。つまり、「五節の祭礼」が濁世末代の人々を救うための儀礼であるならば、それを授けられた蘇民将来は、人々を救うためにその儀礼を伝える役割を負うことになる。ここから蘇民将来は、除疫・防疫の利益を享受する存在から、人々に利益を導く存在へと変わるのである。ここに除疫・防疫の暦神たる天徳神と同体視される蘇民将来の姿が確認できる。こうした蘇民将来は、他のテキストに見られる蘇民将来譚には確認することができない。まさに「起源部」独自の蘇民将来なのである。

さらにいえば、牛頭天王から授けられた祭礼を人々に伝え、災厄から逃れさせるという行為は、まさに宗教者の活動と重なってくる。すなわち、ここでの蘇民将来とは、牛頭天王信仰を拡大させていく宗教者、具体的には非官人陰陽師たちの祖と見なすこともできるのである。

こうした宗教者を髣髴とさせる蘇民将来の姿は、次の【E】の場面でも見ることができる。蘇民将来から歓待を受けた後、牛頭天王は娑竭羅龍王の龍宮へと向かおうとする。このとき、牛頭天王は「是れより娑竭羅城へは幾ばくの長途を凌がんや」と蘇民将来に尋ね、蘇民将来は「厥の道八万里なり。君未だ三万里程に逮ばず。茲より彼に到ること巨海深遠にして、車馬の行路少なり。何を以て南海に到り、何に依りて龍女に合はん」と道中が大変険しいものとなることを伝える。右はその続きとなる。

【E】辰に天王愁然として已に中天に帰らんと欲す。将来重ねて曰く、我に一つの宝船有り。名づけて隼鷁と曰ふ。両端高大にして龍頭鷁首を学び、脚早く行くこと速やかにして刹那に数万里程を過ぐ。辰に天王歓喜踊躍の思ひに住して、咸く車馬を擲つて彼の船中に移り、忽然として須臾に龍宮城に到る。

傍線部に着目したい。龍宮までの道のりの険しさに諦めて帰国しようとする牛頭天王に対し、蘇民将来は自身が持つ「隼鷂《はやたか》」なる「宝船」を提供する。こうして「隼鷂」に乗り込んだ牛頭天王一行は瞬時にして龍宮へと到ることになるのである。「天徳神の方」の中には「舟に乗るは吉。（略）出行は吉」と記されているが、その典拠はここにあるといえよう。このように、宿を貸すだけでなく牛頭天王を龍宮へと導く蘇民将来は、他の蘇民将来譚には確認できない。しかし、この一連の記述が意味するところは何であろうか。

牛頭天王にとって、龍王の娘である頗梨采女と結ばれ、強力な八柱の御子（八王子・八将神《はっしょうじん》）を設けることは、新たな力の獲得を意味する。言い換えれば、それは神の「成長」である[20]。そのように考えれば、この牛頭天王の成長は、蘇民将来によって促されたということができる。一方の蘇民将来は、宿の提供、そして「隼鷂」の提供と、牛頭天王の求めに積極的に応じることで、先の「二六の秘文」そして「五節の祭礼」とが授けられることになる。

これと同じような構造を、前章で検討した「感応寺縁起」の中でも確認することができる（前章第五節参照）。感応寺開基である僧・壱演《いちえん》と、川前《かわさき》の地主神である老翁とのやり取りは、まさに老翁神からの要求に対し、「宗教者」たる壱演が応え続けることで、地主神は強大な力を持つ神へと次々に

「成長」を遂げ、ついには正（神）邪（鬼）双方を総べるという牛頭天王へと変貌する。一方の壱演は、地主神から寺院建立の伽藍地を得るばかりか、伽藍神としての庇護、そして最終的には重要な儀礼を授けられている。この関係性は、まさに「起源部」における蘇民将来と牛頭天王との関係に当てはまるといえよう。そのように考えると、この「起源部」は、牛頭天王信仰を支える宗教者たち、すなわち非官人陰陽師たちの起源神話という側面もあるのではないか。さらに踏み込めば、「起源部」において詳述されない「二六の秘文」とは、彼ら非官人陰陽師たちが儀礼や信仰の場で唱えた呪言、あるいは人々に与えた呪符の文言を指す可能性もある。

以上、前節の天道神＝牛頭天王、そして本節の天徳神＝蘇民将来の検討を通して、『簠簋内伝』巻一の信仰世界を明らかにしてきた。ただし、この『簠簋内伝』巻一を検討する上で忘れてはならないのが、牛頭天王により滅ぼされた巨旦大王の存在である。実はこの巨旦大王もまた、『簠簋内伝』巻一の中で重要な役割を負っているのである。

第四節　巨旦大王と暦神・金神

これまで「暦注部」では天道神＝牛頭天王、天徳神＝蘇民将来といずれも吉方を司る暦神を見てきた。「暦注部」ではさらに歳徳神（牛頭天王の妻・頗梨采女）も吉方を司る暦神として示されている。

一方で、「暦注部」には、凶方や禁忌を示す暦神も記されている。牛頭天王の命で巨旦大王一族を滅ぼした八将神も、場合によっては凶方の暦神となるが、何よりも避けられるべき方位は、次に見る金神の方であろう。

五　金神七殺の方

（略）右、此れ金神は巨旦大王が精魂、七魂 金ハ七ツナル故也 遊行して南閻浮提の諸衆生を殺戮するなり。故に尤も厭ふべき者なり。

ここでは暦神・金神の危険性を端的に示している。すなわち、この神は「南閻浮提の諸衆生を殺戮」する恐ろしい凶神なのである。実は「暦注部」の中で最も記述が割かれているのは、この金神に関するもので、「金神七殺の方」に始まり、「金神七殺異説の事」、「金神遊行の事」、「金神四季遊行の事」、「金神四季の間の日の事」と関連する暦注が五項目連続で説かれている。それだけ注意を払わねばならない神であり、まさに「尤も厭ふべき者」なのである。「万事に大吉」の天道神とは対極に位置する神だといえよう。

こうした金神に対する禁忌はいつから始まったのか。以下は、平安末期から鎌倉初期にかけて記された九条兼実《くじょうかねざね》（一一四九―一二〇七）の日記『玉葉』の承安《じょうあん》三年（一一七三）正月一三日条である。

十三日丙午（中略）泰茂《やすしげ》（筆者注：安倍泰茂）を召す。（中略）十九日、廿日、滅気の期と為すと云々。

此次に余（筆者注：兼実）問ふて云々。金神七殺の方、憚るべきや否や如何。申して云はく、更に忌避すべからず。但し百忌暦《ひつきれき》文に云はく、一《金カ》神を犯すと七人殺と云々。之に因りて頼隆真人《よりたかまひと》（筆者注：清原頼隆）已下彼の家の輩《ともがら》、忌の由有るべきと申す。然るに陰陽道の用ゐらざる所なり。当道の習、新撰陰陽書を以て規模と為す。而して金神の方忌の事、彼書に載せず。又惣じて此くのごとき諸の忌、勝計すべからず。

（『玉葉』承安三年正月一三日条）

波線部から、「金神七殺の方」がこの時期から説かれていたことがわかる。その内容とは、金神の方位を犯せば七人が金神により殺される、というやはり恐ろしいものだった。ただ、傍線部からもわかるように、そもそも金神の忌は、陰陽道の側から出されたものではなかった。平安時代末期の大外記《だいげき》、清原頼隆《きよはらのよりたか》（九七九―一〇五三）によって唱えられたもので、頼隆以後も「彼の家の輩」によって強く主張されたという。清原氏は代々、経書《けいしょ》（儒教の基本的な教を記したテキスト類）を学ぶ明経道《みょうぎょうどう》の家であり、彼らは『百忌暦』なる書物を利用していたようである。ところが、二重傍線部からわかるように、宮廷の陰陽道を司る安倍泰茂《あべのやすしげ》（生没年不詳）はその忌を明確に否定している。というのも、泰茂らが用いていた『新撰陰陽書』には、その忌が記されていなかったからである。このように金神の忌を積極的に主張する明経道の清原氏とそれを否定する安倍氏や賀茂氏という構図は、平安後期から末期（院政期）に至るまで、繰り返し確認することができる。[21]

しかし、安倍氏の中にも金神の禁忌を受容する層もいたようだ。南北朝期（原型は鎌倉中期成立）

に編纂された類書『拾芥抄《しゅうがいしょう》』には、以下のような記述が見られる。

金神七殺の方の事三白九紫方に当たる時は忌無しと云々
甲《きのえ》　己《つちのと》の年　午未申酉の方に在り。　乙《きのと》　庚《かのえ》の年　辰巳の方に在り。
丙《ひのえ》　辛《かのと》の年　寅卯午未子丑の方に在り。　丁《ひのと》　壬《みずのえ》の年　寅卯戌亥の方に在り。
戊《つちのえ》　癸《みずのと》の年　申酉子丑の方に在り。
已上の一舛を犯さば、七人の家人を殺し、足らざれば隣人を之に慎《塡カ》つ。
大呂才百忌暦の文なり。但し異本の文章、頗る削るを有りか。

陰陽権助安倍晴道
（『拾芥抄』下巻　八卦部第三四）

ここでは金神の忌を違えた場合に出る七人の犠牲者がより具体的に説明されているのだが、これが、安倍氏庶流の安倍晴道《あべのはるみち》（一〇九四—一一五三）が説いていることには着目したい。晴道は平安末期から鎌倉初期にかけての人物であり、安倍氏庶流の「晴道党」の祖である。ここから鎌倉初期には金神の忌が安倍家（晴道党）に受容されていったことがわかる。[22] また金井徳子も明らかにしているように、この金神は大将軍や太白《たいはく》と並び遊行する神として知られていた。[23]「暦注部」でも「金神遊行の事」、「金神四季遊行の事」と二項目あるのも、従来の遊行する金神に関する禁忌を踏襲したものである。

ただ、「金神七殺の方」の傍線部を見ると「金神は巨旦大王が精魂」とある。「起源部」で牛頭天王により滅ぼされた巨旦大王が、なぜ「暦注部」では強力かつ凶悪な力を持つ暦神と同体視されているのか。ここでもやはり「暦注部」の典拠となる「起源部」を読解していく必要がある。

他のテキストに見られる蘇民将来譚では、巨旦大王（古端／古単将来、弟将来《おとしょうらい》）は牛頭天王を拒絶したことで怒りを買い、八将神（八王子）をもうけた後の牛頭天王およびその眷属らによって、なす術なく滅ぼされている。ところがこの「起源部」の巨旦大王は異なる。それは次に見る【H】からわかる。

【H】 辰に鬼王忽然として阿羅監鬼の相有り。寔に不思議の想ひを成して、博士に命じて卜を問ふて曰く、何の妖蘗か有らんや。深く阿羅監鬼の相を受け、精気貞まらず。胸躍りて動揺す。汝以て深く察せよ。士が謹んで天地陰陽の員数を勘へ、亀甲八郭の経旨を閲するに（略）今厥の八王子等四衆八龍等百千若干の眷属を相具して、此の城郭を破却せんと欲す。豈に以て此の禍を遁るべけんや。鬼王曰く、何なる祭祀を以て解除せしめん。士が曰く、一千人の苾蒭を供養して、正に退散することを得べし。鬼王が曰く、奈なる法を勤修せん。士が曰く、太山府君王の法を行じて頗る解除すべし。辰に鬼王歓喜して、天に鉄網を張り、地に盤石を敷く。四方を長鉄の築地を構へ、同じく外には大沢の溝堰を堅め、内には玉の宝殿を造り、同じく清浄の床を飾り、嬉慢歌舞の八句の大衆は四維に安座す。鉤索鐐鈴の四衆の薩埵は四方に侍立す。同じく宝の高座の上に羅

> 綾の打敷を掛け、幷びに天蓋の瓔珞幢播の花幔は四維の風中に翻覆す。清浄の明僧有り。諸の大陀羅尼を唱満す。

他の蘇民将来譚と異なるのは、傍線部である。まず「起源部」の巨旦大王は、事前に何らかの危険が自らに及んでいることを察知し、博士に命じてその原因を突き止めさせている。その上で、来たるべき牛頭天王の襲来に備え、二重傍線部にあるような対策をしっかりと取っている。その結果、巨旦大王が取った対策は、続く【Ｉ】に見られるように、

【Ｉ】　爰に天王安然として彼の鬼館に望み、鉄城高大にして神力方便の術意更に叶ひ難き者なり。

と強い効力を発揮するのである。

この後、巨旦大王が集めた「千人の苾蒭《びす》」の中に「懈怠《けたい》の比丘《びく》」が紛れていることを牛頭天王が見抜き、そこを突破口にして牛頭天王らは巨旦大王宅へと流れ込み、巨旦大王一族は滅亡を迎える。しかし、一時的ではあれ、強力な牛頭天王に対抗するだけの策を巨旦大王がとっていたことは軽視できない。ここに強力な凶神たる暦神・金神と同体となる巨旦大王の典拠が求められる。

ところで、先の「金神七殺の方」では、金神は「巨旦大王が精魂」だとしている。なぜ「精魂」と限定しているのか。この点についても、「五節の祭礼」に関して具体的に記した【Ｋ】の記述を確認

してみよう。

【K】　厥の五節の祭礼とは、正月一日の赤白の鏡餅は巨旦が骨肉なり。三月三日の蓬萊の草餅は巨旦が皮膚なり。五月五日の菖蒲の結粽は巨旦が鬢髪なり。七月七日の小麦の索麺は巨旦が継なり。九月九日の黄菊の酒水は巨旦が血脈なり。総じて蹴鞠は頭、的は眼なり。門松は墓験なり。修正の導師は葬礼の威儀、咸是巨旦調伏の儀式なり。然して牛頭天王、龍宮界より閻浮提に帰還したまふ。長保元年六月一日、祇園精舎に於て、三十日の間、巨旦を調伏したまふ。今の世に至りて此の威儀を学ぶ。六月一日の歯堅肝要なり。悪みても悪むべきは巨旦が邪気、残族、魑魅魍魎の類なり。信じても信ずべきは牛頭天王八王子等なり。

この【K】に先立ち、【J】では「然して后、彼の巨旦が屍骸を切断す。各五節に配当し、調伏の威儀を行ふ」と記されている。つまり、牛頭天王は巨旦大王の屍を切り刻み、「五節」に配当して「調伏の威儀」を行ったというのである。問題の「五節」は何かといえば、【K】の二重傍線部からもわかるように、正月一日・三月三日・五月五日・七月七日・九月九日のいわゆる五節《ごせっく》供を指している。注目すべきは、五節供および正月に食される食物や用いられる景物の起源が、すべて牛頭天王により切り刻まれた巨旦大王の身体に求められることだろう。そしてそれらを食し、あるいは用いて五節供や正月を過ごすこと自体が「咸是巨旦調伏の儀式」であり、ひいては牛頭天王を祀る儀礼になるのだ。

以上を踏まえれば、「暦注部」でわざわざ巨旦大王の「精魂」としている理由がわかってくる。つまり、巨旦大王の身体は「五節の祭礼」ごとに食され、あるいは用いられることとなり、「五節の祭礼」が行われ続ける限り、その身体は喪失したままとなる。だからこそ、巨旦大王に残されたのは精魂だけということになろう。そしてまた、身体を喪失し、「精魂」だけとなった巨旦大王＝金神だからこそ、他の暦神と比べても移動が激しい、すなわち遊行することが可能となるのだ。

牛頭天王を抑えるだけの力を持ちながら、身体を失った巨旦大王。しかし、残された精魂だけは、暦神・金神となって凶事を引き起こす根源となった。「起源部」はまさに、巨旦大王の魂が金神へと変貌する中世神話であった。

本章第二節から本節までを踏まえれば、この『簠簋内伝』巻一からは、祇園社祭神としての牛頭天王とは異なる、新たな牛頭天王信仰が浮かび上がってくる。同時にこの『簠簋内伝』巻一は、それまでの陰陽道や祇園社を中心とした牛頭天王信仰から脱し、天道神＝牛頭天王を中心とする新たな暦神の起源譚として、従来にはなかった陰陽道の信仰を示しているのである。最後にその点を儀礼の超克という視点から論じたい。

第五節　「太山府君王の法」から「五節の祭礼」へ

前節では、巨旦大王が牛頭天王の襲来に備え、強力な対策をとったことを確認した。それが「太山府君王の法」である。その中身はといえば、邸宅を堅牢かつ清浄にした上で、千人の法師を招き大陀羅尼を読誦するといったもので、どこか密教儀礼を思わせる。事実、延命除疫を目的にした唐代の密教修法「焔羅王供行法次第《えんらおうくぎょうほうしだい》」、またそれを基に本朝で行われていた密教修法「焔魔天供《えんまてんく》」では、修法を執行する宗教者（密教僧）と焔羅王（焔魔天）とを繋ぐ役割を担う「大（太）山府君」という神が登場する。(24) ただし、それらはあくまで焔羅王（焔魔天）を祀る儀礼であった。太山（泰山）府君そのものを祀る儀礼として想起されるのは、平安中期から官人陰陽師である安倍家により執行されてきた「泰山府君祭《たいざんぶくんさい》」であろう。

この泰山府君祭は、当初は安倍家によって天皇、そして貴族の延命長寿を願って執行される儀礼だった。ここでの泰山府君とは、寿命を司る絶対的な冥府神《めいふしん》として考えられていたようである。ところが、平安末期に入ると泰山府君祭は延命長寿の祈願のみならず、出世栄達を含む広く現世利益を祈願する儀礼へと変貌していった。(25) さらに鎌倉期に入ると、この儀礼は非官人陰陽師たちの手でも広く行われていた可能性があるという。(26) こうして泰山府君祭は、多様な利益を保証する儀礼として各所で実施されるようになった。こうした泰山府君祭の多様化、そして一般化の背景には、宮廷や鎌倉幕府に仕えた陰陽師たちの政治権力との結びつき、あるいは政治的地位の獲得があったと考えられる。一方で、広く現世利益と結びついた泰山府君は、現世利益を保証する神ではあるが、平安中期に見られる絶対的冥府神としての存在性は薄れていったというのだ。(27)

ところで、この「起源部」に見られるような「太山府君王の法」は、実際の記録では確認できない。

ただ、ここで記されていることを考えれば、焔羅王供行法次第や焔魔天供といった密教儀礼、または泰山府君祭といった陰陽道儀礼の象徴が、「太山府君王の法」として表象された可能性は否定できない。すなわち、『簠簋内伝』以前から行われている儀礼が、「太山府君王の法」という形となって示されていると考えることもできるのである。問題は、この儀礼が一時的には牛頭天王を阻みつつも、最終的には破られていることの意味である。

今堀太逸《いまほりたいつ》は「陰陽道の祭りや仏教経典読誦に代わる新しい疫病の対策法として牛頭天王信仰が成立した」と指摘している。(28) これまで論じてきたように『簠簋内伝』巻一の牛頭天王が単純な行疫神であり除疫・防疫神とはいえないことから、「疫病の対策法」に限定することはできないが、それまでの儀礼よりも牛頭天王を祀ることの方が強力な儀礼であることを示すとする今堀の指摘は重要である。つまり、強力な効力を持つ「太山府君王の法」を牛頭天王により破られるという「起源部」の記述は、牛頭天王を祀る方が、焔魔天供や泰山府君祭といった旧来からの儀礼よりも効験《こうけん》あらたかであることを示そうとする意図が読み取れるのである。

では、旧来儀礼以上の効力を持つ牛頭天王への信仰とは、具体的にどのような形でなされるのか。『簠簋内伝』巻一の中で、牛頭天王を祀る具体的方法が示されているのは、前節でも確認した【K】に見られる「五節の祭礼」であろう。この「五節の祭礼」の特徴は、旧来から行われてきた年中行事の起源を、牛頭天王を祀る新たな陰陽道儀礼として語り直している点にある。当然、それら年中行事を行う人々も、『簠簋内伝』巻一に従えば、巨旦調伏の儀礼を行う主体であり、牛頭天王を祀ることで利益を受ける主体へと変貌を遂げることとなる。

ところで、年中行事とは別にもう一点、儀礼を想起させる記述が見られる。村山も着目した【K】の「長保元年六月一日、祇園精舎に於て、三十日の間、巨旦を調伏したまふ。今の世に至りて此の威儀を学ぶ」という箇所である。(29)第一節でも述べたように「祇園精舎」との表現は、京の祇園社を想起させながらも、実は異なる空間であることを示している。問題は「六月一日」から「三十日の間、巨旦を調伏」する儀礼を「今の世に至」っても「威儀を学ぶ」、すなわち今の世に至ってもその儀礼作法を真似て行う、という記述である。はたしてこの「巨旦を調伏」する儀礼とは何か。

旧暦の六月に行われるということでまず考えられるのが祇園御霊会《ぎおんごりょうえ》（祇園会）だろう。第一節でも述べたように、この『簠簋内伝』巻一からは祇園社の直接的な関係は認め難く、むしろ非官人陰陽師たちによって、祇園社の牛頭天王信仰を、自分たちが創り上げた新たな陰陽道の中に組み込もうとした可能性が考えられる。すなわち、除疫・防疫の利益を求め、行疫神たる祇園社祭神（牛頭天王）を慰撫する祇園御霊会を、『簠簋内伝』に基づきその起源を語り直し、巨旦調伏の儀礼であるために除疫・防疫の利益が得られると位置づけ直したと考えられるのである。

ただ、戦乱期の中断を除けば、中世において祇園御霊会が催されていたのは、ほぼ旧暦六月七日から一四日までであり、翌一五日に行われる祇園臨時祭を含んでも「三十日」にはならない。そこで旧暦六月に行われる儀礼の中で、除疫・防疫の利益に結びつくものはないかと考えたとき、思い浮かぶのは旧暦六月晦日に行われた大祓《おおはらえ》である。第二章第三節でも述べたように、大祓（中臣祓《なかとみのはらえ》）は、災禍、疫病、汚穢といった穢れを払う儀礼である。やや大胆な推論を立ててみると、この六月晦《みなづきみそか》大祓も、祇園御霊会同様に、非官人陰陽師たちによって新たな陰陽道儀礼として読み替えられたのではないか。それは、五節供同様に従来から存在していた儀礼を『簠簋内伝』を通じてその起源を語り直し、創り替える行為であり、また「起源部」がその起源譚となるのである。

おわりに

以上、『簠簋内伝』巻一について、前半部の「起源部」と後半部の「暦注部」とを連関させた上で読解を行ってきた。

前節では、「起源部」の記述に従えば、年中行事を行うすべての人々について、牛頭天王を祀る主体——つまり、除疫・防疫の利益を得る存在——として位置づけられることを明らかにした。ただし、本章冒頭より述べてきたように、この『簠簋内伝』はあくまで暦注書である。いくら正月や五節供を行っていたとしても、「尤も厭ふべき者」たる暦神・金神の禁忌に触れたり、八将神の禁忌に触れたりすることは許されない。あるいは、「万事に大吉」とする天道神の方位を知ることで、さまざまな現世利益を得ることもできるのである。

『簠簋内伝』を用いた非官人陰陽師は、「起源部」ですべての人々が牛頭天王信仰の担い手として救済されることを示しながら、その「起源部」を典拠とする「暦注部」では、旧来の陰陽道とは異なる新たな暦神の利益と禁忌を説き、暦注の必要性を強調しているといえよう。「起源部」と「暦注部」とをあわせた『簠簋内伝』巻一全体が、それまでになかった新たな陰陽の起源譚、すなわち中世神話であり、新たな暦神の起源を語る「暦神神話」ともいえるのである。

なお、この『簠簋内伝』の巻一、および今回検討しなかった巻二の盤牛《ばんご》大王《だいおう》（盤古《ばんこ》）の起源譚に関する影響は、『簠簋抄《ほきしょう》』など近世の注釈書の刊行もあってか、広く認められる。とりわけ、地方における神楽・祭文の世界などに色濃くその影響を見ることができる。[30] もちろん、そこには『簠簋内伝』の影響を受けつつ、独自の信仰世界があらわれていると考えられるが、この点については稿を改めて論じたい。

【引用文献】

・『簠簋内伝』巻一

→『続群書類従　第三一輯上　雑部』（続群書類従完成会、一九二四年）所収『簠簋内伝』を用いて、私に書き下した。なお、書き下しにあたっては、既に書き下しを試みている西田長男「祇園牛頭天王縁起の成立」（同『神社の歴史的研究』塙書房、一九六六年）や『続群書類従』所収本とは異なる系統の『簠簋内伝』を書き下した真下美弥子・山下克明「簠簋内伝金烏玉兎集（抄）」（深沢徹責任編集『日本古典偽書叢刊　第三巻』現代思潮社、二〇〇四年）などを参考とした。

・『陰陽雑書』

→中村璋八「陰陽雑書について」（同『日本陰陽道書の研究』汲古書院、一九八五年）から該当部を私に書き下した。

・『陰陽略書』
→中村璋八「陰陽略書本文とその校訂」(同『日本陰陽道書の研究』汲古書院、一九八五年)から該当部を私に書き下した。
・『永久三年暦』
→『続群書類従　第三一輯下　雑部』(続群書類従完成会、一九二六年)に収載されている『永久三年暦』より該当部を私に書き下した。
・『玉葉』
→国書双書刊行会編『玉葉　第一巻』(名著刊行会、一九八八年)から該当部を私に書き下した。なお、一部を異本表記に差し替えている(「一神を犯すと」は引用文献では「八神を犯すと」になっている)。
・『拾芥抄』
→故実叢書編集部編『新訂増補　故実叢書二二　禁秘抄考註・拾芥抄』(明治図書出版、一九五二年)から該当部を私に書き下した。

注

(1)　たとえば、谷重遠の『泰山集』や西村遠里の『貞享暦解』などでは、真言僧の手によるものと推察しているという(中村璋八「簠簋内伝について」[同『日本陰陽道書の研究』汲古書院、一九八五年])。
(2)　全四巻で、現在は筑波大学附属図書館蔵(請求記号ハ二一〇〇―六)。
(3)　林淳「簠簋内伝」(日本仏教研究会編『日本仏教の文献ガイド』法藏館、二〇〇一年)には、作者説や成立に関する諸説の整理とその問題点が簡潔にまとめられている。
(4)　西田長男「祇園牛頭天王縁起の成立」(同『神社の歴史的研究』塙書房、一九六六年)。
(5)　村山修一「宮廷陰陽道の形骸化と近世陰陽道の進出」(同『日本陰陽道史総説』塙書房、一九八一年)。
(6)　中村璋八「簠簋内伝について」(同『日本陰陽道書の研究』汲古書院、一九八五年)。

（7）『扶桑略記』延久二年（一〇九〇）一〇月一四日条の祇園社焼亡の記事や、その延久二年の祇園社焼亡について振り返った『本朝世紀』久安四年（一一四八）三月二九日条などに、焼亡に伴い大将軍像が焼失した旨が記されている。なお、これらの史料から三崎良周や久保田収らは早くから祇園社に陰陽道の影響が見られると論じている（三崎「中世神祇思想の一側面」〔同『密教と神祇思想』創文社、一九九二年〕、久保田「祇園社と陰陽道」〔同『八坂神社の研究』臨川書店、一九七四年〕）。しかし近年、山下克明によって、院政期の大将軍信仰は陰陽道とは別に貴族を含む都市民の信仰形態を反映したものであったことが明らかにされている（山下「陰陽道信仰の諸相――中世初期の貴族官人・都市民・陰陽師――」〔同『平安時代陰陽道史研究』思文閣出版、二〇一五年〕）。

（8）なお、『簠簋内伝』作者をめぐっては、他にもいくつかの説が存在する。近年、斎藤英喜は賀茂在方の『暦林問答集』と多くの暦注を共有していることなどから、南都興福寺の大乗院門跡に仕えた賀茂家の庶流、後の幸徳井家の関与を示唆している（斎藤「暦と方位の神話世界」〔同『増補　陰陽道の神々』佛教大学生涯学習機構〈思文閣出版・制作〉、二〇一二年〕）。興味深い説ではあるが、これも幸徳井家の文書類などを調査、検討する必要があり、現状では断定することは難しい。

（9）林前掲注（3）。

（10）谷口勝紀「『簠簋内伝』の宗教世界」（『佛教大学大学院研究紀要』第三三号、二〇〇五年）。なお、谷口は平田篤胤の『牛頭天王暦神辨』に注目し、牛頭天王を行疫神としてではなく、暦神として捉えることの重要性を説いている。

（11）この点については、馬場真理子による『暦林問答集』に関する論考でさらに詳しく検討されている。応永二一年（一四四四）に暦博士・陰陽頭を歴任した賀茂在方によって著わされた暦注書『暦林問答集』の典拠はすべて漢籍であり、それらには『簠簋内伝』に見られるような「人格神的な要素」は見られないという。さらに在方は、それら典拠となる漢籍であっても、「儒教的な道徳」や「天命思想と結びつく為政者の更衣に関する」記述は「排除」することで、「陰陽五行説の諸要素が数理的な法則性を成しており、その法則性に基づいて宇宙の万物が成立しているという考え方」で『暦林問答集』を貫いたとする（馬場「暦の「正理」――『暦林問答集』における暦注の解説を中心に――」〔『東京大学宗教学年報』第三四号、二〇一七年〕）。

(12) 斎藤前掲注(8)。

(13) 山本ひろ子『中世神話』（岩波書店、一九九八年）。また、山本をうけて神話の変貌を説いたものとしては斎藤英喜『読み替えられた日本神話』（講談社、二〇〇六年）がある。なお、山本の中世神話論は、伊藤正義らにより牽引された「中世日本紀」論をうけたものである（伊藤「中世日本紀の輪郭――太平記におけるト部兼員説をめぐって――」〔『文学』第四〇巻第一〇号、一九七二年〕）。

(14) なお、神々の変貌については山本ひろ子「至高者たち――中世神学へ向けて――」（山折哲雄編『日本の神 1 神の始原』平凡社、一九九五年）。また、神話が読み替えられ、変貌していくことについては、斎藤前掲注(13)など参照。

(15) 斎藤英喜「牛頭天王、来臨す」（同『増補　陰陽道の神々』佛教大学生涯学習機構〈思文閣出版・制作〉、二〇一二年）。

(16) なお、異本系統にあたる天理大学附属天理図書館吉田文庫蔵の楊憲本などでは、【A】の「今、娑婆世界に下生して、改めて牛頭天王と号す」の下に「元は是、毘盧遮那如来の化身なり」と入っている。毘盧遮那如来、すなわち大日如来の化身として牛頭天王を位置づけることで、やはり万能神としての天道神と牛頭天王とが同体であることが示されているものと考えられる。

(17) 谷口前掲注(10)参照。

(18) なお、文明一四年（一四八二）書写の巻子形態の仮名本『牛頭天王御縁起』（東北大学附属図書館蔵）や長享二年（一四八八）書写の真名本『牛頭天王縁起』（天理大学附属天理図書館蔵）では、「武答天王」は牛頭天王の父として示されている。

(19) たとえば、天和二年（一六八二）刊行の『簠簋内伝諺解大全』では「〓（薬師如来を表わす種字・バイ／ベイ）」と「蘇民将来子孫」、さらに五形（地・水・火・風・空）を表わす「☆」の一二字だとしている。なお、平田篤胤『牛頭天王暦神辨』では〓と☆を「二」、蘇民将来子孫を「六」と解釈している。

(20) 神話の展開を通して神々が「成長」していくという視点は、斎藤英喜『古事記　成長する神々――新しい「日本神話」の読み方――』（ビイング・ネット・プレス、二〇一〇年）に詳しい。

(21) 金井徳子「金神の忌みの発生」（村山修一ほか編『陰陽道叢書　1　古代』名著出版、一九九一年）。なお、金神に関する論考としては他に駒口秀次「正史に登場する金神信仰について――金神考・その1――」（『関西福祉大学研究紀要』第一一号、二〇〇八年）、同「正史に登場する金神信仰について――金神考・その2――」（『関西福祉大学社会福祉学部研究紀要』第一二号、二〇〇九年）、斎藤英喜「いざなぎ流祭文と中世神話――中尾計佐清太夫本「金神方位の神祭文」をめぐって――」（『歴史学部論集』第四号、二〇一四年）などが詳しい。

(22) 斎藤前掲注(21)。なお、斎藤は金神の忌の典拠である『百忌暦』も、安倍・賀茂氏らが用いていた『新撰陰陽書』も同じ呂才《りよさい》（唐の大宗・高宗朝の官人、太常博士）が編纂したと伝えられている点に着目し、清原氏も安倍・賀茂氏もその知識はその実、極めて近似していたものを典拠としていたと述べている。

(23) 金井前掲注(21)。

(24) 長部和雄「唐代密教における閻羅王と太山府君」（同『唐宋密教史論考』永田文昌堂、一九八二年）。なお、日本における太山府君／泰山府君についての受容は、プレモセリ・ジョルジョ「陰陽道神・泰山府君の生成」（『佛教大学大学院紀要　文学研究科篇』第四二号、二〇一四年）を参照。

(25) 斎藤英喜「冥府の王・泰山府君」（同『安倍晴明』ミネルヴァ書房、二〇〇四年）。

(26) 山下前掲注(7)。

(27) 斎藤前掲注(25)。

(28) 今堀太逸「牛頭天王と蘇民将来の子孫」（同『本地垂迹信仰と念仏』法藏館、一九九九年）。

(29) 村山前掲注(5)。

(30) たとえば、斎藤英喜『いざなぎ流　祭文と儀礼』（法藏館、二〇〇二年）で詳細に検討されている高知・旧物部村のいざなぎ流の祭文や、松山由布子「奥三河の宗教文化と祭文」（斎藤英喜・井上隆弘『神楽と祭文の中世――変容する信仰のかたち――』思文閣出版、二〇一六年）で検討されている奥三河の祭文、北上・花巻地域の大乗神楽「天王」（神田竜浩調査、北上市文化遺産活性化実行委員会編『北上・花巻地方の大乗神楽調査報告書　資料編』二〇一八年）など。また『簠簋内伝』との成立の前後関係は明確ではないものの、前掲注(18)であげた文明一四年書写の真名本『牛頭天王御縁起』などにも、影響関係を見ることができる。

第五章　造り替えられる儀礼と信仰

——『牛頭天王御縁起』（「文明本」）の信仰世界

はじめに

さてこれまで、寺の起源を語る縁起（第三章）、新たな陰陽道のあり方を語る暦注《れきちゅう》書（第四章）、あるいは中世の知識人たちによる「中世日本紀《ちゅうせいにほんぎ》」（第二章）について検討してきた。いうまでもなく、これらは皆、牛頭天王信仰に関するテキストである。その他にも祭文や講式《こうしき》などさまざまある。ところが、従来の先行研究では、こうしたテキスト類を「（祇園）牛頭天王縁起」という総称で一括りにされることが多かった[1]。一方で、その言葉の定義はなされておらず、結果として極めて曖昧なまま使用されてきた。

本書では、仏教や陰陽道と結びついて、個人を救済する（あるいは災厄をもたらす）牛頭天王という神の起源譚として——そして、そうした起源譚が生まれる時代こそが中世であるとして——これらのテキストを山本ひろ子らの研究をうけて「中世神話」として積極的に位置づけてきた[2]。その上で、現実社会の変化に即応し、またその現実を意味づけるために、中世神話は変貌をとげたとも述べてきた[3]。このように「縁起」と称される内容以上に、積極的に中世の牛頭天王信仰に関するテキスト群を捉えてきたつもりである。

ただ、個別テキストを見たとき、その外題や内題に「（祇園）牛頭天王縁起」と明記されているものも少なくない。こうしたテキスト群を「牛頭天王縁起」と呼びならわすことは、問題なかろう。

これまで、「牛頭天王縁起」諸本については、すべからく祇園社と結び付けられ語られてきた(4)。しかし、これらの「牛頭天王縁起」を見ると、祇園社と必ずしも結び付けられないことがわかってくる。最終章となる本章では、「牛頭天王縁起」と称されてきた縁起群の中から、しかし祇園社祭神とは異なる牛頭天王が明確に浮かび上がる一本を取り上げ、論じたい。

取り上げる一本とは、確認できる限り「牛頭天王縁起」の中でも最古の書写本となる、東北大学附属図書館蔵・文明《ぶんめい》一四年（一四八二）書写の巻子本『牛頭天王御《ご》縁起《えんぎ》』（以下、「文明本」）である、書写者は「宗俊」なる人物だが、この宗俊がどのような人物であるか、またどこで記されたのか、その詳細は不明である（なお、所蔵先の東北大学附属図書館によれば、一九三五年一月に古書店から購入した記録は残っているものの、それ以前の来歴は不明だという）。ただいえるのは、この縁起が示す起源譚とは、特定の寺社の起源譚ではないということだ。場所を特定することはできないが、ある共同体における牛頭天王信仰の起源を語るテキストとなっていることには留意すべきであろう。また宗俊なる人物が、特定の社寺に常住し、その社寺内部での活動を中心とするような宗教者ではない、ということも類推できるのである。

その内容の詳細については第二節以降で論じるが、前章でも示したように、この「文明本」と『簠簋内伝』とでは共通する点が多々見受けられ、何らかの影響関係がうかがえる（第四章注(30)参照）。

とりわけ、この「文明本」を中世神話の視座から読解したときに、儀礼に関する起源の語り直し、そして儀礼の造り替えが如実にあらわれてくる。同時にそれは、牛頭天王がどのような神として祀られていたかを明らかにするものでもある。牛頭天王信仰はどのように広がりを見せたのか。あるいはどのような信仰として受容されていったのか。「文明本」の読解を通して明らかにし、本書の締め括りとしたい。

第一節　「文明本」の位置づけ

「文明本」の最大の特徴は、漢字交じりの片仮名で記されている点だろう。松本隆信《まつもとりゅうしん》は「牛頭天王縁起」諸本を二類三種に大別し、ＡⅠを真名本、ＡⅡを仮名本、そしてＢを「文明本」と、この縁起に限っては独立した系統であることを示した。その理由として、「文明本」が「叙述にくわしい所と簡略な所とがあり、詞章にも異同が多」く、その内容から「語り物に近い読み物としての性質」を有していることをあげている。(5)

この「語り物に近い読み物」という松本の視点は、先行する西田長男《にしだながお》の研究にも依拠している部分がある。西田は「文明本」の追記部に着目し、この「文明本」が村寄合などで読まれた可能性について指摘している。この点については本章の末で触れるが、テキストの性質を考える上で極めて重大な指摘である。(6)

一方で、「文明本」の本文の検討から信仰に迫ろうとしたのが真下美弥子《ましもみやこ》である。真下は松本の分類を踏まえつつ、「文明本」こそ「牛頭天王縁起」の代表的本文だと位置づけた。その上で、この縁起が「年神《としがみ》の来訪による福徳授与のモチーフを取り込」んでいると指摘し、「年間をつかさどる巡行神たる牛頭天王・波利采女・八王子信仰と、それに基づく新年の福徳獲得の牛玉《ぎゅうぎょく》の呪符の習俗の反映が認められ」るとした(7)。真下がいうところの「牛玉の呪符」については、第二節で詳述することとして、新年に各家々を訪れ、きちんと迎えられた折にはその年の一家の福徳と五穀豊穣を約束するとされる年神（歳神）の信仰を取り込んでいるとする指摘は重要だろう。すなわち、この「文明本」における牛頭天王は、人々に福徳や五穀豊穣の利益をもたらす神といえるのである。ただし、真下の指摘は「文明本」の一部を検討した成果に過ぎない。ところが、この「文明本」全体を読解すると信仰のかたち、具体的には儀礼のあり方がより詳細に見えてくるのである。

そこで、まずは「文明本」全体をつかむため、以下にその本文をあげたい。なお、便宜上、【一】から【一一】の場面ならびに追記・奥書にわけて記している。

【一】　須弥《しゅみ》半腹ニ豊饒《ぶにょう》国ト云国在リ。其国ノ王ヲハ、武答天王《むとうてんのう》ト申奉ル。太子一人ヲワシマス。御名ヲハ武答太子ト□□□□《七カ》歳ノ御時、御タキ七尺五寸マシマス。御頂□《三カ》尺、牛ノ頭生イ出御座《おわ》ス。又、赤色ノ角三尺ニ生出給フ間、父ノ大王是ヲ不思議ノ太子也トテ、御位ヲスヘラセ給ヒ、初テ太子ヲ位ニ付奉テ御名ヲハ牛頭ト申奉ル。時ニ関白、大臣、公卿、天上人、御后ヲ祝ヒマイラセ《ママ》ントテ尋奉レ共、御姿ニ恐、御后御座サス。此御門《みかど》ノ御徒然《つれづれ》ヲハ何トシテナクサメ奉ント各歎キ申処ニ、有人申様ハ狩スナトリヲシテコソ此ツレ〳〵ヲハナクサメ奉ラント申ハ、軈而《やがて》関白大臣ヲ初テ数万騎ノ御勢ニテ広キ野辺ニテ御狩セサセ給フ程ニ、御徒然ナクサミ給フ処ニクコンヲマヒラセ、酒ヲス、メ給フホトニ何クヨリ出来リケン、御盞ノハタニ山鳩来居ケレハ人是ヲアヤシメ申処ニ、此鳩申ヤウハ、何ヲアヤシメ給ソヤ。是ハ此御門ニ、后ヲ合申サン為ニ、参リタリト申。関白殿、悦申サセ給フ。此后ハ何ニマシマスソト尋ネ申ハ、此鳩申云八海竜王ノ其中ニ沙竭《さが》羅《ら》竜王ノ御姫宮アマタ御座ス。一ノ姫宮ハ、八歳《やつとせ》ノ竜女ト奉《ママ》ル申。二ノ姫宮ノ珍輪義女《ちんりんぎによ》ト定メ給ヘト申ケレハ、三ノ姫宮ハ波利菜《ママ》女ト申奉ル。是ヲ牛頭天王ノ御后ト定メ給ヘト申ケレハ、関白殿申サセ給フ様、此后ヲハ何トシテ向ヘトリ奉ルヘキト申給ヘハ、山鳩申様、只狩ノマ、ニテ竜宮ヘ入セ給ヘト申。関白殿大ニ御悦在テ、更《［サラ］》ハ入セ給ヘトテ、数万騎ノ御勢ニテ竜宮ヘ入セ給フ。

【二】其日ハ暮テ御道クタヒレニテ、何クニカ宿ヲ取ヘキ処ヤ在トノ給ヘハ、人申様、古端将来《こたんしようらい》ト申長者候。御宿ヲ召レヨト申。サラハトテ数万騎ノ御勢ニテ、御宿ヲ食レケレハ、古端将来申様ハ、是ハ貧者ニテ候間、思モヨラヌ事ナリ。此道ノ末ニ有徳ナル人ノ候。其ニテ御宿ヲメサシ候ヘトテ、マイラセサル間、軈而出サセ給フ。牛頭天王、大ニ怒リ給ヒテケコロシテ捨ムトノタマヘハ、関白殿申給フ様ハ、后ノ御向エ《ママ》ノ首途ニテ候。イマハシク候ト申給ヘハ、サラハトテ御出有ヌ。又、何クニカ宿ヲ取ヘキ処在ルト宣旨在レハ、爰ニ貧者一人候、名ヲハ蘇民将来《そみんしようらい》ト申テ、浅間《あさま》敷《しき》者ニテ候ヘトモ慈悲在ル者ニテ候。入ラセ給ヘトテ候程ニ御宿メサレ候。家ハ宝形作リニテ浅間敷ク候ヘトモ驄テ宿マヒラセタリケレトモ御座敷ニマヒラセヘキ物ナクテ、茅莚《ちのむしろ》一マイマヒ《ママ》ラセタリ。残ノ御勢ハ皆、茅莚敷キ居サセ給ヒケリ。又、御クコンニ何ヲカマイ《ママ》ラセント申ケレハ、御道クタヒレノ事ナレハ何物ニテモアレ、汝カ給ル物ヲ参セヨト宣旨在リケレハ、粟稗《ぞくひ》ノ外ハ給ル物ナク候ト申。其ニテモ在レマヒ《ママ》ラセヨト宣ヘハ、即チ粟飯ヲ参セタリ。其ノ夜ヲ明シ給ヒテ御立在リケル時、何ヲカ宿タメニトラセントヲホシテ、牛玉《ぎゅうぎょく》ヲ取出サセ給ヒテ、是ハ第一ノ宝ニテ在リトテ蘇民将来ニ御トラセ在リケリ。大ニ悦ヒ申。

【三】牛頭天王ハ竜宮ヘ入セ給フ。竜宮ヘ入セ給フ《七字重複カ》。竜王大ニ御悦ヒ有リ。驄テ婆利菜女ノ御大裏ヘ入セ給テ、驄テ御帰リ有ルヘキト思シケレトモ、八年ヲハシマス。其間ニ、八人ノ王子、産ケマ《ママ》ヒラセ給フ。七男一女ナリ。第一ノ王子ヲハ相光《そうこう》天王ト申奉ル。第二ノ王子ヲハ魔王《まおう》天王ト申。第三ハ倶魔羅《くまら》天王ト申。第四ハ徳達《とくだつ》天王。第五ハ良侍《らじ》天王。第六達尼漢《だつにかん》天王。第七無神相《むしんそう》天王ト申。第八宅相神《たくそうしん》構天王ト申

【四】牛頭天王ハ后王子ヲ引具シテ本ノ豊饒国ヘ御帰リ在リ。又、蘇民将来ニ御宿借ハヤト思シテ在リケル時、蘇民将来ノ思ヒケル様ハ、先ニコソ見苦《みぐるし》敷キ家ニ入レマヒ《ママ》イラセアレ。今度ハ如何ニモ吉家《きつけ》作リテ入参セハヤト思テ、牛玉ヲ取出シ礼シ奉レハ、思ノマ、家一、五間《ごけん》ニ出来ル。ウレ

シキ物哉トテ、七間ノ家ハイマ一ホシキ物哉ト思ケレハ、又、思ノマ、家出来ル。猶飽ス、十二間ノ家ホシキ物哉ト思ヘハ、望ニ随テ出来ル。カクテ家ニハ不足ナシト思フ。七珍万宝《しっちんまんぽう》ノ財《たから》、牛馬六畜《ろくちく》数多シ、眷属ニ至ルマテ、ホシキ物哉ト思ヘハ、其マ、出来リ。今ハハヤ何事ニ付テモトホシキ事ナシト思フ処ニ、牛頭天王行幸《みゆき》ナラセ給ヒケレハ、蘇民将来ナノメナラス悦テ、御モテナシ限無シ。

【五】去程ニ牛頭天王、見目〔ミルメ〕、聞鼻〔キクハナ〕ヲ召シテ、急キ古端カ家ニ行テ何事カ有ル見テマヒ《ママ》レト宣旨也。見目、聞鼻、急キ古端カ家ニ行テ見ケレハ、ハカセラヨヒテ問様ハ、心ニカヽル事在ルハ何事ソト云。ハカセ占フ様、牛頭天王三日ノ内ニ古端将来ヲ始テ数万人ノ眷属共ヲ蹴コロサセ給フヘキ也ト申ハ、古端将来嘆キ悲ミ申ケレハ、如何様ニモ祭リ替テタヒ給ヒ候ヘト申。其時ハカセ申様、何トシテ我身ヲ人ノ身ニ替候ヘキ。七珍万宝モホシカラス。只今ケコロサレマヒラセ候ヘキト云帰リケルヲ、袂ニ取付テ長者申様、如何様ニシテカ此難ヲ遁《のが》レ候ヘキト申。ハカセ申様、此難ヲ遁レント思ハ千人ノ法師ヲ請テ大般若経ヲ七日夜ル日ルノ間、読奉リ候ハヽ、此難遁ルヘキカト申捨テ帰リケリ。サテ千人ノ法師ヲ請シテ大般若経ヲ入マヒ《ママ》ラセ読奉ル。

【六】又、牛頭天王大ニ怒リ給ヒテ、見目、聞鼻ヲ古端カ家ニ行テ如何様ノ事カ在、見回リテ参レト宣旨ナル。急キ行テ聽テ帰リ参リテ、只今千人ノ法師ヲ呼テ大般若経ヲ読マヒ《ママ》ラセケレハ、六百巻ノ大般若ノ高サ四十余丈、六重ノ鉄ノツイチト成テ、箱ハ上ノ蓋ト成リテ御座スト申ケレハ、牛頭天王キコシメシテ、八万四千ノ眷属ニ宣旨ヲ成レケルハ、急キ行テ鉄ノツイチヲ立回リテ見ヨ。千人ノ法師ノ内ニ目ニキス在ル法師ノ食ニサヘラレテネフリ居テ、文字ヲトスナラハ、其カ鉄ノ透ト成テ六重ノツイチヲ開クヘシ。其ヨリ古端将来ヲ初テ眷属ニ至ルマテ蹴コロシテ参レト宣旨也ケレハ、急キ行テツイチヲ立回リ見ルニ、案ニタカワ《ママ》ス片目ニキス在ル法師、文字ヲ落シケレハ、鉄ノ窓ト成リケリ。其ヨリ走リ入リ、皆〻蹴コロシテ帰リケリ。

【七】是ニ付テ、有徳ニ在リ楽ニ有リケレハトテ、慈悲無キ物ハ身ホロヒ、貧ナレトモ慈悲アレハ、忽福徳幸来ルナリ。サテモ此ハ十二月ノ末ノ事ニテ有ケレハ、一切衆生年取ニハ古端将来ヲ呪咀《じゅそ》シタラン物ヲ我眷属ト成テ守ヘシト宣旨ナリケレハ、三界衆生是ヲ承テ大ニ悦呪咀スル様ハ、先節酒《せちさけ》ヲ作リテハ、古端カ血ノ色ト号スル也。アタ、ケトテ昪餅ハ、古端カフクリノマネ也。前ノ膳トテ白餅ツキテ桶カワ《ママ》ニ入レル、ハ、古端ヲ焼タルホネ也。上ニ赤餅積ハ、古端カ身ノ色ト号也。門林《かどばやし》トテ松竹ヲ立ルハ、焼ク時ノ天蓋ヲ釣ラン為ノクヒ也。年縄トテ引ハ、天蓋ノマネ也。年縄ニクロメヲ指ス事ハ、黒炎ヲマネタリ。炭ヲ指ス事、古端ヲ焼タル炭ナリ。射落トテ射ルハ、古端カ左右ノ手ヲヒチヨリ落シテ足ヲ土ニ埋ミ立テ足腓ヲ横カウニ懸テヰタル也。猶モアカス的ト号シテ射ハ、古端カ目ノ皮也。キツチヤウノ玉トテ丸キ物ヲ打事ハ、古端カ脇〔腹イ〕ノ玉也。ハマトテ射ル事、古端カホソ也。射クルミトテヰルハ、古端カ閇也。是皆、正月十五日ノ内呪咀スル也、十四日ニ門林ヲ焼キ失ナフ也。

【八】又、家主蘇民将来ハ先度ニ重恩ノ者也。今ヨリ後ハ蘇民将来ヨリ初テ、来世ニ至マテ蘇民将来可《ママ》子孫ト号セン者ハ、無病、平安ニシテ寿命長遠、福寿増長也ト加護シ給フヘシ。努〻妄ヘカラスト仰アリケリ。爰ニ八玉子《［ママ］王カ》、牛頭天王ノ宣旨ヲ聞召テ、蘇民将来カ為ニ各キセイ申給フ様ハ、第一ノ王子ノ反化《へんげ》ハ、大歳神《だいさいしん》也。春三月ノ行役神也。第二ノ王子ノ返化ハ、大将軍《だいしょうぐん》ト成リ。四季各十八日ノ行役神ト成ル。第三ノ王子ノ反化ハ、歳徳神《としとくじん》也。秋三月ノ行役神也。第四ノ王子ノ返化ハ、歳殺神《さいせつしん》ト成リ。冬三月ノ行役神ト成ル也。第五ノ王子ノ反化、歳破神《さいはしん》ト成テ、四季十八日行役神ト成ル。第六ノ王子ノ反化、黄幡神《おうばんしん》ト成ル。［四季十八日ノ、行役神ト成ル］第七ノ王子反化、豹尾神《ひょうびしん》ト成ル。四季十八日ノ行役神ト成ル。第八ノ王子ノ反化、大陰神《だいおんしん》ナリ。夏三月ノ行役神ナリ。第八ノ王子ノ眷属、各八万四千六百五十四神童子也。十二鬼神等引率シテ蘇民将来カ子孫ヲハ末代マテモ守護セント、誓御座ス。

【九】又、正月ニハ先堂舎ニテ、牛頭天王ノ第一ノ御財、牛玉ヲ給テ、蘇民将来ヲ柳ノ枚ニ書テ、男ハ左リ女ハ右ノ袂ニ付テ守ニ懸テ、其後、鬼払《おにはらい》トテ壁板敷ヲ扣《たた》ク事ハ、古端将来カ家ニ八万四千人ノ御眷属ヲ放シ入テ、古端ヲ打レシ事ヲ猶モ呪咀スル体《［ティ］》也。

【一〇】 三月三日ノ草餅ハ、古端カ身ノ皮也。桃ノ花ハ、古端カ肝也。五月五日ノ粽ハ、古端カモト、リ也。菖蒲ハ、古端カ髪也。如此六月一日ニ牛頭天王ノ御主、天典薬神《てんてんやくじん》、天《あめ》ヨリ御下リマシマス。其時、見セマヰラセン為ニトテ正月ノ白キ餅、古端カ骨トテ取出シテ食スル也。又六月一日ヨリ十五日マテ、七反ツ、南無天薬神、南無牛頭天王ト唱ヘ奉レハ、諸ノ難退キ寿命長遠也。

【一一】 去ハ、古端ハ慈悲無キ故ニ、末代マテ加様ニ呪咀セラレ奉ル。蘇民将来ハ慈悲深重ナル故ニ、子孫マテモ目出度守ラセ給フ也。此本懐《ほんがい》、年ノ初八王子皆牛頭天王ノ王子マテ《ママ》御座ス間、少モ疑ヒ申ヘカラス。惣テ何事モ正月ノ祭リ事ハ皆古端カ調伏《ちょうぶく》ノ為也。

牛頭天王御縁起

【追記・奥書】

五基《墓カ》ハ古端カ基《墓カ》立タル日ナリ

是ノ春三月四季ノ行ニ読ムヘキナリ

万病退キ万難消除スル也

文明十四壬寅年正月廿五日書之　宗俊

以上が「文明本」の本文となる。

はじめに示したように、この縁起は特定の寺社縁起ではない。室町期のある共同体における牛頭天王信仰の起源とその意義を語るものである。それでは、このテキストから顕われる信仰世界とはどのようなものなのか。

この点を明確にするためには、「文明本」の読解とともに、他の牛頭天王信仰に関するテキストとの比較も必要となる。そこで、本章でも、前章で検討した『簠簋内伝』巻一を用い、「文明本」との比較を行いたい。先にも記したようにこの「文明本」は、『簠簋内伝』巻一と共通箇所が多々ある。両テキストの成立の前後関係は、『簠簋内伝』の成立が確定できない今、不明としかいえないが、明らかに影響関係にあるといえる。まずはこの両テキストを比較検討し、共通点、そして差異点（主に「文明本」独自の記述など）を明らかにすることで、「文明本」が示す信仰世界を明らかにする足がかりとしたい。

第二節　語り直され、造り替えられていく儀礼

さて、「文明本」と『簠簋内伝』巻一、どちらもその内容の基軸となるのは「蘇民将来《そみんしょうらい》譚」である。すなわち、龍王の娘と結婚し、八柱の王子を設けた牛頭天王が、結婚前の妻問いの旅の最中に自分を拒絶した長者を滅ぼし、逆に歓待した貧者・蘇民将来には子孫代々の利益が牛頭天王から保証される、

という流れが両テキストに共通して見られる。

その上で、両テキストの共通点とは具体的にどこにあるのかを見ていこう。まず取り上げるのが、牛頭天王を拒絶した長者・古端将来《こたんしょうらい》（『簠簋内伝』では巨旦大王）の描かれ方である。多くの蘇民将来譚では、龍宮から戻った牛頭天王により古端将来とその一族は一方的に滅ぼされているが、この両テキストではそれとは異なる古端将来の姿を見ることができる。ここでは「文明本」の【五】の場面を見よう。

【五】　ハカセラヨヒテ問様ハ、心ニカヽル事在ルハ何事ソト云。ハカセ占フ様、牛頭天王三日ノ内ニ古端将来ヲ始テ数万人ノ眷属共ヲ蹴コロサセ給フヘキ也ト申ハ、古端将来嘆キ悲ミ申ケレハ、如何様ニモ祭リ替テタヒ給ヒ候ヘト申。（中略）如何様ニシテカ此難ヲ遁レ候ヘキト申。ハカセ申様、此難ヲ遁レント思ハ千人ノ法師ヲ請テ大般若経ヲ七日夜ル日ルノ間、読奉リ候ハヽ、此難遁ルヘキカト申捨テ帰リケリ。サテ千人ノ法師ヲ請シテ大般若経ヲ入マヒ《ママ》ラセ読奉ル。

このように古端将来が、事前に身の危険が及んでいることを「ハカセ」の占いで察知し、さらにハカセから牛頭天王への対抗策を聞き出している。こうした記述は『簠簋内伝』巻一でも確認できる（第四章本文【H】参照）。

「文明本」と『簠簋内伝』、どちらの古端将来（巨旦大王）も事前に身の危険が及んでいることを

「ハカセ」の占いで察知し、さらにハカセから牛頭天王への対抗法を学んでいる。『簠簋内伝』ではその対抗法は「太山府《たいざんぶ》君王《くんおう》の法」だったが、「文明本」では『大般若経《だいはんにやきよう》（大般若波羅蜜多経）』の読誦、すなわち大般若経会《だいはんにやきようえ》であることがわかる。

『大般若経』は、古くから護国の経典として知られ、宮中や神社でも読経が行われていたほか、(8)疫病が発生した折には朝廷から諸寺に対して転読の命が下されるなど、(9)広くその力は認識されていた。「文明本」では、その大般若経を千人の法師が七日七夜にわたって読誦する様子が示され、その結果、

【六】只今千人ノ法師ヲ呼テ大般若経ヲ読マヒ《ママ》ラセケレハ、六百巻ノ大般若ノ高サ四十余丈、六重ノ鉄ノツイチト成テ、箱ハ上ノ蓋ト成リテ御座スト申ケレハ

と、やはり強大な力をもって牛頭天王を阻もうとするのである。しかし、続く記述では、

【六】牛頭天王キコシメシテ、八万四千ノ眷属ニ宣旨ヲ成レケルハ、急キ行テ鉄ノツイチヲ立回リテ見ヨ。千人ノ法師ノ内ニ目ニキス在ル法師ノ食ニサヘラレテネフリ居テ、文字ヲトスナラハ、其カ鉄ノ透ト成テ六重ノツイチヲ開クヘシ。其ヨリ古端将来ヲ初テ眷属ニ至ルマテ蹴コロシテ参レト宣旨也ケレハ、急キ行テツイチヲ立回リ見ルニ、案ニタカワ《ママ》ス片目ニキス在ル法師、文字ヲ落

シケレハ、鉄ノ窓ト成リケリ。其ヨリ走リ入リ、皆〻蹴コロシテ帰リケリ

とあって、牛頭天王は強力な大般若経会を打ち破り、古端将来一族を殲滅している。こうした流れは、『簠簋内伝』巻一における「太山府君王の法」とそれを打ち破る牛頭天王という構図とまるで同じだといってよい。つまり、旧来からある陰陽道の儀礼・泰山府君祭や密教儀礼である焔魔天供を行うよりも、牛頭天王を祀る方が効果的であることを示す『簠簋内伝』巻一と同様の主張がここに見られるのである。いうなれば、大般若経会のような旧来儀礼よりも新たに牛頭天王を祀る方が優れていることをあらわしていることになろう。

では、具体的にどのようにして牛頭天王を祀るのか。ここで【七】以降の記述に着目すると、これらはすべて牛頭天王を祀る儀礼に関する記述であることに気づく。たとえば、正月の景物や食物と古端将来との身体とを結び付けて語る【七】や、上巳・端午の節句の景物・食物とやはり古端将来との身体を結び付けている【一〇】などは、年中行事をそのまま牛頭天王を祀る儀礼として語り直しているのである。そして、これらの記述もやはり『簠簋内伝』巻一に共通して見られる。

一方で、【八】や【九】に関しては『簠簋内伝』には確認することができない。とりわけ本節で確認したいのが、『簠簋内伝』巻一には見られない儀礼を語る【九】の場面である。

【九】　又、正月ニハ先堂舎ニテ、牛頭天王ノ第一ノ御財、牛玉ヲ給テ、蘇民将来ヲ柳ノ枚ニ書テ、男

ハ左リ女ハ右ノ袂ニ付テ守ニ懸テ、其後、鬼払トテ壁板敷ヲ扣ク事ハ、古端将来カ家ニ八万四千人ノ御眷属ヲ放シ入テ、古端ヲ打レシ事ヲ猶モ呪咀スル体也。

ここでの儀礼の流れを簡潔にまとめると次の通りである。

A　正月には人々が堂舎に集まり、「牛頭天王ノ第一ノ御財、牛玉」が授けられる。

B　柳の枝に「蘇民将来」と記した符を、男性は左、女性は右の袂に装着する。

C　堂舎の床や壁を叩く「鬼払《おにはらい》」という儀式が行われる。

この記述から想起されるのは、正月に行われる修正会、あるいは二月に行われる修二会であろう。Aは降魔《ごうま》・除災の護符である「牛王宝印《ごおうほういん》」が修正会・修二会で人々に授与されることを示していると考えられる。[10] そしてCは「鬼払」、あるいは「鬼走り」、「鬼追い」、「乱声《らんじょう》」「雷声《らいじょう》」「本尊の肩叩き」などと称される追儺行事で、やはり修正会などで行われることがままある。[11] なお、修正会や修二会が各村落単位で実施される際に、それらは「オコナイ」と称されてきた。このオコナイは、平安中期以降に、五穀豊穣や村落の安全を祈念する行事として、一月から三月にかけて各地で行われていたことが記録から分かっている。[12] この【九】もまた、オコナイを指していると推定できる。

以上を踏まえた上で、【九】の傍線部（Aに関する記述）に着目したい。ここでは、牛王宝印を指すであろう「牛玉」が「牛頭天王ノ第一ノ御財」だとしている点には注意が必要である。[13] なぜこのような記述になっているのか。この一文の典拠となる箇所から見ていく必要がある。次に確認するのが

【二】の場面である。該当部分をあげてみよう。

【二】其ノ夜ヲ明シ給ヒテ御立在リケル時、何ヲカ宿タメニトラセントヲホシテ、牛玉ヲ取出サセ給ヒテ、是ハ第一ノ宝ニテ在リトテ蘇民将来ニ御トラセ在リケリ。大ニ悦ヒ申。

牛頭天王が一宿を求めてきた際、貧者である蘇民将来は出来うる限りの歓待を行う。その礼として、龍宮へと向かう直前に牛頭天王は「第一ノ宝」である「牛玉」を蘇民将来に授けているのだ。さらに龍宮にて婆利菜女を妻とし、八王子を設けた後、本国へ帰国しようと考える【四】の場面では、「牛玉」が単なる財宝ではないことが示されている。

【四】蘇民将来ノ思ヒケル様ハ、先ニコソ見苦敷キ家ニ入レマヒイラセアレ。今度ハ如何ニモ吉家作リテ入参セハヤト思テ、牛玉ヲ取出シ礼シ奉レハ、思ノマ、家一、五間ニ出来ル。ウレシキ物哉トテ、七間ノ家ハイマ一ホシキ物哉ト思ケレハ、又、思ノマ、家出来ル。猶飽ス、十二間ノ家ホシキ物哉ト思ヘハ、望ニ随テ出来ル。カクテ家ニハ不足ナシト思フ。七珍万宝ノ財、牛馬六畜数多シ、眷属ニ至ルマテ、ホシキ物哉ト思ヘハ、其マ、出来リ。

牛頭天王が本国へ帰り、蘇民将来宅へと寄ろうと考えていたとき、蘇民将来もまた、万が一、牛頭天王が自宅へと再訪するならば、今度は立派な家でもてなしたいと思うようになる。そうした時、蘇民将来が「牛玉ヲ取出シ礼シ奉」ると、「五間《ごけん》」の邸宅が出来上がる。さらに、「七間ノ家」、「十二間ノ家」、果ては「七珍万宝《しっちんまんぽう》」、「牛馬六畜《ろくちく》」、「眷属」に至るまで牛玉の力で手にいれることができたというのである。

この一連の描写から、『簠簋内伝』巻一と「文明本」との差異が明らかになってくる。『簠簋内伝』では、牛頭天王は蘇民将来に対し、行疫神たる牛頭天王がもたらす病痛から逃れるための「二六の秘文」と「五節の祭礼」が授けられている。ここでの牛頭天王は、実は単純に行疫神とは言えないことは前章でも記した通りだが、いずれにせよ蘇民将来に授けられた「二六の秘文」、「五節の祭礼」は除疫・防疫の利益をもたらすものであった。そのため、儀礼を授けられた蘇民将来もまた、人々を疫病から守る存在となって、暦神《れきしん》・天徳神《てんとくしん》と同体視されていく。

これに対して「文明本」の中で牛頭天王が蘇民将来へと授けたのは所願成就をもたらす「牛玉」である。またこの「牛玉」とは別に、【八】では牛頭天王が蘇民将来ならびにその子孫に対して「無病、平安」、「寿命長遠」「福寿増長」の利益を保証している。あらゆる願いが成就し、寿命が延び、福寿がもたらされる――これらはみな、人々が願い求める現世利益が具現化したものといえる(14)。この「文明本」における蘇民将来は、一貫して牛頭天王によって現世利益が確証され、またそれを享受する存在として示されているのである。当然、それを確証する牛頭天王もまた、現世利益をもたらす神ということになろう。つまり、祇園社祭神＝行疫神かつ除疫・防疫神とは異なる牛頭天王を見出すことができるのである。

以上を踏まえて【九】の記述に戻ろう。ここで人々に授与されている「牛玉」とは、当然、蘇民将来に授けられたそれを指していると見ることができる。つまり、「文明本」の記述に従えば、このオコナイの場に参加し「牛玉」を授けられた人々は、みな蘇民将来と同体化し、牛頭天王によって現世利益が確約される存在ということになる。同時にそれは、降魔・除災の牛王宝印が、現世利益を確約する「牛玉」として語り直されていることをも意味するのだ。つまり、「文明本」に見られる蘇民将来譚は、「牛玉」としての牛王宝印の起源譚でもある。

そのような意味でいえば、先に確認したCの「鬼払」の儀礼もまた、蘇民将来譚をもとに語り直されていることに気づく。一般的に鬼払いは、導師が杖などを用いて堂舎を激しく叩き、災厄や疫鬼を払う追儺儀礼として知られている。しかし、先に見た【九】の二重傍線部では「鬼払トテ壁板敷ヲ扣ク事」は、実は「古端将来カ家ニ八万四千人ノ御眷属ヲ放シ入テ、古端ヲ打レシ事ヲ猶モ呪咀スル」ことだとその起源と意味を語り直しているのである。当然、「古端将来カ家ニ八万四千人ノ御眷属ヲ放シ入テ……」とは、【六】の記述を典拠としている。

つまり、牛王宝印の授与も鬼払いも、「文明本」における蘇民将来譚を体現する儀礼となる。いうなれば、「文明本」によって、オコナイは牛頭天王信仰の文脈で語り直され、造り替えられているのだ。こうして既存の儀礼を取り込み、再構築することで、信仰は強化され広がりを見せていくのである。

ただし、既存の儀礼をそのまま蘇民将来譚と結び付けたとき、どうしても実践される儀礼と蘇民将来譚との間で整合性がつかなくなる箇所も出てくる。具体的には、「牛玉」（＝牛王宝印）を授けられた蘇民将来（＝人々）が、古端将来宅（＝堂舎）にいるという事態がなぜ起こるのか、という点である。また、蘇民将来譚に従えば、古端将来宅にいるということは、滅ぼされるべき古端将来一族と見なされる危険性もある。実践される儀礼が、儀礼の起源譚たる蘇民将来譚から逸脱するのだ。

そのため、【九】ではAとCの間に、B「蘇民将来」符の装着を入れている。この蘇民将来符については、たとえば南北朝期成立といわれる『神道集』所収「祇園大明神事」などでは、行疫神たる牛頭天王の災厄から蘇民将来の子孫を護る、いわば除疫・防疫の利益をもたらす呪符として位置づけられている[15]。だが、この「文明本」の蘇民将来譚——具体的には【一】から【六】までの記述では、その存在を確認することはできない。つまり、「文明本」における蘇民将来符は、除疫・防疫といった重大な利益を担う呪符としては位置づけられていない。あくまで、【九】で示されるオコナイで、堂舎内にいる人々が古端将来一族ではなく、庇護されるべき「蘇民将来」そのものであることを示すためだけに用いられているのである。ただ、この蘇民将来符の装着も、古端将来宅に「蘇民将来」がいること自体の整合性をつけることにはならない。そこで、再度【九】の記述をみよう。

【九】其後、鬼払トテ壁板敷ヲ扣ク事ハ、古端将来カ家ニ八万四千人ノ御眷属ヲ放シ入テ、古端ヲ打レシ事ヲ猶モ呪咀スル体也。

着目すべきは【九】の末にある傍線部である。「鬼払」の儀礼は、古端将来宅で古端将来一族を滅ぼすことを体現しているわけだが、その意味は、古端将来を「猶モ呪咀スル」ことにあるというのだ。実はこの古端将来に対する呪咀という点こそ、蘇民将来と重なる人々が堂舎の中にいることの理由となる。一体どういうことか、次節で検討しよう。

第三節　古端将来への呪咀が意味すること

前節で確認した古端将来への呪咀という表現は、【九】の場面以外にも確認することができる。まずは【七】の記述を見よう。

【七】是ニ付テ、有徳ニ在リ楽ニ有リケレハトテ、慈悲無キ物ハ身ホロヒ、貧ナレトモ慈悲アレハ、忽福徳幸来ルナリ。サテモ此ハ十二月ノ末ノ事ニテ有ケレハ、一切衆生年取ニハ古端将来ヲ呪咀シタラン物ヲ我眷属ト成テ守ヘシト宣旨ナリケレハ、三界衆生是ヲ承テ大ニ悦呪咀スル様ハ、先節酒ヲ作リテハ、古端カ血ノ色ト号スル也。アタ、ケトテ昇餅ハ、古端カフクリノマネ也。前ノ膳トテ白餅ツキテ桶カワ《ママ》ニ入レル、ハ、古端ヲ焼タルホネ也。上ニ赤餅積ハ、古端カ身ノ色ト号也。門林トテ松竹ヲ立ルハ、焼ク時ノ天蓋ヲ釣ラン為ノクヒ也。年縄トテ引ハ、天蓋ノマネ也。年縄ニクロメヲ指ス事ハ、黒炎ヲマネタリ。炭ヲ指ス事、古端ヲ焼タル炭ナリ。射落トテ射ルハ、古端カ左右ノ手ヲヒチヨリ落シテ足ヲ土ニ埋ミ立テ足腓ヲ横カウニ懸テキタル也。猶モアカス的ト号シテ射ハ、古端カ目ノ皮也。キツチヤウノ玉トテ丸キ物ヲ打事ハ、古端カ脇〔腹イ〕ノ玉也。ハマトテ射ル事、古端カホソ也。射クルミトテヰルハ、古端カ閇也。是皆、正月十五日ノ内呪咀スル也、十四日ニ門林ヲ焼キ失ナフ也。

前節でも示したが、ここでは『簠簋内伝』巻一同様に、正月のハレの諸行事について、古端将来の身体に由来した景物や食物を用い食している様子がうかがえる。さらにその背景を語るのが傍線部である。ここでは、牛頭天王が蘇民将来宅を訪れ、また古端将来を滅ぼしたのは「十二月ノ末ノ事」であったこと、そのため「一切衆生」が「年取ニハ古端将来ヲ呪咀」することで、「眷属ト成テ守」ることが牛頭天王から語られている。つまり、正月に行われるハレの諸行事もまた、古端将来への呪咀として造り替えているのである。この点について端的に示しているのが、【七】の末にある二重傍線部だろう。

こうした古端将来への呪咀を通して、牛頭天王からの利益が約束されるということは、古端将来への呪咀は同時に牛頭天王を祀る儀礼としても機能していることになる。このように「文明本」では、正月のハレの諸行事を行う人々――つまり、ほぼすべての人が古端将来を呪咀し、牛頭天王を祀っていることになるのだ。当然、それらの人々は牛頭天王の眷属として庇護されることになる。まさに【七】は古端将来の呪咀が利益をもたらすことを示しているのである。こうしてすべての人々が牛頭天王の眷属として語り直されることで、その信仰は広がりをみせていくことになる。

一方で、古端将来への呪咀＝牛頭天王を祀る儀礼について語る【七】に対し、【八】はそれとは異なる文脈で牛頭天王からの利益が示されている。

【八】　又、家主蘇民将来ハ先度ニ重恩ノ者也。今ヨリ後ハ蘇民将来ヨリ初テ、来世ニ至　マテ蘇民将来可《ママ》子孫ト号セン者ハ、無病、平安ニシテ寿命長遠、福寿増長也ト加護シ給フヘシ。努〻妄ヘカラスト仰アリケリ。爰ニ八玉〔王カ〕子、牛頭天王ノ宣旨ヲ聞召テ、蘇民将来カ為ニ各キセイ申給フ様ハ（中略）第八ノ王子ノ眷属、各八万四千六百五十四神童子也。十二鬼神等引率シテ蘇民将来カ子孫ヲハ末代マテモ守護セント、誓御座ス。

前節でも触れたが、ここでは蘇民将来その人はもちろん、その子孫と名乗る者であれば、「無病、平安」、「寿命長遠」、「福寿増長」が得られるとしている。これは偏に蘇民将来が「慈悲深重」（【一二】の記述）であるからにほかならない。つまり、慈悲深重である蘇民将来が、その子孫にも利益をもたらしていることを示しているのである。さらにその旨を聞いた牛頭天王の八柱の王子（八王子）は、「蘇民将来カ子孫」を「末代マテモ守護」すると誓いを立てている。牛頭天王がもたらす「無病、平安」は、まさに祇園社祭神としての牛頭天王、すなわち除疫・防疫神としての利益と重なる。ただし、「寿命長遠」、「福寿増長」は除疫・防疫を超えた現世利益となる。つまり、ここでも除疫・防疫神であると同時に、現世利益を確約する神としての牛頭天王を確認することができるのだ。

では前節で見た【九】はどうか。まず「牛玉」が授与されていることから、【八】同様に慈悲深重な蘇民将来に対し所願成就の利益が確約されていると見ることができる。その上で、「牛玉」が授けられた「蘇民将来」たちは蘇民将来符をつけ、「鬼払」に参加することで、古端将来の呪咀に加わったことになる。つまり、【七】と同様、牛頭天王の眷属として護られる存在になるのである。

以上をまとめてみよう。【七】は古端将来の呪咀を行うことで「一切衆生」が牛頭天王から「眷属ト成テ守」られる存在になる。ただし、その利益は具体的に示されていない。一方、【八】では、利益の対象が「一切衆生」から「蘇民将来カ子孫」へと限定されることで、防疫・除疫の利益のみならず、「寿命長遠」、「福寿増長」の利益も与えられることとなる。そして、【九】は「堂舎ニテ、牛頭天王ノ第一ノ御財、牛玉」を授けられた人々、すなわち蘇民将来とシンクロ（同調）する人々と、さらに利益の対象が狭められている。着目すべきは、彼らには所願成就をもたらす「牛玉」が授けられていることだろう。つまり、ここでの「牛玉」とは、【七】や【八】で示される利益を包含する、より強力な利益をもたらすこととなる。加えて蘇民将来符を装着し、「鬼払」に参加することで、【七】同様に古端将来の呪咀を行い、改めて牛頭天王の眷属として庇護される存在になるのである。これこそが、オコナイに参加する人々が古端将来宅（＝堂舎）にいる理由といえよう。彼らはオコナイの中で古端将来への呪咀を積極的に行う必要があったのである。

ところで、この【九】に見られるオコナイも多くは正月に行われる儀礼である。結果として、正月に牛頭天王からさまざまな利益が与えられていることから、「文明本」における牛頭天王信仰に年神信仰を重ねた真下の見解は首肯できる[16]。ただ、この点をより踏み込んで考察するにあたっては、「文明本」の末にあたる【一一】の記述を注視する必要がある。

【一一】此本懐、年ノ初八王子皆牛頭天王ノ王子マテ《ママ》御座ス間、少モ疑ヒ申ヘカラス。惣テ何事モ正月ノ祭リ事ハ皆古端カ調伏ノ為也。

着目すべきは傍線部である。牛頭天王が年神であれば、当然、新年に入り各家々を訪問することになる。だが、傍線部を見ると「年ノ初」に訪れるのは、牛頭天王と波利菜女との間に生まれた八柱の王子たち――八王子だというのである。なぜ牛頭天王ではなく八王子なのか。実はここに、「文明本」における牛頭天王信仰をひもとく鍵がある。次節で検討しよう。

第四節　行疫神としての八王子

繰り返し確認しているように、「文明本」における牛頭天王は、古端将来一族を滅ぼす荒ぶる神の側面は持ちつつも、現世利益を司る神として示されている。では、八王子はどうか。前節でも見た【八】の場面を確認したい。

【八】爰ニ八玉子《［ママ］王カ》、牛頭天王ノ宣旨ヲ聞召テ、蘇民将来カ為ニ各キセイ申給フ様ハ、第一ノ王子ノ反化ハ、大歳神也。春三月ノ行役神也。第二ノ王子ノ返化ハ、大将軍ト成リ。四季各十八日ノ行役神ト成ル。第三ノ王子ノ反化ハ、歳徳神也。秋三月ノ行役神也。第四ノ王子ノ返化ハ、歳殺神ト成リ。冬三月ノ行役神ト成ル也。第五ノ王子ノ反化、歳破神ト成テ、四季十八日行役神ト成ル。第六ノ王子ノ反化、黄幡神ト成ル。［四季十八日ノ、行役神ト成ル］第七ノ王子反化、豹尾神ト成ル。四季十八日ノ行役神ト成ル。第八ノ王子ノ反化、大陰神ナリ。夏三月ノ行役神ナリ。

牛頭天王が蘇民将来の子孫に「無病、平安」ほかの利益を確約したことをうけ、八王子らも蘇民将来の子孫を守護することを誓った場面である。注目すべきは傍線部で、八王子はそれぞれ各季節・各土用を司る「行疫神」であると示されている。もちろん、疫病を広める行疫神であるということは、同時に疫病を除き、抑える力を持つ除疫・防疫神でもある。彼らは一年を通して季節ごとに交替しながら、除疫・防疫の利益をもたらし、蘇民将来の子孫を庇護していることになる。つまり、【八】で牛頭天王が蘇民将来の子孫に確約した「無病、平安」といった利益は、八王子による年間の守護を通してもたらされるものといえる。そのように考えると、「文明本」における行疫神かつ除疫・防疫神としての側面は、牛頭天王よりも八王子に求められる。すなわち、現世利益を保障する神としての牛頭天王と、行疫神かつ除疫・防疫神としての八王子というかたちで役割がわかれていることを意味するのだ(17)。

そして、その八王子が一同に会するのが前節でも確認したように、「年ノ初」だというのである。ただ、ここで注意したいのが、その前後の文脈、すなわち【一一】の「此本懐、年ノ初八王子皆牛頭天王ノ王子マテ《ママ》御座ス間、少モ疑ヒ申ヘカラス」という一文だ。客神《まろうどがみ》である八王子の前で、「此本懐」すなわち「文明本」の内容について「少モ疑ヒ申」してはならないというのである。もちろん、その一文が意味するところは、行疫神たる八王子を歓待した上で、牛頭天王の眷属として正月のハレの諸行事をつつがなく行わねばならない、ということだろう。【九】のオコナイが蘇民将来譚の再現儀礼であるならば、この【一一】の記述もまた、牛頭天王を歓待した、まさに慈悲深重な蘇民将来の行動を各家で再現することを表わしている。もしここで、客神たる八王子を無下に扱えば、古端将来同様の結末を迎えることが想起されるだろう。また、牛頭天王が【七】で求めた古端将来への呪咀を行わなければ、同様に牛頭天王の眷属から外れ、庇護の対象とならないのである。そういった意味では、新年をどう迎えるかで、牛頭天王・八王子から利益を得られるか、あるいは逆に、災禍がもたらされるかがわかれることになる。

現在に残る年神に関する民俗事例として、東北地方を中心に、年末から正月にかけて一晩あるいは数日の間、行疫神を迎え入れ、食事を奉じて祀ることで、疫病を避ける習慣があるという(18)。この「文明本」は、そのような行疫神が牛頭天王の王子である八王子だということを明示し、歓待する意義を説いているといえよう。さらに踏み込めば、オコナイ同様にこの新年の疫神迎えも、既存の信仰としてあったのやもしれない。それを「文明本」は牛頭天王信仰の文脈で語り直し、八王子への信仰に造り替えている可能性も考えられよう。

ところで、『簠簋内伝』巻一後半の「暦注部」でも八将神（八王子）は「春夏秋冬四季土用の行疫神なり」と記している。しかし、「文明本」とは異なり、実際には吉凶半ばする暦神として説かれてはいるが、除疫・防疫神として、あるいは行疫神としての積極的な役割は見出せない。これは『簠簋内伝』巻一の中で除疫・防疫の利益をもたらす「五節の祭礼」ならびに「二十六の秘文」、あるいは除疫・防疫の方位方角を司る暦神・天徳神＝蘇民将来や、行疫を含む凶事を担う暦神・金神《こんじん》＝巨旦大王の存在が明示されているからである。『簠簋内伝』巻一において八将神が行疫神と記されるのは、荒ぶる神としての側面を強調するためであろう。こうした一見すると『簠簋内伝』巻一と共通しているように見えて、その実は大きく異なる「文明本」の記述は他にも確認できる。ここで、まだ触れていない【一〇】の内容についても検討してみよう。

【一〇】　三月三日ノ草餅ハ、古端カ身ノ皮也。桃ノ花ハ、古端カ肝也。五月五日ノ粽ハ、古端カモトヽリ也。菖蒲ハ、古端カ髪也。如此六月一日ニ牛頭天王ノ御主、天典薬神、天ヨリ御下リマシマス。其時、見セマヰラセン為ニトテ正月ノ白キ餅、古端カ骨トテ取出シテ食スル也。又六月一日ヨリ十五日マテ、七反ツ、南無天薬神、南無牛頭天王ト唱ヘ奉レハ、諸ノ難退キ寿命長遠也。

ここでも三月三日の上巳《じょうし》や五月五日の端午《たんご》、あるいは六月一日の歯固《はがた》めの行事が、古端将来の身体由来の食物・景物を用いる古端将来呪咀の儀礼として造り替えられている。そして、こうした点も含めて、『簠簋内伝』巻一の「五節の祭礼」、すなわち元旦（一月一日）・上巳（三月三日）・端午（五月五日）・七夕《しちせき》（七月七日）・重陽《ちようよう》（九月九日）といった五節供《ごせつく》に関する記述と共通している。

ただし、「文明本」の【一〇】をはじめ、「牛頭天王縁起」諸本には、七夕、重陽に関する記述が見られない。この点については、五節供に関する記述の「不備」であり、『簠簋内伝』と比べ、「五節供行事の説明として後退」しているとの指摘もある。(19)しかし、これまでも確認してきたように、『簠簋内伝』巻一と共通点はあるにせよ、「文明本」の読解から見えてくる牛頭天王の信仰と『簠簋内伝』巻一とのそれとは明らかに異なる。そのため、『簠簋内伝』巻一と比べたとき、最初から不備を前提とするのではなく、なぜ七夕・重陽に関する記述がないのか、その意味を探る必要があろう。

着目したいのが、傍線部である。この「六月一日ヨリ十五日マテ」の神名唱誦《しようじゆ》をもって、「文明本」では儀礼に関する記述は見られなくなる。ところで、旧暦の六月といえば京では牛頭天王を祀る祇園会《ぎおんえ》（六月七日から一四日）ならびに祇園臨時祭《ぎおんりんじさい》（壱五日）が行われている。このほか中世以降に、祇園社や尾張の津島天王社などが勧請《かんじよう》された地では、やはり旧暦の六月上旬から中旬にかけて祇園会や天王祭が行われていたという。(20)これら祇園会や天王祭は、各地の祇園社や天王社にとって牛頭天王を祀る最大の祭祀であると同時に、その年における牛頭天王祭祀の一つの区切りとなる。つまり、祇園会や天王祭以後は、主だった祭祀は行われないのである。

この「文明本」では、祇園会や天王祭について直接の記述は見られない。あるいは、この「文明本」が記された地域では、そのような祭祀までは伝播していなかった可能性も考えられよう。ただし、旧暦六月が牛頭天王祭祀の区切りとして伝わり、神名唱誦という新たな儀礼が創造、ないし語り直され造り替えられたと考えることは、そこまで突飛なこととはいえまい。むしろ、このように考えると、特定の社寺で祀られる神ではなく、古端将来の呪咀を通して人々の営みの中で祀られる神へと牛頭天王を変貌させた「文明本」の信仰世界がより鮮明になるのである。

おわりに

以上、「文明本」の読解を通して、このテキストから浮かび上がる牛頭天王信仰について検討してきた。この「文明本」からは、既存の習慣や儀礼を牛頭天王信仰の起源に即して語り直し、造り替えることで、信仰は強化され広がりを見せたことを論じてきた。また、「文明本」における信仰世界は、「文明本」と共通点が多々ある『簠簋内伝』巻一とも異なる信仰を見せているのである。まさに「文明本」は、牛頭天王信仰に沿ったかたちで儀礼を造り替え、また現世利益の神としての牛頭天王を顕わにした、中世神話だといえる。

ところで、この「文明本」には尾題の後、三行の追記がある。これも「縁起」本文と同筆と認められるのだが、問題はその内容である。

【追記・奥書】

五基《墓カ》ハ古端カ基《墓カ》立タル日ナリ
是ノ春三月四季ノ行ニ読ムヘキナリ
万病退キ万難消除スル也

傍線部は西田も着目している記述である。すなわち、この縁起を「春三月四季の行」で「読ムヘキ」ものだとしているのだ。西田はここでの「行」を「おこなひ」と読んでいるが、それは本章で繰り返し見てきた地方における修正会・修二会としてのオコナイとは異なり、「祭の機会に直会に類する宗教的寄合」と述べている[21]。「春三月」だけでなく「四季」にも行われることから、やはり修正会・修二会としてのオコナイとはいえず、あるいは「行（ぎょう）」と読む可能性もある。そうした場合、この「文明本」を書写した宗俊は、まさに「行者《ぎょうじゃ》」であり、「行」は儀礼そのものを現わすことになるが、この点はもう少し検討する必要があろう。いずれにせよこの「文明本」が読まれる性質のテキストであったことは間違いない。そもそも前節で確認した【一一】の「此本懐、年ノ初八王子皆牛頭天王ノ王子マテ《ママ》御座ス間、少モ疑ヒ申ヘカラス」という一文は、「此本懐」の内容を人々が知る機会がなければ意味をなさない。つまり、この「文明本」は読み込まれることで意味をなすテキストだといえるのである。この縁起が、漢字交じりの片仮名本であるのも、繰り返し「読ム」ことを前提に作られたものと考えられよう。

そしてまた、この縁起を「読ム」という行為には、儀礼的な意味が付加される。場合によっては、この縁起は祭文化していたとも考えられよう。

それは「文明本」本文には一切記されていない新たな儀礼の創造である。「文明本」がオコナイや正月のハレの行事を語り直し、造り替えていったのと同じように、「文明本」というテキスト自体も、それを使用する「宗教者」によって創り替えられ、新たな役割を与えられた。信仰はテキストによって変貌し、テキストもまた変貌を遂げる――ここに牛頭天王信仰が中世の日本において限りない創造と変貌により広がりを見せていたことが明らかとなるのである。

【引用文献】

・『牛頭天王御縁起』(「文明本」)

→横山重・太田武夫校訂『室町時代物語集』第一(大岡山書店、一九三七年)からほぼ引用しているが、一部は原本(請求記号　宇八―一〇三二)を確認後、改めた(後述)。また、句読点に関しては適宜私に補い、明らかに脱文であろうと推定できる箇所は本文中に[　]を使って補っている。原本を確認後、改めたのは【九】の「牛玉ヲ給テ、」で、『室町時代物語集』では「牛玉ヲ給ラ《マ、》」となっていた。また【三】に見られる点線での囲いも原本に従に付した。

注

(1)　西田長男「祇園牛頭天王縁起の成立」(同『神社の歴史的研究』塙書房、一九六六年)や松本隆信「祇園牛頭天王縁起について」(同『中世における本地物の研究』汲古書院、一九九六年)など。

（2）中世神話については、山本ひろ子『中世神話』（岩波書店、一九九八年）。また牛頭天王信仰に関するテキストを中世神話で読み解くという視座は、山本「行疫神・牛頭天王――祭文と送却儀礼をめぐって――」（同『異神――中世日本の秘教的世界――』平凡社、一九九八年）、斎藤英喜「牛頭天王、来臨す」「暦と方位の神話世界」（同『増補　陰陽道の神々』佛教大学生涯学習機構〈思文閣出版・制作〉、二〇一二年）、斎藤「病人祈禱と「天刑星の祭文」」（同『いざなぎ流　祭文と儀礼』法藏館、二〇〇二年）などから着想を得ている。

（3）神話の変貌という視座は、斎藤英喜『読み替えられた日本神話』（講談社、二〇〇六年）をうけたものである。

（4）西田前掲注（1）や松本前掲注（1）。また山本ひろ子も「牛頭天王縁起」諸本を「祇園牛頭天王縁起」として、「祇園社僧の制作と推測される祇園社の縁起である」と述べている（山本前掲注（2）「行疫神・牛頭天王――祭文と送却儀礼をめぐって――」）。

（5）松本前掲注（1）。

（6）西田前掲注（1）。

（7）真下美弥子「御霊信仰――『牛頭天王縁起』をめぐって――」（福田晃・美濃部重克・村上學編『宗教伝承の世界』三弥井書店、一九九八年）。また近年、紹介された奥三河に存する近世期書写の『御歳徳神祭文』は、蘇民将来譚を基にしつつ、年神信仰を説くテキストであり、年神の別名の中に牛頭天王の名も確認できるものである（松山由布子「奥三河の宗教文化と祭文」［斎藤英喜・井上隆弘編『神楽と祭文の中世』思文閣出版、二〇一六年］）。

（8）出渕智信「神前読経の成立背景」（『神道宗教』第一八一号、二〇〇一年）や嵯峨井建「一宮・惣社における仏事と大般若経」（同『神仏習合の歴史と儀礼的空間』思文閣出版、二〇一三年）などに詳しい。

（9）たとえば『日本紀略』大同三年（八〇八）正月乙未（一三日）。

（10）牛王宝印は、古来より薬として重宝された牛王を朱肉に混ぜ込み印を押した護符で、現在でも多くの寺社の修正会、修二会で配布されている。川井銀之助「牛王宝印の医学的考察」（『神道史研究』第八巻第二号、一九五〇年）や中村直勝『起請の心』（便利堂、一九六二年）など参照。

（11）高桑みどり「「乱声」の系譜――雅楽・修正会から鬼狂言へ――」（『芸能の科学』第二四号、一九九六年）、山崎一司「修正会の地方化と鬼の変容――愛知県平野郡の「鬼祭り」・「はだか祭り」を中心に――」（『民俗芸能研究』第三五号、二〇〇二年）、佐藤道子「達陀の道」（同『悔過会と芸能』法藏館、二〇〇二年）。

（12）『三宝絵詞』下巻「修正月」では、すでに七道各国で「オコナヘ」が実施されていた旨が記されている。オコナイについては中澤成晃「修正会・修二会と餅・花」（同『近江の宮座とオコナイ』岩田書院、一九九五年）や中島誠一「オコナイにみる荘厳――西日本の年頭行事にみるお鏡飾りを中心に――」（伊藤唯真編『宗教民俗論の展開と課題』法藏館、二〇〇二年）などに詳しい。

（13）蘇民将来に「牛玉」を授けるという表現は、他の「牛頭天王縁起」にもほぼ共通して見られるといってよい。「牛頭天王縁起」以外では、愛知県津島市興禅寺蔵の天文九年（一五四〇）書写『牛頭天王講式』の第四段目に「大福長者」になることのできる「牛玉」の存在が確認できる。

（14）なお、所願成就のための牛玉は、既に『五大牛玉雨寶陀羅尼儀軌』（唐の縛日羅枳惹曩・訳）に示されている。『新纂大日本続蔵経』（卍続蔵経）には、真言僧・金剛資頼心が文保三年（一三一七）に書写したものが収められており、「文明本」が影響を受けた可能性は十分に考えられる。ただ、それが同儀軌による直接の影響関係なのか、間接的な影響関係であるかなど、まだ検討すべきところは多い。

（15）『神道集』の「祇園大明神事」では、全体を四角く削り、さらに首にあたる部分を五形に削った符に、「蘇民将来の子孫」という文字を書きつけている。また符という形ではないが、「備後国風土記逸文」では、「蘇民将来の子孫」と名乗る人物が茅の輪をつけると、やはり行疫神たる武塔神からの災厄を免れるとしている。

（16）真下前掲注（7）。

（17）同様のケースは奥三河地域の大神楽で用いられたとする『牛頭天王島渡り祭文』にも見え、山本ひろ子により詳細に検討されている（山本前掲注（2））。

（18）大島建彦「信仰と年中行事」（大間知篤三ら編『日本民俗学大系　巻七　生活と民俗2』平凡社、一九五九年）、三崎一夫「正月行事における疫神鎮送について」（『東北民俗』第五輯、一九七〇年）、田中宣一「厄神の祭祀と正月行事」（『成城文藝』第一六一号、一九九八年）など参照。

（19）三浦俊介「陰陽思想――『簠簋内伝』をめぐって――」（福田晃・美濃部重克・村上學編『宗教伝承の世界』三弥井書店、一九九八年）。

（20）なお、祇園会の伝播については、大塚活美「中世における祇園祭の地方伝播」（『京都文化博物館研究紀要朱雀』第一三号、二〇〇一年）に詳しい。

（21）西田前掲注（1）。

附記 本章執筆にあたり、貴重な史料の閲覧ならびに翻刻、公開を許可してくださった東北大学附属図書館には厚く御礼申し上げたい。

結語

以上、本書では、牛頭天王信仰に関するテキストを「中世神話」の視座をもって読解し、そこから浮かび上がる牛頭天王の信仰世界について検討してきた。改めて各章で明らかとなったことを述べていきたい。

＊　＊　＊

緒言ならびに第一章では、本書の立場を明確に述べた。牛頭天王信仰が置かれている状況を鑑みるに、すでに実体的な信仰はほぼ失われており、実証的に検証できるだけの資料が十分ではない。そのためか、これまで牛頭天王信仰を詳細に検討しようという試みはなされてこなかった。一方で、牛頭天王信仰の起源を語るような「物語」――縁起や祭文、注釈書などのテキストは、各地で作成され、今も残されている。これらのテキストは、史実をそのまま実体に即して示しているわけではない。しかし、なぜこの神を祀るのか、祀ることでどうなるか、誰がどのようにして祀るべきか、といった信仰の核となる要素が盛り込まれている。それはまさに、信仰世界の「深層」といえよう。こうしたテキストを読み解き、テキストの信仰世界を浮かび上がらせようというのが本書の立場である。

ただし、単にテキストを読解するといっても、これまでの先行研究——たとえば神仏習合《しんぶつしゅうごう》論や本地垂迹《ほんじすいじゃく》説を前提としたような研究あるいは実証的に歴史を把握するような研究——では、各テキストから牛頭天王への信仰世界を顕わにすることができなかったことを示した。その原因として、それらの先行研究は近代主義的な価値観や学問知を前提にしており、そのような価値観や学問知に立つと、牛頭天王信仰に関するテキストは矛盾や飛躍だらけで読解が困難となることがあげられよう。なぜなら、牛頭天王という神は古代神話に登場する神々と異なり、時代の変遷とともにその姿を変えるからである。

時に仏教と結びつき、時に陰陽道と結びつくことで、個人を救済する（ないし個人へ災厄をもたらす）神として牛頭天王は顕われる。古代神話に登場する神々とは大きく異なるこの牛頭天王の登場は、まさにその時代が中世であることを示すものであった。

こうした牛頭天王が潜むテキストは、一見すると混乱、矛盾、飛躍ばかりのように見える。しかし、儀礼との相関で祭文を検討した山本ひろ子や斎藤英喜の研究が明らかにしたように、あるいは伊藤正義により提唱された「中世日本紀」研究が明らかにしたように、そうした混乱や矛盾、飛躍と取れる箇所にこそ、信仰世界や中世における先鋭的な知が潜んでいるのである。こうしたテキストに臨むには、従来の近代的学問知とは異なる視座、異なる方法論をもって取り組まねばならない。伊藤の「中世日本紀」をうけて山本ひろ子が提唱した「中世神話」は、まさにそうしたテキスト読解のための視座であった。

古代と中世、その時代区分は明示的なものではない。しかし、たとえば、古代神話の神々が国家を支え、王権と結びついていたのに対し、牛頭天王をはじめとする中世の神々は、主に個人の救済を担っていた。そこには平安中期以降の末法到来の喧伝、浄土教の隆盛、あるいは現世利益を保証する密教や陰陽道儀礼の隆盛が多分に影響していた。こうした時代の変化に伴い、古代とは異なる起源を語り、古代とは異なる現実を新たに読み替える言説が登場する。縁起や祭文、神道書、注釈書などである。これらを山本は中世神話として位置づけたのである。本書もまた、山本・斎藤の研究をうけ、中世神話の視座でなければ牛頭天王信仰に関するテキストも読解できないこと、すなわち牛頭天王への信仰世界は浮かび上がらないであろうことを示した。その上で、山本や斎藤が、儀礼の場で用いられる（用いられた）祭文を中世神話の視座で読み解くものであったことをうけ、本書では検討の対象となるテキストを縁起や注釈書まで拡大させ、牛頭天王の信仰世界を明らかにするものとした。

続く第二章では、牛頭天王信仰の最大の拠点ともいえる京の祇園社（現・八坂神社）に焦点を当て、中世における「知識人」たちの祇園社祭神言説――具体的には、『釈日本紀《しゃくにほんぎ》』における卜部《うらべ》兼文《かねぶみ》（そして兼方《かねかた》）の祇園社祭神言説、『公事根源《くじこんげん》』ならびに『日本書紀《にほんしょき》纂疏《さんそ》』における一条《いちじょう》兼良《かねよし》の祇園社祭神言説、そして『神書聞塵《しんしょもんじん》』における吉田《よしだ》兼倶《かねとも》の祇園社祭神言説をそれぞれ検討した。卜部兼方が著わした『釈日本紀』は、兼方の父・兼文が前関白・一条実経《さねつね》らを相手に行った日本紀講をまとめたものである。この『釈日本紀』から、兼文が祇園社祭神としてスサノヲをはじめて位置づけたことがわかる。こうした兼文による『日本書紀』理解は、平野卜部、さらに吉田卜部家に伝わり、秘説化していく。

一方、実経以降、一条家は平野卜部、そして吉田卜部家と密接に交流をはかり、一条経嗣《つねつぐ》の代に吉田兼熙《かねひろ》より日本紀の秘説を伝授されている。この経嗣の後に一条家当主となったのが兼良である。兼が著わした『公事根源』には、祇園御霊会の説明として、祇園社祭神・牛頭天王は「スサノヲの童部」であることなど、兼文以降、平野・吉田卜部家の秘説となっていた祇園社祭神の捉え方を変えていった。父経嗣より日本紀秘説を伝授されていることを考えると、その改変は意図したものであるといえる。こうした兼良による兼文言説の塗り替えは、宗匠家により独占される知への対抗とも読み取れよう。

こうして兼文以降の言説を塗り替えた兼良だが、朝廷の要職を歴任した後、朝廷内で日本紀講の講師を務めた兼良は、『日本書紀』の注釈書である『日本書紀纂疏』をまとめる。ここにおいて、兼良は祇園社を『日本書紀』の世界に組み入れ、またスサノヲと武塔神、武塔（天）神と牛頭天王という同体関係をそれぞれ成立させることで、牛頭天王とスサノヲとの同体関係が一応は成立することを示した。殊に『纂疏』に至っては、朝儀にこだわり、だからこそ朝儀を支える知の根源たる『日本書紀』に対しては強い探求心を持ち続けていたであろう可能性を指摘した。

そうした兼良の『纂疏』に強く影響されたのが吉田兼倶であった。その講義録『神書聞塵』では、牛頭天王や武塔天神をはじめ、摩多羅神、金毘羅神など異国神はすべてスサノヲであると、『纂疏』によるスサノヲ認識をさらに拡大させている。さらにスサノヲの悪行を「深イ慈悲」だといっている。

こうした考え方は、兼文の日本紀講に参加していた実経による「善悪不二邪正一如」の考え方と一致する。こうした先学たちの説を踏まえた上で自説を展開する兼倶だが、祇園社祭神認識に関しては影響を受けている『纂疏』と比較すると大きく異なっている。そこから、三教一致・三国一致の書として『日本書紀』を踏まえ、異国までをもその外延に位置づけようとする兼倶の姿勢が見られるのである。

第三章では、従来イメージされ固定化した牛頭天王観を覆すために、『阿娑縛抄《あさばしょう》』所収の「感応寺《かんのうじ》縁起」を読み解いた。この「感応寺縁起」は、先行研究では多少触れられるに留まっていたもので、これまでほぼ検討されてこなかったテキストである。まずこの縁起の牛頭天王が、祇園社祭神に代表される異国神で、行疫神かつ除疫、防疫神としての牛頭天王とは異なることを確認した。具体的には、感応寺本尊である観音の利益を包含するような、ある種の万能神的な神として牛頭天王が描かれていることを指摘し、それは天台密教における牛頭天王と観音との習合言説の影響を受けている可能性を述べたのである。

さらに、この縁起から感応寺の鎮守社である川前《かわさき》天神堂における儀礼が浮かび上がることを明らかにした。すなわち、感応寺別当職にある清原氏をもって、川前天神を言祝ぐ歌を唱えさせる、というものである。ここに縁起と称されるテキストにも儀礼の復元が可能であることを示した。

また、この縁起には、宗教者である感応寺開基の壱演と、老翁神（牛頭天王）との交渉が如実に見られ、両者が交渉を通して「成長」していく様子を明らかにした。すなわち、壱演と牛頭天王は「感応」関係にあり、そこには「神人合一《しんじんごういつ》」ともいえる関係性が明らかとなるのである。しかし、時代が降り『元亨釈書《げんこうしゃくしょ》』の時代になると、『阿娑縛抄』に見られた「感応寺縁起」とはまったく異なる「感応寺縁起」へとテキストが変貌する。『元亨釈書』の「感応寺縁起」からは、端午における悪気・毒気の発生源としての牛頭天王の姿が顕わとなる。ただ、その牛頭天王も、自らの意思で広めるのではなく、「衆生の業感」次第だとする。ここには祭祀の対象としての牛頭天王は見られない。さらに『壒嚢鈔《あいのうしょう》』所収の「感応寺縁起」になると、「川崎の鎮守は是祇園」と、感応寺の伽藍神たる牛頭天王が、祇園社祭神としての牛頭天王へと収斂していく様子が見られる。これは感応寺における牛頭天王の変貌であると同時に、「感応寺縁起」の変貌ともいえるのである。

　第四章では、鎌倉末期から室町初期に成立したとされる暦注書『三国相伝陰陽輨轄簠簋内伝金烏玉《さんごくそうでんいんようかんかつほきないでんきんうぎょく》兎集《としゅう》』（以下、『簠簋内伝』）巻一を中世神話の視座から読み解き、前半部の「起源部」と後半部の「暦注部」を連関させて検討した。まず暦の神（暦神）として最上の力を持つ天道神が牛頭天王と同体であること、また除疫・防疫の利益をもたらす暦神・天徳神が蘇民将来と同体であること、さらに暦神の中でも「尤も厭ふべき」凶神・金神と巨旦大王の精魂が同体であること、それぞれの理由を追った。その結果、「起源部」において、牛頭天王は単なる行疫神ではなく、仏教的世界観に照らし合わせると病を広める行為も含めてすべてが積極的に評価できる神であること、またさらに踏み込むと、牛頭天王は人々を悟りの境地に導く神としても読解できる可能性を示したのである。

　また、蘇民将来は牛頭天王から授けられた除疫・防疫の利益をもたらす「二六の秘文」ならびに

「五節の祭礼」を子孫に伝える役割を負っており、牛頭天王から除疫・防疫の利益を享受する存在から、自らが除疫・防疫の利益獲得の方策を与える側へと変わっていること、そして巨旦大王は一時的とはいえ「太山府君《たいざんぶくん》王の法」を修することで、牛頭天王を抑えるだけの力を持っていたこと、しかしその身体は正月のハレの諸行事や五節供などで用いられ、あるいは食されるため常に喪失しており、精魂しか残っていないことも明らかにした。

　こうした『簠簋内伝』巻一は、まさに官人陰陽師とは異なる新しい陰陽道の起源を語る中世神話であり、同時にとこれまで語られてこなかった暦神の起源を語る「暦神神話」ともいえるものであることが明らかとなったのである。

　本書の最終章となる第五章では、「牛頭天王縁起」と称されるテキスト群の中でも最古の書写年代（文明一四年［一四八二］）を持つ『牛頭天王御縁起』を（「文明本」）、「中世神話」の視座を用いて読解し、またすでに共通点が指摘されている『簠簋内伝』との比較を行うことで、この縁起から顕われる信仰世界について検討した。なお、この縁起の牛頭天王信仰については、すでに年神信仰の取り込みが先行研究で指摘されており、そういった側面は縁起の読解からも明らかとなった。ただ、さらに踏み込んで検討すると、この「文明本」における牛頭天王は、古端将来一族を滅ぼすだけの荒ぶる神としての側面は持ちつつも、基本的にはあらゆる願いを成就させる、まさに現世利益を保証する神として描かれている。そのうえで、こうした牛頭天王からの利益を得るためには、前章の『簠簋内伝』同様に古端将来の呪咀、調伏儀礼に参加することが求められること、そしてその最たるものが、正月に堂舎に集まり、古端将来一族を殲滅する様子を体現する「鬼払」に参加することであると明らかにした。この正月に堂舎に集まり行う儀礼を、通常はオコナイと称すことが多いのだが、この「文明本」ではそのオコナイの起源からすべて牛頭天王信仰に即して語り直し、またオコナイという儀礼を造り替えているのである。「文明本」は、こうした旧来からある儀礼あるいは行事を、最先端の信仰である牛頭天王信仰の文脈に語り直す役割を負っているといえる。なお、この縁起の追記部を見ると、この縁起が「読ム」性質のものであったことが明らかとなる。もちろん、この縁起を「読ム」ということは、儀礼的要素を帯びたものだといえよう。つまり、既存の儀礼や行事は「文明本」によって牛頭天王信仰の文脈で語り直され、造り替えられ、変貌する、のみならずそのテキスト自体も新たな役割を帯びたテキストへと変貌していくことが明らかとなった。

＊＊＊

さて、これら各章の成果を踏まえた上で、本書が果たした意義を考え、また今後の課題と展望を述べていきたい。

一つに、本書が中世神話の視座を用いて、テキストの読解、分析から牛頭天王への信仰世界に迫ることができた意義は大きいと考えている。第一章でも述べたように、現状において牛頭天王信仰に関する研究は少ない。それは、牛頭天王信仰が顧みられてこなかったというよりも、その信仰を検討する術を持ちえていなかったことを意味する。その点において本書は、牛頭天王への信仰世界が検討可能であることを示す重要な役割を果たしたといえよう。つまり本書は、これまで日本の宗教史上「未開拓」であった牛頭天王信仰を開拓し、さらに踏み入る道筋をもつけたのである。これにより、牛頭天王信仰は日本の宗教史上に位置づけることが可能になったといえよう。

もちろん、第一章でも触れたように、本書以前に、山本ひろ子による「牛頭天王島渡り祭文」や斎藤英喜による「天下小ノ祭文」の読解といった、中世神話の視座から牛頭天王信仰に関するテキストの読解と検討はすでに行われている。本書においては、山本や斎藤による祭文研究は一つの標《しるべ》であった。ただ、さまざまな牛頭天王信仰のテキストを読解して、多様な信仰のあり方をテキストから浮かび上がらせるという試みは、本書によってようやく位置づけられたと自負している。つまり、牛頭天王信仰に関するテキストの多様な世界を示すことができたことは、本書の果たした大きな役割だと確信する。

さらに方法論の視点からいえば、本書の具体的な考察は、テキスト読解の視座として中世神話論再評価へとつなげることができたのではないだろうか。山本の提唱以降、一九九〇年代後半から二〇〇〇年代初頭まで、中世神話研究は間違いなく日本の信仰・宗教をめぐる一つのムーヴメントを形成した。しかし、二〇一九年現在、中世神話論を正面から掲げてテキストに対峙する研究は少ない。たとえば、「神仏習合」論がそうであったように、その果たすべき役割を終えたのであればその趨勢は理解できるが、本書で示したように、まだ中世神話論から得られることが多々残されているなかで、その方法論が用いられなくなったことは研究の停滞以外何ものでもなかろう。

もとより、中世神話論は一つの視座、方法論であり、時代とともに新たな方法論へと塗り替えられていくことも十分に考えられる。また、本書の目的がそうであったように、牛頭天王信仰に関するテキストの読解と、そこから顕われる信仰世界の検討がより深められる方法論が新たに提示されるならば、中世神話に拘泥する必要はない。ただ現状においては、まだ中世神話の視座を通して得られることが多く、この方法論を改めて再評価することには意義があると考えられる。

最後に今後の展望へとつなげるため、簡潔に課題を示しておきたい。

一つ目に、さらなるテキストの検討がある。本書では、牛頭天王信仰の多様性を示すため、『日本書紀』注釈書、寺社縁起、暦注書、非寺社縁起とあえて性質の異なるテキストを選び検討したが、当然、まだ検討を加えるべきテキストは多数残されている。本書では十分扱えなかった祭文や講式、偽経なども視野に入れる必要があろう。また、テキストのみならず、たとえば牛頭天王が登場する神楽なども考察対象に入れ、より多角的に牛頭天王信仰を捉えるといった取り組みもいずれはやらねばならない。

二つ目に、新たな牛頭天王信仰に関するテキストの「発掘」があげられる。これは単に新出史料の発見という意味ではない（もちろん、新出資料の「発掘」も必要だが）。従来からその存在は知られているものの、これまで牛頭天王信仰と関わらせて検討されてこなかったテキストは多々あるのではないか。第二章の『公事根源』や『日本書紀纂疏』がまさにそれに該当する。そのようなテキストを「発掘」、あるいは「発見」することも重要であろう。

そして、目下、最大の課題といえるのが「近世」をどう捉えるか、ということである。時代区分としての近世においても牛頭天王信仰に関するテキストは多々創造されていった。問題はこれらのテキストを中世神話の視座から見たとき、はたして本書で見てきたような牛頭天王信仰の世界と本質的に異なるものが見えてくるのか、あるいはそうではないのか、という点にあろう。つまり、時代区分としての「近世」とそれらテキストとがリンクしているのか、という問題にある。本書第二章の終わりに、吉田兼倶の言説に触れた上で、近世前期の代表的知識人といえる林羅山への言説が兼倶以降の吉田家の言説の反発であろうことは述べた。しかし、そこに中世と近世という大きな転換が見られるのか、大きな課題である。したがって、羅山の『本朝神社考』の「祇園」も、十分な検討を要する。

このように山積された課題を前にすると、本書により検討された牛頭天王の信仰世界は本当にごく一部であったことが痛感される。より重層的に牛頭天王信仰を捉え、また牛頭天王信仰を通してまだ見ぬ日本の「中世」を捉えるならば、さらなるテキストの検討が必要不可欠であるといえよう。

そして、何よりも、こうして山積する課題を真に課題として認識できたのは、本書の成果でもある。テキストの多様な信仰世界を明らかにすることで、牛頭天王信仰の多様性、テキストの中に潜んでいる信仰世界の多様性に確信を持つことができ、その先の課題を見つめることができたのである。

本書で身につけた方法論をもって、先に記した課題の山へと向かわねばなるまい。その一歩を踏み出すためにも、まずはここで擱筆したい。

【初出一覧】

〈第一章〉第一節～第三節
……「「牛頭天王縁起」に関する基礎的研究」（『立命館文学』第六三〇号、二〇一四年）を全面的に改稿、加筆した。

〈第二章〉はじめに～第四節
……「スサノヲと祇園社祭神――『備後国風土記』逸文に端を発して――」（『論究日本文学』第九二号、二〇一〇年）を全面的に改稿、加筆した。

〈第三章〉はじめに～第五節
……「「感応」する牛頭天王――『阿娑縛抄』所収「感応寺縁起」を読む――」（『日本文学』第六五巻第七号、二〇一六年）を一部修正、加筆した。

〈第四章〉
……「陰陽道における牛頭天王信仰――「中世神話」としての『簠簋内伝』」（『京都民俗』第三六号、二〇一八年）を一部修正、加筆した。

〈第五章〉
……「造り替えられる儀礼と信仰――『牛頭天王御縁起』（文明本）の信仰世界」（『地域政策研究』第二一巻第一号、二〇一八年）を一部修正、加筆した。

あとがき

本書は、立命館大学に提出した博士学位申請論文「「中世神話」としての牛頭天王――牛頭天王信仰に関するテキストの研究――」（主査・中本大、副査・中西健治、川崎佐知子。二〇一七年三月三一日付学位授与）を全面的に改訂し、さらに新たな論考を加えたものであり、本書は私にとって初の単著である。なお、本書刊行にあたっては、立命館大学人文学会より「博士論文出版助成」を得ている。また本書論考の一部は、蓮花寺佛教研究所による「二〇一七年度仏教と社会に関する研究助成」の成果である。

＊＊＊

牛頭天王信仰という研究テーマに出会って、今年で早一五年となる。思えば学部二回生時に、一年先輩の吉野馭さんから「民俗学に興味があるなら、自分が所属しているゼミに入って牛頭天王を研究テーマにすえたらどうか」と提案されたのが始まりだった。恥ずかしながら、私は当時「ゴズテンノウ」なるものを知らなかった。よもや、その「ゴズテンノウ」を一五年間、いやこの先もずっと追い続けることになるとは思わなかった。改めて吉野さんには御礼申し上げたい。

このように、当初は特段強い思い入れもなかったはずの牛頭天王研究を、なぜここまで続けることができたのか。もちろん、牛頭天王の持つ怪しい魅力に引き寄せられたからこそだが、それだけではない。何より、研究を通して多くの方々と出会い、繋がり、支えられてきたからである。周囲の支えなくして、本書は刊行しえず、研究者としてのいまもなかった。以下、お世話になった方々への謝辞を述べていくが、それは私の研究そのものを振り返ることでもあるのだ。以上の理由より、長文になってしまうことを、お赦しいただきたい。

そもそも、学部生だったころ、私は日本文学専攻の所属ではなかった（所属先は人文総合科学インスティテュート総合プログラム）。先に述べた所属ゼミは、専攻横断型で文学部内の各専攻から学生が集まっていた。そのため、自分の研究は手探りながら、さまざまな視点に触れることができた。同期にも恵まれ（余談だが真鍋宗一郎くんの家に集まり、同期で卒論を執筆したことは、よい思い出である）、さらに担当教員も二名つく、贅沢なゼミだった。なお、三回生時は真下厚先生と中本大先生、そして四回生時は中本先生と三枝暁子先生にご指導いただいた。先生方には大学院進学後もお世話になったが、とくに指導教員として長年ご指導くださった中本先生には心より感謝申し上げたい。国文学のイロハどころか、国文学と歴史学との違いすら覚束なかった私が、日本文学専修の院生として牛頭天王信仰研究に邁進できたのは、先生がテキスト研究の道を示してくださったからである。そういえば、院生となった直後、先生から「この研究が書籍のようなかたちになるには、最低でも一〇年はかかるね」と言葉をかけられたことがある。そこから一一年を経て博士論文を提出し、一三年後のいま、本書が刊行されようとしている。はたして、先生が当初考えられていたようなレベルでの「かたち」に本書がなりえているかどうか、はなはだ心許ないが、それでもこうして本書の刊行までに至ったのは、先生のご指導の賜物だと考えている。

そんな私が国文学研究の深淵に触れたのは、博士前期課程一年目に受講した福田晃先生の「中世文学特殊問題」だった。折しも福田先生が大学院の講義を持たれる最終年度で、『神道集』の輪読となった。当時の私からすると求められるレベルがあまりに高く、毎回、目を白黒させるばかりだったが、何とか講義に食らいついていくうちに、国文学研究とはどういうものかを、肌で感じるようになった。この福田先生の講義は、真に研究というものの深さと厳しさを意識する契機となった。また同時に福田先生から「伝承文学研究会関西例会」への参加も許され、院生一年目から高度な研究に触れられたことは、私にとって貴重な財産である。のちに私が郷里・群馬へと戻る際も、福田先生は伝承文学研究会東京例会に参加できるように、幹事の大島由紀夫先生に話を通してくださった。心より感謝申し上げたい。

財産といえば、友人・大月英雄くんに誘われ、参加した「大学寺子屋」の場での議論も私の血肉となっている。大学寺子屋は、大学や専攻、分野を超えて「卒論がなかなか書けない学部生」を主な対象としたユニークな勉強会であった。強く感銘を受けたのは、会の中心であった古代史の田中聡先生の姿勢である。田中先生は、どのような発表であっても関連する先行研究には毎回目を通し、研究史上の位置づけを把握するといった作業を続けられていた。その上で、発表者が改めるべき点を正面から指摘し、次のステップに進めるよう指導されていたのである。のちに寺子屋は、大学院生や熱心な学部生の発表の場へとシフトしていくが、田中先生の熱心な指導に惹かれ、寺子屋の場で研鑽を重ねた学部生（院生）が成長していった結果ではないかと思っている。なお、田中先生は、（当時の貴重な収入源であった）ＴＡ（授業補助）の仕事を任せてくださったり、科学研究費による調査に同行させてくださったりとさまざまな面でお世話になった。心より御礼申し上げたい。

そして、研究者をめざす私を育んでくれた場として挙げておかねばならないのが、佛教大学の斎藤英喜先生の研究室で毎週行われている研究会である。思えば博士後期課程二年目（二〇〇九年）、神道史学会で発表し終えた私に対し、「斎藤英喜の研究はご存知でしたか？」と声をかけてくださったのが、斎藤先生の大学院ゼミにいらした室田辰雄さんだった。その後、室田さん経由で、斎藤研究室での研究会に出入りするようになった。いまでも初めて研究会に参加したときのことは忘れられないことのない議論、ときに斎藤先生に対しても意見をぶつける院生の先輩方の姿、半ば呆気に取られていた私に斎藤先生は、「中世神話という方法論は知っていますか？」「中世日本紀は？」「結局、どういう方法論で牛頭天王を研究するの？」と尋ねられたのだった。当時の私は、何も答えることができなかった。ここから私の「方法論」との闘い、より具体的には「中世神話」との格闘が始まったのである。斎藤先生は、そのような私に対し、いつも的確なアドバイスをしてくださり、私自身が見出せていない私の研究の可能性についても多々、ご指摘くださった。もちろん、斎藤先生だけでなく、研究会に参加している皆さんからも貴重なアドバイスをいただいたことはいまも大きな財産となっている。郷里・群馬で生活をしているいま、斎藤研究室での研究会が私にとってどれほど重要な場であったのかを痛感する。本書の論考の多くは、斎藤ゼミでの研鑽の成果だと考えている。

そのほかにも、さまざまな方に支えられた。畑違いの分野から国文学へと飛び込んできた私を、常に気にかけてくださった彦坂佳宣先生や中西健治先生。レジュメの作り方から教えてくださった山本淳先生。私の研究を気にかけご意見くださった大森惠子先生、三浦俊介先生。博士論文の副査を中西先生とともにご担当くださった川崎佐知子先生。そして公私ともに支えてくれた大学院の同期たち（とくに朝川美幸、金泯芝、纐纈恵子、板垣裕子の各氏）、あるいは手のかかる先輩の面倒を見てくれた優秀な後輩たち（大坪舞、須藤圭、高井悠子、本多潤子、荻田みどりら各氏）。さらには、後輩筋にあたる私に対し、常に温かい励ましをくださる山下久夫先生や、いまなおSNSなどを通じて有益なアドバイスをくださる村田真一さんをはじめとする斎藤ゼミ／研究会の皆さん（権東祐、アンダソヴァ・マラル、ジョルジョ・プレモセリ、星優也など各氏）。改めて深く御礼申し上げたい。

また、群馬に戻ってからは、徳田和夫先生、大島由紀夫先生をはじめとする伝承文学研究会東京例会の皆さま、また遠藤祐純代表をはじめとする蓮花寺佛教研究所の皆さま、板橋春夫先生をはじめとする群馬歴史民俗研究会の皆さまには、大変お世話になっていることも記しておきたい。

教員としての私の原点である京都西山高校の関係者の皆さまにも御礼申し上げたい。というのも、生徒たちを前に授業をすることが、客観的に物事を伝える力に繋がっていったからである。本書でも、その経験を活かすことができた。さらに、研究環境という面では、現在の勤務先である公立大学法人

高崎経済大学の関係者の皆さまにも、この場を借りて御礼申し上げたい

そして、本書刊行には、戸城三千代編集長はじめ法藏館編集部の皆さまに大変ご尽力いただいた。とくに編集をご担当いただいた戸城編集長には、これ以上ないほどの丁寧な編集作業をしていただいた。また、私の作業を辛抱強く待ってくださったこと、言葉に尽くせないほどの感謝でいっぱいである。ご迷惑ばかりをおかけしたことも、この場を借りてお詫び申し上げたい。

最後に家族に対して謝意を述べたい。そもそも、浪人生活を経て学費の高い私立大学に通わせてくれたこと自体、大変恵まれたことである。さらに、将来の保証など何もない研究者を志した私に、何もいわず支援してくれたこと、感謝しきれない。同時に、両親には金銭面だけでなく精神面でも負担をかけ続けたこと、この場を借りて謝りたい。

また研究仲間でもある配偶者の鈴木（谷本）由美にも謝意を伝えたい。博士論文執筆時は、朝起きると原稿が添削跡で真っ赤になっていたこと、博論提出締切日には一緒にタクシーに乗って大学へと向かい、製本作業を手伝ってくれたこと（なお、製本作業は前述の吉野さんや友人の山内智さんも手伝ってくださった）、さらに妊娠・転居・出産と本来であれば心穏やかに過ごさねばならないときにあってもなお、研究に行き詰まる私を叱咤激励し、アドバイスしてくれたこと、常々、ありがたく思っている。ここでは詳しく書くことも憚られるが、本書刊行にあたっても、相当な労力を割いてくれた。感謝しかない。加えて、三年前に他界した犬の寧々、二年前から家族の一員となった猫の天満は、私を癒してくれた。そして、一歳を迎えた第一子の葵葉には、いつも、元気をわけてもらっている。心

より感謝したい。

＊＊＊

もちろん、到らない点も多々あろうが、ひとまずはこうして研究成果が書籍となって結実したことには、ひとしおの感慨を覚えている。ただ、これまでも述べてきたように、私ひとりの力では到底、本書刊行まで至ることはできなかった。改めて人の縁に恵まれたことに感謝したい。

さて、あとは本書が多くの人の目に触れ、肯定的であれ、批判的であれ、本書を契機に牛頭天王信仰研究が前進することを願うばかりである。

末筆になるが、今年白寿を迎える母方の大叔母・片野久子にぜひ本書を読んでもらいたいと思う。本書の読者としては最年長者になるかもしれないが、ついこの間まで鈴木牧之の『北越雪譜』を読んでいた大叔母である。そして、地元・前橋市文京町の牛頭天王信仰について調査し、その成果を地域の歴史をかたる昔語り絵本（自費出版）の中にしのばせた大叔母である。忌憚のない意見が聞けるものと期待している。

二〇一九年五月

鈴木耕太郎

【著者略歴】

鈴木耕太郎（すずき　こうたろう）

1981年、群馬県前橋市生まれ。

2006年、立命館大学文学部人文総合科学インスティテュート総合プログラム卒業。

2017年、立命館大学大学院文学研究科日本文学専修博士後期課程修了。

日本学術振興会特別研究員、京都西山高等学校国語科非常勤講師、京都西山短期大学非常勤講師などを経て、2018年、公立大学法人高崎経済大学地域政策学部地域づくり学科講師、2021年、同准教授。博士（文学）。

共編著に『京都まちかど遺産めぐり』（ナカニシヤ出版）、主な論文に「陰陽道における牛頭天王信仰――「中世神話」としての『簠簋内伝』――」（『京都民俗』36号）、「造り替えられる儀礼と信仰――『牛頭天王御縁起』（文明本）の信仰世界――」（『地域政策研究』21巻1号）、「「感応」する牛頭天王――『阿娑縛抄』所収「感応寺縁起」を読む――」（『日本文学』65巻7号）など。

牛頭《ごず》天王信仰《てんのうしんこう》の中世《ちゅうせい》

二〇一九年七月一〇日　初版第一刷発行
二〇二一年五月二五日　初版第二刷発行

著　者　鈴木耕太郎
発行者　西村明高
発行所　株式会社　法藏館
京都市下京区正面通烏丸東入
郵便番号　六〇〇-八一五三
電話　〇七五-三四三-〇〇三〇（編集）
〇七五-三四三-五六五六（営業）

装幀者　高麗隆彦
印刷・製本　亜細亜印刷株式会社

ISBN 978-4-8318-6254-9 C1021
乱丁・落丁本の場合はお取り替え致します